ENSEMBLE

Littérature

An integrated approach to French

THIRD EDITION

Raymond F. Comeau
Harvard University

Francine L. Bustin
Late of Milton Academy

Normand J. Lamoureux
College of the Holy Cross

HOLT, RINEHART and WINSTON
New York   Chicago   San Francisco
Philadelphia   Montreal   Toronto   London
Sydney   Tokyo   Mexico City   Rio de Janeiro   Madrid

Acknowledgments for the use of reading selections and illustration credits appear at the end of the book.

Cover:

Sonia Delaunay. *Prismes électriques.* 1914. Musée National d'Art Moderne, Paris. Scala/Art Resource, New York.

Drawings by Denis B. Bustin

Library of Congress Cataloging-in-Publication Data

Comeau, Raymond F.
  Ensemble, littérature.

  1. French language—Readers—1950–   . 2. French
literature.   3. French language—Text-books for
foreign speakers—English.   I. Bustin, Francine L.
II. Lamoureux, Normand J.   III. Title.
PC2117.C69   1986   448.6′421   85–17614

ISBN 0-03-003479-5

Address correspondence to:
301 Commerce Street
Fort Worth, Texas 76102

Holt, Rinehart and Winston
The Dryden Press
Saunders College Publishing

Preface

Ensemble is an integrated approach to the study of French language, literature, and culture. It has been designed as a complete Intermediate French course, although it may profitably be used in more advanced courses as well. In concrete terms, *Ensemble* consists of three texts: a review grammar (with accompanying language laboratory program), a literary reader, and a cultural reader. Although the three texts have been thematically and linguistically coordinated with one another, each text may be used independently of the other two.

Ensemble: Littérature has eleven chapters, each containing several reading selections. Each chapter is divided into the following parts:

The introduction presents the essential facts concerning the authors and their works, providing the necessary background to the literary text. This preliminary matter is given in English to enable students to grasp the useful facts quickly and then immediately focus their attention on the literary text itself.

The literary selections—there are usually three in each chapter—have been carefully chosen for their thematic content and appropriate level of difficulty. Every effort has been made to provide a representative cross-section of French literature with respect to periods, genres, and authors.

The glossaries, at the bottom of the appropriate pages, contain numerous items designed to assist students in their understanding of each French selection. Glossed words and phrases are marked by small circles in the text for easy reference.

The *Intelligence du texte* consists of questions bearing directly on the French text and intended to measure students' literal understanding of what they have read.

The *Appréciation du texte,* on the other hand, introduces students to basic

notions of literary criticism through questions that go beyond literal interpretation to matters of language and style.

The *Vocabulaire satellite* assembles useful words and expressions relating to
the theme of the reading. Its purpose is to provide students with the terms
needed for full participation in oral and written discussion.

The *Pratique de la langue* topics are intended as opportunities for broader
treatment of the theme of the reading. Having become conversant with this
theme through the reading, students are able to elaborate on the subject and
develop their oral fluency.

The *Sujets de discussion ou de composition* suggest topics for the broadest
possible development of aspects relating to the theme of the reading. Such
questions may be prepared in greater detail for formal discussion or for written presentation.

In addition to the features found in each chapter, the literary reader also
provides:

An *Index littéraire*, which defines the major literary terms used in the book.
Items listed in the index are marked by a superscript [L] in the text.

A *French/English vocabulary*, which contains practically all of the French
words and expressions found in the book.

NOTE TO THE SECOND EDITION Although the basic format of *Ensemble: Littérature,* proven successful in classroom use, remains unchanged in
the second edition, our improvements are significant. Based on the results
of a survey of users of the first edition, two chapters have been completely
revised, introducing new themes. In Part III *(Institutions et influences)*, Chapter 7 now deals with *Images de la France*. In Part IV *(Vie culturelle)*, the original
theme *(La langue)* has been expanded to *La communication*. All other chapters
have been revised and updated in order to reflect changes in literary perspective and philosophy as well as to provide students with more current
information on trends in writing and style. Among the new readings to be
found in the second edition are selections from Jean Anouilh, Simone de
Beauvoir, Pierre Daninos, Victor Hugo, La Rochefoucauld, François Truffaut, and Paul Verlaine. We hope that these additions will enhance the variety of offerings and make the second edition of *Littérature* even more useful
and enjoyable.

N.J.L.

NOTE TO THE THIRD EDITION This third edition of *Ensemble: Littérature* has undergone a major revision in format. In the first two editions
each reading was followed only by a series of questions designed to test reading comprehension *(Intelligence du texte)* and encourage literary appreciation
of the text *(Appréciation du texte)*. Students had to wait until they reached the
end of each chapter before they encountered more personalized questions
and activities based on the chapter as a whole *(Pratique de la langue)*.

In this edition, however, each reading has become a self-contained unit that goes well beyond the mere testing of comprehension. In precise terms, each reading is now accompanied by its own specialized vocabulary *(Vocabulaire satellite)* and personalized questions and activities *(Pratique de la langue)*, as well as the comprehension questions *(Intelligence du texte* and *Appréciation du texte)* found in previous editions. We believe that this new format will encourage greater student interaction and communication by motivating students to use actively in class the vocabulary and concepts they have learned in each reading. In order to make room for this additional practice, the grammar exercises that appeared in the first two editions have been dropped from this edition and now appear only in *Ensemble: Grammaire.*

A conscious effort has been made throughout this third edition to maintain and expand the variety of authors and selections found in the previous editions. Included are new readings from the works of Montesquieu, Voltaire, Flaubert, Baudelaire, Rimbaud, Saint-Exupéry, Camus, and Prévert, as well as selections from the following *francophone* writers: Gabrielle Roy, Michel Tremblay, Camara Laye, and Francis Bebey. The theme *La France politique et économique* has replaced *La justice et la loi* in Chapter 6. Chapter 10 is entirely devoted to a modern French version of *La Farce de Maître Pathelin.* This fuller treatment will help students to appreciate better the development and unity of the play.

N.J.L.

A word about *Ensemble: An Integrated Approach to French* The three books— the review grammar, the cultural reader, and the literary reader—which comprise the *Ensemble* series are each designed to stand alone; but, more importantly, they fit together to form an "ensemble." A single program composed of three separate yet integrated texts offers distinct advantages. First of all, it provides greater opportunity for reading and exercises, thereby allowing for a more comprehensive, mature, and articulate treatment of the subject. In addition, the recurrence of the same thematic vocabulary in all three different texts provides continuous thematic reinforcement. The unique comprehensive and integrated nature of *Ensemble* will encourage, we believe, more lively and meaningful student participation.

For most intermediate classes it is recommended that instruction begin with a chapter in the grammar and proceed to the same chapter in either of the readers. Instructors may wish to vary the reading selections within a given chapter by alternating between the literary and the cultural reader. An instructor teaching an advanced course may wish to assign the grammar as outside work and spend class time with readings and oral reports. Since the three texts are thematically coordinated, a lesson may even begin with the readings and end with a rapid grammar review.

Acknowledgments

We are grateful to the following reviewers, whose comments and suggestions helped shape this edition of *Ensemble: Littérature:* Dorothy Betz, Georgetown University; Charlotte Cox, University of Tennessee; Lucia di Benedetto, University of Southern Maine; Michael Locey, Bowling Green State University; Arthur Sabatini, State University of New York at Oswego; Alys Seifert, Eastern Washington State University.

We wish to express our appreciation to the staff of Holt, Rinehart and Winston, particularly to Nedah Abbott, our publisher, for her ready availability and gentle prodding, and to Pamela Forcey, our project editor, for her careful attention to detail. We wish to acknowledge, too, the excellent suggestions and constant encouragement of our copy editor, Clifford Browder, who always returned a much better draft than he received. Our wives, Jean Comeau and Priscilla Lamoureux, deserve special praise for their unfailing moral support and in Priscilla's case for her excellent work in typing the manuscripts.

Finally, we dedicate this third edition to our beloved colleague Francine Bustin, who died as the project was nearing completion, and to her devoted husband Edouard, who took it upon himself to complete the work in her memory.

R.F.C.
N.J.L.

Contents

Vie sociale

Les jeunes

Camara Laye

Camara Laye (1928–1980) was born into a Moslem family in Guinea, on the west coast of Africa. Having received his primary education in the French school in his native Kouroussa, he went to a technical school in Conakry, the capital, and eventually on to France, where he worked as an automobile mechanic while taking evening courses.

His first published work, *L'Enfant noir* (1953), was an immediate success. When Guinea obtained its independence from France in 1958, Laye, who had returned to his native country two years earlier, was appointed to a series of important government posts. But in 1965, being at odds with government policy, he moved to the neighboring country of Senegal, where he served as research scholar at the University of Dakar until his death in 1980.

Laye's first writings appeared at a time when black writers, more and more conscious of their common heritage not only proclaimed their cultural identity but also affirmed their political opposition to colonialism. *L'Enfant noir* was one of the earliest works to offer a direct glimpse into African life and expand awareness of the African community. The author's style captivated readers with the clarity of its vision and the purity of its expression.

L'Enfant noir is the ostensibly fictional yet highly autobiographical account of Laye's youth. In this portrayal of life in present-day Guinea, the author highlights his deep-rooted African culture while revealing the effects of a second cultural influence resulting from the French presence there.

In the following excerpt, the boy of fifteen is about to leave home to attend technical school in Conakry, some six hundred kilometers away. The time has come to say good-bye to his mother and father.

Départ pour l'école

Mes bagages étaient en tas° dans la case.° Soigneusement° calée° et placée en évidence, une bouteille y était jointe.

«Qu'y a-t-il dans cette bouteille? dis-je.

—Ne la casse° pas! dit ma mère.

5 —J'y ferai attention.

—Fais-y grande attention! Chaque matin, avant d'entrer en classe, tu prendras une petite gorgée° de cette bouteille.

—Est-ce l'eau destinée à développer l'intelligence? dis-je.

—Celle-là même! Et il n'en peut exister de plus efficace° : elle vient de
10 Kankan°!»

J'avais déjà bu de cette eau : mon professeur m'en avait fait boire, quand j'avais passé mon certificat d'études. C'est une eau magique qui a nombre de pouvoirs et en particulier celui de développer le cerveau.° Le breuvage° est curieusement composé : nos marabouts° ont des planchettes° sur lesquelles
15 ils écrivent des prières tirées du Coran°; lorsqu'ils ont fini d'écrire le texte, ils l'effacent en lavant la planchette; l'eau de ce lavage est précieusement recueillie° et, additionnée de miel,° elle forme l'essentiel du breuvage. Acheté dans la ville de Kankan, qui est une ville très musulmane et la plus sainte de nos villes, et manifestement acheté à haut prix, le breuvage devait être par-
20 ticulièrement agissant.° Mon père, pour sa part, m'avait remis, la veille, une petite corne de bouc° renfermant° des talismans; et je devais porter continuellement sur moi cette corne qui me défendrait contre les mauvais esprits.

«Cours vite faire tes adieux maintenant!» dit ma mère.

J'allai dire au revoir aux vieilles gens de notre concession° et des conces-
25 sions voisines, et j'avais le cœur gros.° Ces hommes, ces femmes, je les connaissais depuis ma plus tendre enfance, depuis toujours je les avais vus à la place même où je les voyais, et aussi j'en avais vu disparaître : ma grand-mère paternelle avait disparu! Et reverrais-je tous ceux auxquels je disais à présent adieu? Frappé de cette incertitude, ce fut comme si soudain je pre-
30 nais congé de° mon passé même. Mais n'était-ce pas un peu cela? Ne quittais-je pas ici toute une partie de mon passé?

---

en tas *piled* / la case *hut, cabin* / **soigneusement** = avec soin, avec attention / **calé** *wedged* / **casser** *to break* / **la petite gorgée** *sip* / **il... efficace** *it's the best there is* / **Kankan** *Moslem holy city in Guinea* / **le cerveau** *brain* / **le breuvage** *beverage* / **le marabout** *marabout (Moslem hermit or holy man)* / **la planchette** = la tablette / **le Coran** *the Koran, sacred scripture of Islam* / **recueilli** *collected* / **le miel** *honey* / **agissant** = actif, efficace / **la corne de bouc** *goat's horn* / **renfermer** = contenir / **la concession** *plot of land* / **gros** *here: heavy* / **prendre congé de** = faire ses adieux à

Quand je revins près de ma mère et que je l'aperçus° en larmes devant
mes bagages, je me mis à pleurer à mon tour. Je me jetai dans ses bras et je
l'étreignis.°

35 «Mère!» criai-je.

Je l'entendais sangloter,° je sentais sa poitrine° douloureusement se soulever.°

«Mère, ne pleure pas! dis-je. Ne pleure pas!»

Mais je n'arrivais pas moi-même à refréner° mes larmes et je la suppliai
40 de ne pas m'accompagner à la gare, car il me semblait qu'alors je ne pourrais
jamais m'arracher° à ses bras. Elle me fit signe qu'elle y consentait. Nous
nous étreignîmes une dernière fois, et je m'éloignai° presque en courant.
Mes sœurs, mes frères, les apprentis° se chargèrent° des bagages.

Mon père m'avait rapidement rejoint et il m'avait pris la main, comme du
45 temps où j'étais encore enfant. Je ralentis le pas° : j'étais sans courage, je
sanglotais éperdument.°

«Père! fis-je.°

—Je t'écoute, dit-il.

—Est-il vrai que je pars?

---

apercevoir = voir / **étreindre** *to embrace* / **sangloter** *to sob* / **la poitrine** *chest* /
se soulever *to heave* / **refréner** = retenir, arrêter / **arracher** = détacher avec effort /
s'éloigner = s'en aller, se retirer / **l'apprenti** (m) *apprentice* / **se charger de** *to take care
of* / **ralentir le pas** = aller moins vite / **éperdument** = avec une émotion violente /
fis-je = dis-je

50   —Que ferais-tu d'autre? Tu sais bien que tu dois partir.

—Oui», dis-je.

Et je me remis à° sangloter.

«Allons! allons! mon petit, dit-il. N'es-tu pas un grand garçon?»

Mais sa présence même, sa tendresse même—et davantage° encore main-
55 tenant qu'il me tenait la main—m'enlevaient° le peu de courage qui me restait, et il le comprit.

«Je n'irai pas plus loin, dit-il. Nous allons nous dire adieu ici : il ne
convient pas° que nous fondions en larmes° à la gare, en présence de tes
amis; et puis je ne veux pas laisser ta mère seule en ce moment : ta mère a
60 beaucoup de peine! J'en ai beaucoup aussi. Nous avons tous beaucoup de
peine, mais nous devons nous montrer courageux. Sois courageux! Mes
frères, là-bas, s'occuperont° de toi. Mais travaille bien! Travaille comme tu
travaillais ici. Nous avons consenti° pour toi des sacrifices; il ne faut point
qu'ils demeurent sans résultat. Tu m'entends?

65   —Oui», fis-je.

Il demeura silencieux un moment, puis reprit :

«Vois-tu, je n'ai pas eu comme toi un père qui veillait sur° moi; au moins
ne l'ai-je pas eu longtemps : à douze ans, j'étais orphelin; et j'ai dû faire seul
mon chemin. Ce n'était pas un chemin facile! Les oncles auxquels on m'avait
70 confié° m'ont traité plus en esclave qu'en neveu. Ce n'est pas pourtant que
je leur sois resté longtemps à charge° : presque tout de suite ils m'ont placé
chez les Syriens; j'y étais simple domestique, et tout ce que je gagnais, je le
remettais fidèlement à mes oncles, mais mes gains mêmes ne désarmèrent
jamais leur rudesse° ni leur avidité.° J'ai dû beaucoup travailler pour me faire
75 ma situation. Toi... Mais en voilà assez. Saisis ta chance! Et fais-moi honneur!
Je ne te demande rien de plus. Le feras-tu?

—Je le ferai, père.

—Bien! bien... Allons! sois brave, petit. Va!...

—Père!»

80 Il me serra° contre lui; il ne m'avait jamais serré si étroitement° contre lui.

«Va! petit, va!»

Il desserra° brusquement son étreinte° et partit très vite—sans doute ne
voulait-il point me montrer ses larmes—, et je poursuivis ma route vers la gare.

Camara Laye, *L'Enfant noir* (1953)

INTELLIGENCE DU TEXTE

1. Qu'est-ce qu'il y a dans la bouteille? Quelle est la nature de ce breuvage?
    D'où vient-il? Quand doit-on le boire?

se remettre à = recommencer à / **davantage** *more* / **enlever** *to take away* / **il ne convient
pas** = il n'est pas approprié / **fondre en larmes** *to burst into tears* / **s'occuper de** *to take care
of* / **consentir** = accepter / **veiller sur** *to watch over* / **confier** *to entrust* / **rester à
charge** *to remain dependent* / **la rudesse** = la sévérité / **l'avidité** (f) *greediness* / **serrer** *to
squeeze* / **étroitement** *tightly* / **desserrer** *to loosen, to relax* / **l'étreinte** (f) *embrace*

2. La bouteille est un cadeau de la mère. Qu'est-ce que le père offre à son fils?
3. Pourquoi le garçon a-t-il le cœur gros?
4. Décrivez la manière dont le garçon fait ses adieux à sa mère.
5. Pourquoi le garçon manque-t-il de courage devant son père?
6. Le garçon a-t-il une meilleure chance de réussir que son père? Expliquez.

APPRÉCIATION DU TEXTE

1. Ce texte offre une double perspective : il s'agit des expériences d'un enfant mais présentées par un adulte. Indiquez les endroits où le narrateur nous fait voir les incidents à travers *(through)* les yeux de l'enfant et ceux où la perspective est plutôt celle d'un adulte.
2. Signalez (indiquez) dans le texte quelques éléments de culture africaine. Est-ce que ces éléments n'appartiennent qu'à la culture africaine ou est-ce qu'il y a quelque chose de semblable *(similar)* dans d'autres cultures?

Vocabulaire satellite

la rentrée des classes	*reopening of school*
le départ	*departure*
l' interne (m,f)	*boarding student*
l' externe (m,f)	*day student*
la larme	*tear*
l' étreinte (f)	*hug, embrace*
être indépendant,e	*to be independent*
faire la lessive	*to do the laundry*
préparer les repas	*to fix meals*
quitter le foyer	*to leave home*
faire ses adieux	*to take leave, to say good-bye*
embrasser	*to hug, to embrace; to kiss*
serrer quelqu'un	*to squeeze someone*
serrer la main à quelqu'un	*to shake someone's hand*
avoir le cœur gros	*to have a heavy heart*
sangloter	*to sob*
pleurer	*to cry*

—*Plus d'eau? Zut, j'ai un examen demain!*

PRATIQUE DE LA LANGUE

1. Racontez ce qui s'est passé le jour où vous avez quitté vos parents pour la première fois. Quel âge aviez-vous alors? Était-ce un événement heureux ou triste? Avez-vous pleuré? Vous ont-ils fait quelque recommandation particulière? Vous ont-ils donné quelque chose de spécial avant votre départ?

2. Décrivez la rentrée des classes cette année. Comment avez-vous effectué cette rentrée? Étiez-vous seul(e)? Quels étaient vos sentiments?
3. Vaut-il mieux aller à l'université comme interne ou comme externe? Quels sont les avantages et les inconvénients de chaque situation?
4. Beaucoup de jeunes gens aujourd'hui ne quittent pas la maison très jeunes et demeurent plus longtemps avec leurs parents. À quel âge allez-vous quitter vos parents définitivement? Décrivez les circonstances.

Marcel Pagnol

After an early career in teaching, Marcel Pagnol (1895–1974) turned to the theater while still in his twenties, and soon made his reputation as a playwright with two rapid successes, *Topaze* (1928) and *Marius* (1929).

In Pagnol's writings one finds a well-observed portrait of everyday existence, a world inhabited by real characters who express themselves simply and directly, without affectation. The scenes are warm with life and movement, with vivid dialogue incorporating the spoken language of the people and touches of easy humor.

Pagnol also wrote several novels, translated Vergil's *Bucolics* and Shake-

Marcel Pagnol

speare's *Hamlet,* and produced a number of films, several of which were adapted from his fiction (e.g., his first film, *Marius,* 1931).

The following selection from *Le Temps des amours* was published posthumously in 1977. It is part of the series entitled *Souvenirs d'enfance,* in which Pagnol relives his youth while drawing on memory, imagination, humor, and poetic instinct. The author's personal experience in teaching enables him to understand the problems that beset the adolescent in his workaday world and to appreciate the ingenious ploys that allow the student to occasionally gain the upper hand.

La vie au lycée

C'est en quatrième A2,° que notre professeur principal fut M. Galeazzi, plus connu sous le nom de Zizi.

Il était grand, maigre, légèrement voûté,° et portait une barbe pointue, déjà blanchissante. Son nez aquilin° n'était pas petit; son regard gris bleuté°
5 sortait toujours tout droit de ses yeux immobiles, des yeux de verre° : pour regarder à droite ou à gauche, c'était sa tête qui pivotait, comme celle d'un phare.° Sa voix était faible, mais nette,° et son articulation détachait sévèrement chaque syllabe.

Je ne dirai pas qu'il nous faisait peur : il nous inquiétait, comme un lézard
10 ou une méduse,° et j'étais sûr qu'il avait la peau froide des pieds à la tête.

Son autorité était grande : il nous la montra dès le premier jour, en expédiant les jumeaux° à la permanence.°

Ces deux farceurs° étaient des Grecs d'une grande famille marseillaise. Beaux comme des statues, et le teint doré,° on ne pouvait les distinguer l'un
15 de l'autre et ils portaient des vêtements rigoureusement semblables.° L'un répondait modestement au prénom de Périclès, l'autre c'était Aristote.

On les avait déjà mis à la porte° de plusieurs pensionnats,° où ils avaient abusé de leur ressemblance pour compliquer l'existence d'infortunés professeurs, et ils nous avaient promis de nous régaler par quelques tours° de leur
20 façon.° Mais ils n'en eurent° pas le temps.

Périclès s'était installé au premier rang, près de la porte, tandis qu'Aristote s'exilait là-haut, dans la dernière travée,° devant la fenêtre qui s'ouvrait sur la cour de l'internat.°

Zizi fut d'abord stupéfait de voir le même élève en deux endroits diffé-

quatrième A2 une classe au lycée, âges 13–14 / **voûté** *bent* / **aquilin** *hooked* / **gris bleuté** = gris avec un peu de bleu / **le verre** *glass* / **le phare** *lighthouse* / **net** = clair, distinct / **la méduse** *jellyfish* / **le jumeau** *twin* / **la permanence** *study hall* / **le farceur** *practical joker* / **le teint doré** *golden complexion* / **semblable** = identique / **mettre à la porte** = chasser de la salle de classe, mettre dehors / **le pensionnat** *boarding school* / **le tour** *trick* / **de leur façon** = de leur manière / **eurent** = passé simple (avoir) / **la travée** *row* / **l'internat** (m) *boarding school*

25 rents, et il lui fallut trois «aller-retour» de sa tête pivotante pour s'assurer
qu'il ne rêvait pas : une fois trouvée la certitude, il leur demanda leurs prénoms, dont l'énoncé° fit éclater° de rire toute la classe.

Alors, sans le moindre respect pour leurs augustes parrains,° Zizi déclara
que cette parfaite ressemblance le troublait, et qu'il ne se croyait pas capable
30 de supporter la présence d'un élève double.

Il les avertit° donc qu'il ne les recevrait pas dans sa classe l'après-midi s'ils
ne se présentaient pas avec des cravates de couleurs différentes; en attendant,° il pria le philosophe° et le général° d'aller passer la matinée à la permanence, et d'y traduire, ensemble ou séparément, le premier chapitre de
35 César.

L'après-midi, Aristote revint avec une cravate rouge, tandis que celle de
Périclès était gorge-de-pigeon.°

Zizi les installa au tout premier rang, côte à côte, devant la chaire.° Ainsi
différenciés par la couleur et la contiguïté, les jumeaux ne perdirent pas
40 courage. De temps à autre—et souvent deux fois dans la même journée—ils
échangeaient leurs prénoms et leurs cravates, et ils semblaient tirer de cette
petite imposture de grandes satisfactions personnelles.

Zizi, qui devina certainement leur manège,° ne consentit jamais à s'en
apercevoir. Instruit à la rude école des stoïciens, il se borna° à punir ou à
45 récompenser, selon leur mérite, chacune des deux cravates, et à l'appeler par
son prénom, sans daigner poser la moindre question sur l'identité du porteur. Les jumeaux, dépersonnalisés par cette indifférence, et réduits à l'état
de cravates, en furent° si profondément humiliés qu'Aristote se fit tondre les
cheveux à ras,° sans que Zizi manifestât la moindre surprise : ils finirent par
50 se résigner, apprirent leurs déclinaisons, et devinrent bientôt capables
d'aborder° les *Commentaires* de César.

Ce César, c'était la religion de Zizi. Pareil à ces indigènes° des îles du Pa-
cifique, qui tirent° du même palmier° leurs palissades,° leur toit, leur vin, leur
pain, leurs flèches° et leurs costumes, notre Zizi tirait de César nos explica-
55 tions de texte,° nos versions,° nos analyses grammaticales, nos leçons et nos
punitions... Il en avait même fait un nom commun, et disait :

—Monsieur Schmidt, vous me ferez deux heures de retenue,° et «un César», ce qui signifiait : «Vous me traduirez un chapitre de César»...

C'est alors qu'un événement fortuit transforma ma vie scolaire.

60 Lagneau—à qui sa mère donnait des fortunes, c'est-à-dire cinq francs par

---

l'énoncé (m) *statement, announcement* / **éclater** *to burst* / **le parrain** *patron* / **avertir** =
informer / **en attendant** = dans l'intervalle / **le philosophe** = Aristote / **le général** =
Périclès / **gorge-de-pigeon** = de couleurs diverses et changeantes, comme à la gorge d'un
pigeon / **la chaire** *rostrum* / **le manège** *trick* / **se borner** = se limiter / **furent** =
passé simple (être) / **se fit tondre les cheveux à ras** *had his hair cut to the scalp* / **aborder** =
commencer à étudier / **l'indigène** (m) *native* / **tirer** = obtenir / **le palmier** *palm tree* /
la palissade *fence* / **la flèche** *arrow* / **l'explication de texte** (f) *textual analysis* / **la version**
translation (into French) / **la retenue** *detention*

semaine—avait trouvé, dans la boîte d'un bouquiniste,° trois fascicules° de Buffalo Bill, au prix de un franc les trois. Il lui restait tout juste un franc,° car il s'était gavé° la veille° de caramels mous°; il s'empara° aussitôt des fascicules, mais il découvrit au fond de la boîte un petit livre jauni par le temps,

65 qu'il eut la curiosité d'ouvrir : c'était la traduction française des *Commentaires* de César, avec, en bas de page, le texte latin. Il n'hésita qu'une seconde, et sacrifia Buffalo Bill à Jules César, car il avait le sens des réalités, et le lendemain matin, à la première étude, celle de huit heures moins le quart, il déposa sur mon pupitre° cette liasse° de feuilles jaunies, qui allait être pour

70 nous aussi utile qu'une rampe dans un escalier.

Il faut dire, sans modestie, que je sus m'en servir° habilement.

Après avoir retrouvé le chapitre d'où était extraite notre version latine de la semaine, j'en recopiais la traduction; mais afin de ne pas éveiller la méfiance maladive° de Zizi, je crédibilisais° nos devoirs par quelques fautes.

75 Pour Lagneau, deux contresens,° deux faux sens, deux «impropriétés». Pour moi, un faux sens, une erreur sur un datif° pris pour un ablatif,° trois «impropriétés».

Peu à peu, je diminuai le nombre de nos erreurs, et j'en atténuai la gravité. Zizi ne se douta de° rien : un jour, en pleine classe, il nous félicita de

80 nos progrès, ce qui me fit rougir jusqu'aux oreilles. Car j'avais honte de ma tricherie° et je pensais avec une grande inquiétude à la composition,° qui aurait lieu en classe, sous la surveillance de Zizi lui-même : le jour venu, il nous dicta une page de Tite-Live,° et je fus d'abord épouvanté.° Cependant, en relisant ce texte, il me sembla que je le comprenais assez bien, et j'eus une

85 heureuse surprise lorsque je fus classé troisième, tandis que Lagneau était classé onzième. Je compris alors que mes tricheries m'avaient grandement profité, en développant mon goût du travail, et mon ingéniosité naturelle.

Marcel Pagnol, *Le Temps des amours*

INTELLIGENCE DU TEXTE

1. À quoi compare-t-on M. Galleazzi? Expliquez ces comparaisons.
2. Qui sont Périclès et Aristote? En quoi consiste leur réputation?
3. Comment M. Galleazzi distingue-t-il les jumeaux?
4. Comment Périclès et Aristote continuent-ils à troubler le professeur?

le bouquiniste *second-hand bookseller, whose display cases* (boîtes) *are found along the Seine in Paris* / **le fascicule** *fascicle, installment* / **Il lui restait... un franc** *He had only one franc left* / **se gaver de** *to gorge on* / **la veille** = le jour avant / **mou** *soft* / **s'emparer de** = saisir / **le pupitre** *desk* / **la liasse** *bundle* / **je sus m'en servir** = je pus les utiliser / **éveiller la méfiance maladive** *to arouse the unhealthy suspicion* / **crédibiliser** = rendre croyable, donner un air authentique à / **le contresens** *mistranslation* / **le datif, l'ablatif** (m) *two Latin cases of nouns* / **se douter de** *to suspect* / **la tricherie** *trickery, cheating* / **la composition** *test* / **Tite-Live** = historien romain / **épouvanté** = terrifié

5. De quelle façon les jumeaux sont-ils dépersonnalisés?
6. César, c'était la religion de Zizi. Expliquez.
7. Racontez comment Lagneau a obtenu la traduction des *Commentaires* de César.
8. Dites comment le narrateur se servait habilement de cette traduction.
9. Montrez que la traduction de César a, en fait, aidé le narrateur à apprendre le latin.

APPRÉCIATION DU TEXTE

1. On reconnaît chez Pagnol le sens de l'humour. Dans quelles parties du texte cet humour se manifeste-t-il?
2. Relevez *(point out)* une ou deux comparaisons et dites pourquoi elles vous ont frappé.

Vocabulaire satellite

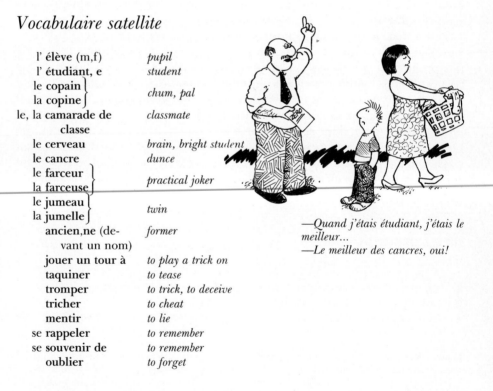

l' élève (m,f)	*pupil*
l' étudiant, e	*student*
le copain } la copine }	*chum, pal*
le, la camarade de classe	*classmate*
le cerveau	*brain, bright student*
le cancre	*dunce*
le farceur } la farceuse }	*practical joker*
le jumeau } la jumelle }	*twin*
ancien,ne (devant un nom)	*former*
jouer un tour à	*to play a trick on*
taquiner	*to tease*
tromper	*to trick, to deceive*
tricher	*to cheat*
mentir	*to lie*
se rappeler	*to remember*
se souvenir de	*to remember*
oublier	*to forget*

—*Quand j'étais étudiant, j'étais le meilleur...*
—*Le meilleur des cancres, oui!*

PRATIQUE DE LA LANGUE

1. Y a-t-il un de vos anciens professeurs que vous vous rappelez plus particulièrement? Pourquoi vous le rappelez-vous? Était-il admirable, généreux, étrange, etc.? A-t-il jamais fait quelque chose de spécial pour vous?

2. Racontez un incident amusant qui s'est passé à l'école et que vous n'avez jamais oublié.
3. Voudriez-vous être jumeau? Quels sont, à votre avis, les avantages et les inconvénients d'être jumeau? Est-ce que ces avantages et inconvénients changent avec le temps?
4. Écrivez et jouez le dialogue entre le narrateur et le professeur Galeazzi le jour où celui-ci trouve la traduction francaise des *Commentaires* de César.

Alphonse Daudet

Alphonse Daudet (1840–1897) learned to appreciate the problems and pleasures of the young in his early position as a study-hall master in a secondary school in Lyons. Many of his personal memories of these days come to life in the novel *Le Petit Chose* (1868). In his other works—the novel *Tartarin de Tarascon* (1872), the short stories of *Lettres de mon moulin* (1869) and *Contes du Lundi* (1873), his plays and poetry—Daudet draws unforgettable sketches of ordinary people in France between 1860 and 1890. Not only is he a keen observer of daily life, but he communicates with sensitivity emotional realities as well. If one adds to this his knack for artful storytelling, one can understand the success of Daudet's fiction.

The following excerpt is from *Contes du Lundi*, so named because the stories in the collection were originally published every Monday over a period of some six months. The narrator tells of his youth in Lyons and how he loved to play hooky and paddle up the Rhone river and back. He especially enjoyed tying onto a string of barges so as to be towed up the river, but then had to contend with the inevitable return trip and his late arrival at home, long after classes had been let out for the day. The boy well knew what awaited him at home and summoned up all his resources to cope with it.

Un beau mensonge

Car il en fallait un° chaque fois pour faire tête à° ce terrible «d'où viens-tu?» qui m'attendait en travers de la porte. C'est cet interrogatoire de l'arrivée qui m'épouvantait° le plus. Je devais répondre là, sur le palier,° au pied levé,° avoir toujours une histoire prête, quelque chose à dire, et de si étonnant, de

---

il en fallait un = j'avais besoin d'un mensonge / **faire tête à** = affronter / **épouvanter** = faire peur à / **le palier** *landing* / **au pied levé** *offhand, at a moment's notice*

5 si renversant,° que la surprise coupât court à toutes les questions.° Cela me
donnait le temps d'entrer, de reprendre haleine°; et pour en arriver là rien
ne me coûtait.° J'inventais des sinistres,° des révolutions, des choses terribles,
tout un côté de la ville qui brûlait, le pont du chemin de fer s'écroulant° dans
la rivière. Mais ce que je trouvai encore de plus fort,° le voici :

10   Ce soir-là, j'arrivai très en retard. Ma mère, qui m'attendait depuis une
grande heure, guettait,° debout, en haut de l'escalier.

«D'où viens-tu?» me cria-t-elle.

Dites-moi ce qu'il peut tenir de diableries° dans une tête d'enfant. Je
n'avais rien trouvé, rien préparé. J'étais venu trop vite...Tout à coup il me
15 passa° une idée folle. Je savais la chère femme très pieuse, catholique enra-
gée° comme une Romaine, et je lui répondis dans tout l'essoufflement° d'une
grande émotion :

«O maman... Si vous saviez!...

—Quoi donc?... Qu'est-ce qu'il y a encore?

renversant *staggering* / que la surprise coupât court à toutes les questions *that the element of*
surprise would cut short all other questions / reprendre haleine *to catch one's breath* / pour en
arriver là, rien ne me coûtait *to get to that point, I spared no effort* / le sinistre = catastrophe /
s'écrouler *to collapse* / encore de plus fort = même plus improbable / guetter *to be on the*
lookout / Dites-moi ce qu'il peut tenir de diableries *You can't imagine the mischievous notions to*
be found / il me passa *there occurred to me* / enragé = fanatique / l'essoufflement (m)
panting, breathlessness

20   —Le pape est mort.

—Le pape est mort!... » dit la pauvre mère, et elle s'appuya toute pâle contre la muraille.° Je passai vite dans ma chambre, un peu effrayé de mon succès et de l'énormité du mensonge; pourtant, j'eus le courage de le soutenir jusqu'au bout. Je me souviens d'une soirée funèbre et douce; le père très

25   grave, la mère atterrée°... On causait° bas autour de la table. Moi, je baissais les yeux; mais mon escapade s'était si bien perdue dans la désolation générale que personne n'y pensait plus.

Chacun citait à l'envi° quelque trait de vertu de ce pauvre Pie IX, puis, peu à peu, la conversation s'égarait° à travers l'histoire des papes. Tante Rose

30   parla de Pie VII, qu'elle se souvenait très bien d'avoir vu passer dans le Midi, au fond d'une chaise de poste,° entre des gendarmes. On rappela la fameuse scène avec l'empereur : *Comediante!... tragediante*°!... C'était bien la centième fois que je l'entendais raconter, cette terrible scène, toujours avec les mêmes intonations, les mêmes gestes, et ce stéréotype des traditions de famille qu'on

35   se lègue° et qui restent là, puériles et locales, comme des histoires de couvent.°

C'est égal,° jamais elle ne m'avait paru si intéressante.

Je l'écoutais avec des soupirs hypocrites, des questions, un air de faux intérêt, et tout le temps je me disais :

40   «Demain matin, en apprenant que le pape n'est pas mort, ils seront si contents que personne n'aura le courage de me gronder.°»

Alphonse Daudet, *Contes du Lundi*

INTELLIGENCE DU TEXTE

1. Pourquoi est-ce que le jeune homme devait dire un mensonge chaque fois qu'il rentrait chez lui?
2. Quelle sorte d'histoire devait-il inventer quand il arrivait?
3. Pourquoi n'avait-il rien préparé ce soir-là?
4. Quelle idée folle a-t-il trouvée, et qu'est-ce qui lui a donné cette idée?
5. Comment sa mère a-t-elle réagi à la grande nouvelle?
6. Pourquoi est-il passé vite dans sa chambre?
7. Pour quelle raison est-ce que personne ne pensait plus à son escapade?
8. Quel était le sujet de conversation ce soir-là?
9. Comment le garçon écoutait-il l'histoire de sa tante Rose cette fois?
10. Comment pense-t-il que l'incident va se terminer?

la muraille *wall* / **atterré** *overwhelmed* / **causer** = se parler familièrement / **à l'envi** *vying with one another* / **s'égarer** = se perdre, sortir du sujet / **la chaise de poste** *post chaise (a type of carriage)* / **Comediante!... tragediante!** *These words, in Italian, were the only ones addressed to Napoleon by Pius VII in a celebrated encounter at Fontainebleau in 1804.* / **léguer** = transmettre / **les histoires de couvent** *stories told in a convent* / **C'est égal** = Cela n'a pas d'importance / **gronder** = réprimander

APPRÉCIATION DU TEXTE

1. Un adolescent se prépare déjà à affronter les difficultés de la vie adulte. Indiquez les endroits dans le texte où se manifeste l'esprit calculateur du jeune homme. Relevez également d'autres exemples qui illustrent l'imprudence, la témérité du jeune garçon.
2. Daudet sait non seulement décrire la réalité mais aussi nous faire partager les émotions mêmes des personnages. Nous apprécions la ruse spontanée du narrateur et pourtant nous craignons nous aussi les conséquences d'une démarche *(act)* trop osée *(daring)*. Indiquez les endroits dans le texte où se trouvent cet élément de suspense, cette incertitude émotive.

Vocabulaire satellite

la **sortie**	*evening out*
le **rendez-vous**	*date*
le **mensonge**	*lie*
compréhensif, -ive	*broad-minded, under-standing*
à l'**esprit étroit**	*narrow-minded*
déraisonnable	*unreasonable*
sévère	*strict*
indulgent,e	*lenient*
débrouillard,e	*resourceful, having a lot of gumption*
mentir	*to lie*
sauver les apparences	*to save face*
se **débrouiller**	*to manage, to get out of a fix*
sortir	*to go out*
rentrer	*to return*

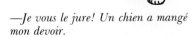

—*Je vous le jure! Un chien a mangé mon devoir.*

PRATIQUE DE LA LANGUE

1. Est-ce que les parents doivent exiger que leurs enfants rentrent à la maison à une certaine heure? Pourquoi ou pourquoi pas? Jusqu'à quel âge est-ce que cela est nécessaire? Qu'est-ce qui vous semble une heure raisonnable?
2. Dans votre famille, lequel est le plus sévère, votre mère ou votre père? Lequel se charge de la discipline? Racontez un incident où cette discipline s'est manifestée.
3. Vous êtes-vous jamais trouvé dans une situation compromettante où vous avez réussi quand même à sauver les apparences? Faites-en le récit.
4. Écrivez et jouez le dialogue en famille le lendemain de la «mort» du pape.

SUJETS DE DISCUSSION OU DE COMPOSITION

1. «Les étudiants universitaires d'aujourd'hui forment une espèce privilégiée. Leur existence est un intermède *(interlude)* agréable qui les protège pendant quatre ans contre les rudes réalités de la vie. Ils mènent une vie d'élite séparée du reste de la société, et même une vie de parasite subventionnée *(subsidized)* par les sacrifices des autres.» Êtes-vous d'accord ou non avec cette affirmation? Pourquoi ou pourquoi pas?
2. Exagère-t-on aujourd'hui l'importance de l'instruction? Est-elle vraiment indispensable dans notre société contemporaine? Quels avantages offre-t-elle? Et quels inconvénients?
3. À débattre : «Le mensonge est nécessaire dans la vie quotidienne.»

2

Les femmes

Gabrielle Roy

Gabrielle Roy (1909–1984) was born in the central Canadian province of Manitoba. After completing her formal education, she taught school for eight years. From 1937 until the outbreak of World War II she was in Europe, in England and France particularly, launching a career in journalism. She returned to Canada in 1939 and settled in Montreal. Six years later, she published her first novel, *Bonheur d'occasion,* the result of her personal observations.

Bonheur d'occasion is a landmark in the history of French-Canadian literature. It emancipated the novel from its restrictive ties to the past and inaugurated the contemporary period of realism with its focus on present-day life in all its complexities. Beginning with Roy, Canadian writers presented reality as they saw it, situating their characters in well-observed and well-defined social and physical settings.

Bonheur d'occasion is still considered by many to be Roy's masterpiece. It was quickly translated into several languages and gained universal acceptance. It deals with the misery of the downtrodden in Saint-Henri, a working-class district of Montreal. The people feel trapped in their environment with no hope of escape. Their desperation leads them to view World War II as their only chance for deliverance—a form of liberation that cannot but transform their meager existence. Their only hope for change lies in a catastrophe!

In the following excerpt Rose-Anna, the mother and mainstay of the Lacasse family, learns of the latest development in the war and pauses to consider the implications for her and her family. In the midst of her anguish as the mother of a soldier, she discovers a vital link with all the other mothers of the world.

La femme : épouse et mère

Rose-Anna descendait du tram,° rue Notre-Dame, lorsque, devant les Deux Records,° elle aperçut° un bulletin de nouvelles tout frais imprimé.° Un petit groupe d'hommes et de femmes s'y pressaient. Et de loin, par delà° les têtes penchées° et les épaules écrasées° comme par l'étonnement, Rose-Anna vit
5 danser sur le jaune de l'affiche° des lettres en caractères gras° : LES ALLE-MANDS ENVAHISSENT° LA NORVÈGE.° BOMBES SUR OSLO.°
　　Elle resta hébétée° un moment, l'œil dans le vide,° et tirant la courroie° de son sac. Elle ne sut pas d'abord d'où et comment lui était venu le coup qui la paralysait. Puis, dressée° au malheur, sa pensée vola à Eugène.° De
10 quelque façon inexplicable et dure, elle crut sur l'instant que le sort° de son fils dépendait de cette nouvelle. Elle relut les gros caractères, syllabe par syllabe, formant à demi les mots du bout de ses lèvres. Sur le mot «Nor-vège», elle s'arrêta pour réfléchir. Et ce pays lointain, qu'elle ne savait situer que vaguement, lui parut lié° à leur vie d'une manière définitive et incom-
15 préhensible. Elle n'examina, ne calcula, ne pesa° rien; elle oublia qu'Eugène l'assurait, dans sa dernière lettre, qu'il resterait au moins six mois au camp d'entraînement. Elle voyait des mots qui s'allongeaient° devant elle lourds de danger immédiat. Et cette femme, qui ne lisait jamais que son livre d'heures,° fit une chose extraordinaire. Elle traversa rapidement la chaussée° en fouil-
20 lant° déjà dans son réticule°; et, à peine° arrivée sur le trottoir d'en face,° elle tendit trois sous° au vendeur de journaux et déplia° aussitôt la gazette hu-mide qu'il lui avait remise.° S'appuyant° au mur d'un magasin, elle lut quelques lignes, poussée, entraînée° par des ménagères° qui sortaient de la fruiterie, et retenant son sac comme elle le pouvait sous son bras serré°
25 contre elle. Au bout d'un moment, elle plia le journal d'un geste absent,° et leva devant elle des yeux lourds de colère. Elle haïssait° les Allemands. Elle,

---

le tram *streetcar* / **les Deux Records** = le nom d'un café / **apercevoir** = voir, remarquer / **tout frais imprimé** *freshly printed* / **par delà** *beyond* / **penché** = incliné / **écrasé** *crushed* / **l'affiche** (f) *posted notice* / **en caractères gras** *in heavy type* / **envahir** = entrer violemment dans / **la Norvège** *Norway* / **Oslo** = la capitale de la Norvège / **hébété** = stupéfait, immobile de surprise / **l'œil dans le vide** = ne regardant rien / **la courroie** *strap* / **dressé** = orienté, adapté / **Eugène** = son fils dans l'armée / **le sort** = la destinée / **lié** = attaché, joint / **peser** *to weigh* / **s'allonger** = devenir plus long / **livre d'heures** = livre de prières / **la chaussée** *pavement* / **fouiller** *to rummage* / **le réticule** *small purse* / **à peine** *scarcely* / **en face** *opposite* / **le sou** *penny* / **déplier** *to unfold* / **remettre** = donner / **s'appuyer** *to lean* / **entraîné** *dragged along* / **la ménagère** *housewife* / **serré** = pressé / **d'un geste absent** = sans réfléchir / **haïr** = détester

qui n'avait jamais haï personne dans sa vie, haïssait ce peuple inconnu d'une haine implacable. Elle le haïssait, non seulement à cause du coup° qu'il lui portait,° mais à cause du mal qu'il faisait à d'autres femmes comme elle.

30   D'un pas d'automate,° elle prit le chemin de la rue Beaudoin. Elle les connaissait bien soudain toutes ces femmes des pays lointains, qu'elles fussent° polonaises,° norvégiennes ou tchèques ou slovaques. C'étaient des femmes comme elle. Des femmes du peuple. Des besogneuses.° De celles qui, depuis des siècles, voyaient partir leurs maris et leurs enfants. Une époque

35   passait, une autre venait; et c'était toujours la même chose : les femmes de tous les temps agitaient la main ou pleuraient dans leur fichu,° et les hommes défilaient.° Il lui sembla qu'elle marchait par cette claire fin d'après-midi, non pas seule, mais dans les rangs, parmi des milliers de femmes, et que leurs soupirs° frappaient son oreille, que les soupirs las° des besogneuses, des

40   femmes du peuple, du fond des siècles montaient jusqu'à elle. Elle était de celles qui n'ont rien d'autre à défendre que leur homme et leurs fils. De celles qui n'ont jamais chanté aux départs. De celles qui ont regardé les défilés° avec des yeux secs° et, dans leur cœur, ont maudit° la guerre.

---

le coup *blow* / **porter** *to strike (a blow)* / **d'un pas d'automate** = comme un robot /
qu'elles fussent *whether they be* / **polonais** *Polish* / **besogneux** = qui travaille dur /
le fichu *small shawl* / **défiler** *to march off* / **le soupir** *sigh* / **las** = fatigué / **le défilé**
parade / **sec** = aride (sans larmes) / **maudire** = dénoncer avec colère

Et pourtant, elle haïssait les Allemands plus que la guerre. Ce sentiment
45 la troubla. Elle chercha à° le chasser comme une mauvaise pensée. Puis, il
l'effraya,° car elle vit tout à coup en elle une raison de consentir à son sacrifice. Elle voulut se reprendre,° se défendre de la haine comme de la pitié.
«On est en Canada,° se disait-elle en brusquant° le pas; c'est bien de valeur°
ce qui se passe là-bas, mais c'est pas de notre faute.» Elle reniait° farouche-
50 ment° ce cortège° triste qui accompagnait sa démarche.° Mais elle ne pouvait
aller assez vite pour s'en dégager.° Une foule innombrable l'avait rejointe,
venant mystérieusement du passé, de tous les côtés, de très loin et aussi de
très près, semblait-il, car des visages nouveaux surgissaient° à chaque pas, et
ils lui ressemblaient. Pourtant, c'étaient des malheurs plus grands que les
55 siens qu'elles supportaient, ces femmes d'ailleurs.° Elles pleuraient leur
foyer° dévasté; elles arrivaient vers Rose-Anna, les mains vides et, en la reconnaissant, esquissaient° vers elle un geste de prière. Car, de tout temps,°
les femmes se sont reconnues dans le deuil.° Elles suppliaient° tout bas,° elles
tenaient leurs bras levés comme pour demander un peu d'aide. Rose-Anna
60 allait d'un pas pressé. Et chez cette femme simple se livrait° un grand
combat. Elle vit le désespoir de ses sœurs, elle le vit bien, sans faiblesse, elle
le regarda en face et en comprit toute l'horreur; puis, elle mit le sort de son
enfant dans la balance, et il l'emporta.° Eugène lui parut aussi délaissé,° aussi
impuissant° que Daniel.° C'était la même chose; elle les voyait tous deux
65 ayant besoin d'elle. Et son instinct de gardienne remontant en elle, elle retrouva toute son énergie, elle retrouva son but et écarta° toute autre pensée.

Gabrielle Roy, Bonheur d'occasion

INTELLIGENCE DU TEXTE

1. Quelle nouvelle Rose-Anna apprend-elle un jour en descendant du tram-
   way?
2. Quelle est sa réaction à cette nouvelle? À qui pense-t-elle, et pourquoi?
3. Qu'est-ce que Rose-Anna fait d'extraordinaire? Pourquoi est-ce extraordinaire?
4. Quelle est la réaction de Rose-Anna à la lecture du journal? Pourquoi a-t-
   elle cette réaction?
5. Pourquoi Rose-Anna a-t-elle l'impression de ne pas marcher seule? Qui sont
   ses compagnes?

chercher à = essayer de / **effrayer** = faire peur à / **se reprendre** = se corriger / **en
Canada** = au Canada (*in standard French*) / **brusquer** = accélérer, rendre plus rapide /
c'est bien de valeur (*Canadian French*) = c'est bien dommage / **renier** *to disavow* /
farouchement = avec violence / **le cortège** *procession* / **la démarche** *walk* / **se dégager** =
se séparer / **surgir** = se montrer soudainement / **ailleurs** *elsewhere* / **le foyer** *home* /
esquisser = commencer / **de tout temps** = depuis toujours / **le deuil** *mourning* /
supplier = implorer / **tout bas** = doucement, sans bruit / **se livrer** = se faire /
l'emporter *to prevail* / **délaissé** = abandonné / **impuissant** = faible, sans force / **Daniel**
= un autre enfant de Rose-Anna, plus jeune et plus maladif / **écarter** = mettre loin, tenir à
distance

6. Est-ce que les femmes d'ailleurs partagent les mêmes malheurs que Rose-Anna?
7. Quel est le combat qui se livre chez Rose-Anna?
8. Quelle considération l'emporte finalement? Pourquoi?

APPRÉCIATION DU TEXTE

1. L'action dans ce passage est intérieure, psychologique. Dites d'abord ce qui se passe à l'extérieur. Puis résumez les pensées et les sentiments de Rose-Anna pendant ces quelques moments. Quel est le thème central de cet extrait?
2. A votre avis, peut-on considérer Rose-Anna une sorte de femme universelle?

Vocabulaire satellite

la force	strength
la faiblesse	weakness
la capacité	capability
l'égalité (f)	equality
le droit	right, privilege
le devoir	duty
fort,e	strong
faible	weak
doux, douce	gentle
dur,e	harsh
sensible	sensitive
insensible	insensitive
capable	capable
égal,e	equal
gagner un salaire	to earn a salary
gagner sa vie	to earn one's living
s'occuper de	to take care of
élever des enfants	to raise children
partager les responsabilités	to share responsibilities
faire la cuisine, la lessive, le ménage	to do the cooking, the wash, the housework

PRATIQUE DE LA LANGUE

1. Mme Delière et Mme Michard sont voisines. Mme Delière a deux fils tandis que Mme Michard a deux filles. Elles s'entendent sur presque tout sauf sur

la question du service militaire. Mme Michard croit que seuls les jeunes gens devraient avoir des obligations militaires. Mme Delière, par contre, pense que les jeunes filles devraient avoir les mêmes devoirs que les jeunes gens. Écrivez le dialogue de ces deux dames et présentez-le devant la classe.

2. Débat : il n'y a plus de rôle séparé pour la mère et pour le père; il n'y a que le rôle unique de parent. Ceux qui soutiennent qu'il y a toujours des rôles séparés devront identifier ces rôles. Ceux, au contraire, qui disent qu'il n'y a plus de distinction entre les deux devront expliquer comment la situation a changé.

Gustave Flaubert

Gustave Flaubert (1821–1880) is one of the great writers of world literature, and the novel *Madame Bovary* (1857) is generally acknowledged as his masterpiece. Flaubert devoted his life to reading and writing. Except for occasional travels, he stayed on his property near Rouen in Normandy, where he worked assiduously at his novels, composing slowly and painstakingly. Obsessed with stylistic perfection, with finding *le mot juste*,[L1] he habitually wrote several versions of each paragraph, then subjected them all to the final test of an oral declamation. Flaubert is recognized as the foremost exponent of French realism.[L] Though basically romantic by nature (see Romanticism[L]), he strove for perfect objectivity in language and style. Since he sought to reproduce life exactly as it is, he insisted on rigid observation and minute documentation. Considering his lofty aspirations and demanding standards, it is not surprising that he took more than four and a half years to create *Madame Bovary.*

Emma Bovary, the middle-class heroine of this novel, believed that in marrying a doctor she was assuring herself of a glamorous social life. Her luxurious dreams are not realized, however, as her dull husband Charles shares no such desires but rather immerses himself in the daily preoccupations of his profession. Seeking to live out her fantasies, Emma turns to adultery, spends money extravagantly and, in a final gesture of ultimate despair, commits suicide by swallowing arsenic.

The following excerpts reveal Emma's initial boredom with her husband and her speculations as to what might have been, if . . .

---

[1]Words marked with the superscript [L] are explained in the *Index littéraire* at the end of the book.

Rêveries romantiques

La conversation de Charles était plate° comme un trottoir de rue, et les idées de tout le monde y défilaient,° dans leur costume ordinaire, sans exciter d'émotion, de rire ou de rêverie. Il n'avait jamais été curieux, disait-il, pendant qu'il habitait Rouen, d'aller voir au théâtre les acteurs de Paris. Il ne
5   savait ni nager, ni faire des armes,° ni tirer° le pistolet, et il ne put,° un jour, lui expliquer un terme d'équitation° qu'elle avait rencontré dans un roman.

Un homme, au contraire, ne devait-il pas tout connaître, exceller en des activités multiples, vous initier aux énergies de la passion, aux raffinements de la vie, à tous les mystères? Mais il n'enseignait rien, celui-là, ne savait rien,
10   ne souhaitait° rien. Il la croyait heureuse; et elle lui en voulait° de ce calme si bien assis,° de cette pesanteur° sereine, du bonheur même qu'elle lui donnait....

—Pourquoi, mon Dieu, me suis-je mariée?

Elle se demandait s'il n'y aurait pas eu moyen,° par d'autres combinaisons
15   du hasard, de rencontrer un autre homme; et elle cherchait à imaginer quels

---

plat = sans intérêt (*lit.*, *flat*) / **défiler** = marcher / **faire des armes** (f) *to fence* / **tirer** *to fire* / **put** = pouvoir (passé simple) / **l'équitation** (f) = l'art de monter à cheval / **souhaiter** = désirer / **elle lui en voulait** = elle gardait du ressentiment contre lui / **assis** = assuré, stable / **la pesanteur** *weight, dullness* / **le moyen** = la possibilité

eussent été° ces événements non survenus,° cette vie différente, ce mari qu'elle ne connaissait pas. Tous, en effet, ne ressemblaient pas à celui-là. Il aurait pu être beau, spirituel,° distingué, attirant,° tels qu'ils étaient sans doute, ceux qu'avaient épousés ses anciennes camarades du couvent.° Que
20 faisaient-elles maintenant? À la ville, avec le bruit des rues, le bourdonnement° des théâtres et les clartés° du bal, elles avaient des existences où le cœur se dilate,° où les sens s'épanouissent.° Mais elle, sa vie était froide comme un grenier° dont la lucarne° est au nord, et l'ennui, araignée° silencieuse, filait sa toile° dans l'ombre° à tous les coins de son cœur.

> *Emma eventually takes up with Rodolphe Boulanger, a local*
> *landowner. One day, while the two are out riding in the countryside, she*
> *gives herself to him. In the following excerpt, Emma is back home and*
> *has just finished dinner with her husband Charles.*

Dès qu'elle fut débarrassée° de Charles, elle monta s'enfermer° dans sa chambre.

D'abord, ce fut comme un étourdissement°; elle voyait les arbres, les chemins, les fossés,° Rodolphe, et elle sentait encore l'étreinte° de ses bras, tandis
5 que le feuillage frémissait° et que les joncs° sifflaient.°

Mais, en s'apercevant° dans la glace,° elle s'étonna de son visage. Jamais elle n'avait eu les yeux si grands, si noirs, ni d'une telle profondeur. Quelque chose de subtil épandu° sur sa personne la transfigurait.

Elle se répétait : «J'ai un amant°! un amant!» se délectant° à cette idée
10 comme à celle d'une autre puberté qui lui serait survenue.° Elle allait donc posséder enfin ces joies de l'amour, cette fièvre du bonheur dont elle avait désespéré. Elle entrait dans quelque chose de merveilleux où tout serait passion, extase, délire...

Alors elle se rappela les héroïnes des livres qu'elle avait lus, et la légion
15 lyrique de ces femmes adultères se mit à° chanter dans sa mémoire avec des voix de sœurs qui la charmaient. Elle devenait elle-même comme une partie véritable de ces imaginations et réalisait la longue rêverie de sa jeunesse, en se considérant dans ce type d'amoureuse qu'elle avait tant envié. D'ailleurs,° Emma éprouvait° une satisfaction de vengeance. N'avait-elle pas assez souf-

---

eussent été = auraient été / **non survenus** = qui n'étaient pas arrivés / **spirituel** *witty* / **attirant** = charmant, captivant / **le couvent** = une école de jeunes filles dirigée par des religieuses / **le bourdonnement** *buzz, hum* / **les clartés** (f) = les lumières, la splendeur / **se dilater** = se réjouir *(lit., to expand)* / **s'épanouir** = se réjouir *(lit., to blossom)* / **le grenier** *attic* / **la lucarne** *(attic) window* / **l'araignée** (f) *spider* / **filait sa toile** *was spinning her web* / **l'ombre** (f) = l'obscurité / **débarrassé** *rid* / **s'enfermer** = s'isoler, rester toute seule / **l'étourdissement** (m) *dizziness, vertigo* / **le fossé** *ditch* / **l'étreinte** (f) *embrace* / **frémir** = trembler légèrement / **le jonc** *reed* / **siffler** *to pipe* / **s'apercevoir** = se voir / **la glace** = le miroir / **épandu** *spread* / **l'amant** (m) *lover* / **se délecter** = prendre un plaisir intense / **survenir** = arriver brusquement / **se mettre à** = commencer à / **d'ailleurs** *moreover* / **éprouver** *to experience*

20 fert! Mais elle triomphait maintenant, et l'amour, si longtemps contenu, jaillissait° tout entier° avec des bouillonnements° joyeux. Elle le savourait sans remords, sans inquiétude, sans trouble.°

Gustave Flaubert, Madame Bovary

INTELLIGENCE DU TEXTE

1. Quel portrait de Charles Emma trace-t-elle?
2. Selon Emma, qu'est-ce qu'un homme doit faire?
3. Pourquoi Emma en veut-elle à son mari?
4. Quelle sorte de mari Emma aurait-elle pu avoir si elle n'avait pas épousé Charles?
5. Comment Emma imagine-t-elle la vie de ses anciennes camarades?
6. Que voit Emma lorsqu'elle s'aperçoit dans la glace?
7. Comment imagine-t-elle sa vie maintenant qu'elle a un amant?
8. À quel groupe de femmes Emma s'associe-t-elle?
9. Pourquoi Emma savoure-t-elle ce nouvel amour?

APPRÉCIATION DU TEXTE

1. Emma Bovary a donné son nom au «bovarysme», c'est-à-dire, la capacité de se voir autre qu'on est. Étudiez le rôle de la rêverie dans ce texte. Citez des endroits où Emma refuse d'accepter la réalité et crée un autre monde dans son imagination.
2. Indiquez les comparaisons et métaphores employées par Flaubert pour nous aider à mieux apprécier la pensée d'Emma.
3. Flaubert avait l'habitude de déclamer ses phrases pour s'assurer de leur perfection. Prenez, par exemple, le dernier paragraphe de la sélection et lisez-le vous aussi à haute voix pour apprécier la valeur artistique du texte.

Vocabulaire satellite

l' **ennui** (m)	*boredom*
le **rêve**	*dream*
la **fantaisie**	*fantasy*
l' **évasion** (f)	*escape*
l' **aspiration** (f)	*goal, aspiration*

jaillir *to burst forth* / **tout entier** = complètement / **le bouillonnement** *gush* / **le trouble** = l'agitation

le but	*goal*
oisif, oisive	*idle*
rêveur, -euse	*dreamer*
frustré,e	*frustrated*
romantique	*romantic*
réaliste	*realist*
s'ennuyer	*to be bored*
rêver	*to dream*
échapper à la réa-lité	*to escape reality*
faire des châteaux en Espagne	*to build castles in the air*
être dans la lune	*to daydream*
faire des projets	*to make plans*
projeter	*to plan*
compter	*to plan on, to intend*
avoir l'intention de	*to intend*
réaliser	*to fulfill, to accomplish*

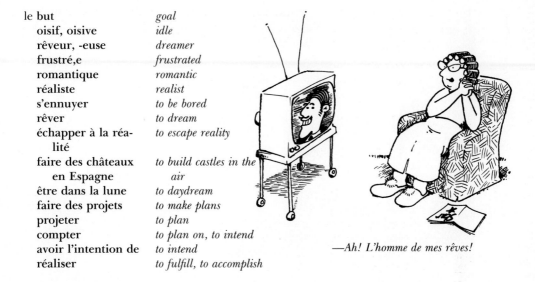

—*Ah! L'homme de mes rêves!*

PRATIQUE DE LA LANGUE

1. Est-il bon d'avoir des rêves? Quels en sont les avantages et les inconvénients?
2. Quels sont vos rêves actuellement? Ont-ils beaucoup changé depuis quelques années? Comment? Seront-ils très différents dans dix ans? Comment?
3. Imaginez que vous êtes une femme comme Mme Bovary, rêveuse, oisive, frustrée, liée à un mari honnête mais tout à fait médiocre. Vous parlez à une amie (un ami) et vous lui dites que vous allez vous suicider. Votre amie (ami) proteste et trouve d'autres solutions possibles. Écrivez ce dialogue et présentez-le devant la classe.
4. Vous êtes-vous jamais plongé délibérément dans un monde de fantaisie pour échapper à la réalité? Dans quelles circonstances? Est-ce que cette évasion vous a fait du bien ou du mal? Expliquez.

Simone de Beauvoir

Simone de Beauvoir (b. 1908) has gained universal acclaim as a champion of the feminist movement. Long before the movement achieved momentum in the 1960s, she had published her celebrated philosophical essay, *Le Deuxième Sexe* (1949), attacking the myth of woman's inferiority. Ever since, she has

Simone de Beauvoir

continued to show that many of the problems encountered by women as individuals stem from the fact that the male-dominated society they live in expects them to adhere to a restrictive code of behavior. She has consistently maintained that there is more in life for women than the traditional roles, that there is more than one way for women to live.

Simone de Beauvoir is not simply a theorist of the feminist movement. Her personal philosophy of liberation, activity, and fulfillment has led to a remarkable series of accomplishments that have earned her wide-ranging respect while in no way compromising her femininity. In 1929 she received the *agrégation* in philosophy, placing second in this highly competitive postgraduate examination, the first-place winner being Jean-Paul Sartre. From this point on, these two incisive thinkers—both of whom in time became eminent existentialist[1] philosophers—cultivated a unique professional and personal relationship that lasted until Sartre's death in 1980.

Simone de Beauvoir taught philosophy until 1943, when her first novel, *L'Invitée*, was published. She has since written several works of fiction, the best known of which, *Les Mandarins*, received the coveted Prix Goncourt in 1954. While she has also produced a steady stream of philosophical essays and criticism, much interest has been focused on her memoirs and autobiographical works, where her considerations range beyond the limits of her own personal situation to encompass the prevailing beliefs and conditions of her time.

The following excerpt is from *Mémoires d'une jeune fille rangée* (1958), the first volume of her autobiography, in which the author looks back on her childhood and adolescence up to the time when she became a university student.

Le choix d'un mari

L'été de mes quinze ans, à la fin de l'année scolaire, j'allai deux ou trois fois
canoter° au Bois° avec Zaza et d'autres camarades. Je remarquai dans une
allée un jeune couple qui marchait devant moi; le garçon appuyait° légèrement sa main sur l'épaule de la femme. Émue,° soudain, je me dis qu'il devait
5 être doux° d'avancer à travers la vie avec sur son épaule une main si familière qu'à peine° en sentait-on le poids,° si présente que la solitude fût° à
jamais conjurée.° «Deux êtres° unis» : je rêvais sur ces mots. Ni ma sœur,
trop proche, ni Zaza, trop lointaine ne m'en avaient fait pressentir° le vrai
sens. Il m'arriva souvent par la suite,° quand je lisais dans le bureau, de
10 relever la tête et de me demander : «Rencontrerai-je un homme qui sera fait
pour moi?» Mes lectures ne m'en avaient fourni aucun modèle. Je m'étais
sentie assez proche d'Hellé, l'héroïne de Marcelle Tinayre.° «Les filles
comme toi, Hellé, sont faites pour être les compagnes des héros» lui disait
son père. Cette prophétie m'avait frappée; mais je trouvai plutôt rebutant°
15 l'apôtre° roux° et barbu qu'Hellé finissait par épouser. Je ne prêtais à mon
futur mari aucun trait défini. En revanche,° je me faisais de nos rapports une
idée précise : j'éprouverais° pour lui une admiration passionnée. En ce do-
maine, comme dans tous les autres, j'avais soif de° nécessité. Il faudrait que
l'élu° s'imposât° à moi, comme s'était imposée Zaza, par une sorte d'évi-
20 dence°; sinon je me demanderais : pourquoi lui et pas un autre? Ce doute
était incompatible avec le véritable amour. J'aimerais, le jour où un homme
me subjuguerait par son intelligence, sa culture, son autorité.

Sur ce point, Zaza n'était pas de mon avis; pour elle aussi l'amour impli-
quait° l'estime et l'entente°; mais si un homme a de la sensibilité° et de l'imagi-
25 nation, si c'est un artiste, un poète, peu m'importe,° disait-elle, qu'il soit peu
instruit et même médiocrement intelligent. «Alors, on ne peut pas tout se
dire!» objectais-je. Un peintre, un musicien ne m'aurait pas comprise tout
entière, et il me serait demeuré en partie opaque. Moi je voulais qu'entre
mari et femme tout fût mis en commun; chacun devait remplir, en face de
30 l'autre, ce rôle d'exact témoin° que jadis° j'avais attribué à Dieu. Cela excluait

---

canoter *to go boating* / **Bois** = le Bois de Boulogne, à Paris / **appuyer** = presser,
appliquer / **ému** = touché / **doux** = agréable / **à peine** = presque pas, très peu / **le
poids** *weight* / **fût** = imparfait du subjonctif (être) / **conjuré** = exorcisé, banni / **l'être**
(m) = la personne / **pressentir** *have an inkling of, suspect* / **par la suite** = après /
Marcelle Tinayre = (1872–1948) écrivain français qui dans ses œuvres a traité de grandes
questions religieuses et sociales, en particulier le féminisme / **rebutant** = déplaisant /
l'apôtre (m) *apostle* / **roux** *redheaded* / **en revanche** = en compensation / **éprouver** =
sentir / **j'avais soif de** = j'avais besoin de / **l'élu** (m) *the chosen one* / **s'imposât** =
imparfait du subjonctif / **l'évidence** (f) *obviousness* / **impliquer** = supposer, contenir en
soi / **l'entente** (f) = l'accord, l'harmonie / **la sensibilité** *sensitivity* / **peu m'importe** *it
matters little to me* / **le témoin** *witness* / **jadis** = autrefois, dans le passé

qu'on aimât° quelqu'un de différent : je ne me marierais que si je rencon-
trais, plus accompli que moi, mon pareil,° mon double.

Pourquoi réclamais°-je qu'il me fût supérieur? Je ne crois pas du tout que
j'aie cherché en lui un succédané° de mon père; je tenais à° mon indépen-
35 dance; j'exercerais un métier, j'écrirais, j'aurais une vie personnelle; je ne
m'envisageai jamais comme la compagne° d'un homme : nous serions deux
compagnons.° Cependant, l'idée que je me faisais de notre couple fut indi-
rectement influencée par les sentiments que j'avais portés à mon père. Mon
éducation, ma culture, et la vision de la société, telle qu'elle était, tout me
40 convainquait que les femmes appartiennent à une caste inférieure; Zaza en
doutait parce qu'elle préférait de loin° sa mère à M. Mabille°; dans mon cas
au contraire, le prestige paternel avait fortifié cette opinion : c'est en partie
sur elle que je fondais mon exigence.° Membre d'une espèce privilégiée, bé-
néficiant au départ° d'une avance considérable, si dans l'absolu un homme
45 ne valait pas plus que moi, je jugerais que relativement, il valait moins : pour
le reconnaître comme mon égal, il fallait qu'il me dépassât.°

Simone de Beauvoir, *Mémoires d'une jeune fille rangée*

INTELLIGENCE DU TEXTE

1. Racontez l'incident qui a évoqué chez la narratrice l'idée de «deux êtres unis».
2. Qu'est-ce qu'elle se demandait souvent pendant sa lecture dans son bureau?
3. Quelle idée avait-elle des traits physiques de son futur mari?
4. Quel sentiment allait-elle éprouver pour lui?
5. Décrivez la manière dont elle arriverait à reconnaître son futur mari.
6. Quels étaient les traits essentiels d'un futur mari selon Zaza?
7. Quelle sorte de mari la narratrice recherchait-elle?
8. Comment envisageait-elle sa vie de femme mariée?
9. D'après elle, quelle place les femmes occupaient-elles dans la société?
10. Pourquoi fallait-il que son futur mari lui soit supérieur?

APPRÉCIATION DU TEXTE

1. Relevez dans ce texte les pensées et les sentiments qui auraient pu être ceux d'une héroïne romantique, et ceux qui semblent appartenir au vingtième siècle.
2. Dans son choix d'un futur mari, la narratrice semble-t-elle guidée par des

aimât = imparfait du subjonctif / **mon pareil** = une personne comme moi / **réclamer** =
insister / **le succédané** = le substitut / **tenir à** = être très attaché à / **la compagne**
helpmate / **le compagnon** *partner* / **de loin** = de beaucoup / **M. Mabille** = le père de
Zaza / **l'exigence** (f) *demand* / **au départ** = depuis le commencement / **dépasser** = être
supérieur à (l'imparfait du subjonctif)

considérations intellectuelles ou par des mouvements du cœur? Citez quelques-uns de ses arguments. Lesquels semblent les plus importants?

3. Résumez ce que la narratrice entend finalement par l'expression «deux êtres unis».

4. Pourriez-vous deviner que ce texte a été écrit par une femme? Comment?

Vocabulaire satellite

le **mariage**	*marriage*
le **célibat**	*celibacy*
les **rapports** (m)	*relationship*
le **trait**	*feature, trait*
le **sentiment**	*sentiment, feeling*
l' **amour** (m)	*love*
l' **indépendance** (f)	*independence*
la **sensibilité**	*sensitivity, sensibility*
le **coup de foudre**	*love at first sight (lit., clap of thunder)*

—*Quel dommage qu'il ne pense qu'à sa carrière!*

marié,e	*married*
célibataire	*single*
beau, belle	*handsome, beautiful*
joli,e	*pretty*
raisonnable	*reasonable*
honnête	*honest*
instruit,e	*educated*
doux, douce	*gentle, sweet*
sensible	*sensitive, sensible*
passionné,e	*passionate*
uni,e	*united*
intime	*close, intimate*
éprouver (un sentiment)	*to feel (an emotion)*
sortir avec quelqu'un	*to go out with someone*
se marier (avec)	*to get married, to marry*
épouser	*to marry*
poursuivre une carrière	*to pursue a career*

PRATIQUE DE LA LANGUE

1. Quelles sont les qualités que vous recherchez chez votre futur mari (votre future femme)? Voulez-vous quelqu'un de semblable à vous ou de différent? Voulez-vous quelqu'un qui vous soit supérieur, inférieur ou égal?

2. «Si on veut vraiment poursuivre une carrière, le célibat est le seul état de vie possible.» Êtes-vous d'accord ou non? Pourquoi?

3. Organisez un débat sur le sujet suivant : lequel profite le plus de la vie, le (la) célibataire ou la personne mariée?

4. Une femme très libérée et une femme très traditionaliste se rencontrent à une soirée. Elles commencent à parler du mariage, du rôle de la femme et du mari dans le mariage. Naturellement, elles ne s'entendent pas parfaitement. Écrivez ce dialogue et présentez-le devant la classe.

SUJETS DE DISCUSSION OU DE COMPOSITION

1. Quelle est la meilleure manière de choisir un futur mari (une future femme)? Faut-il attendre le coup de foudre ou faut-il procéder de la façon la plus logique?

2. À débattre : «La fidélité dans le mariage n'est plus essentielle.»

3. «Dans notre société contemporaine, la seule différence entre une femme et un homme est la différence physique.» Êtes-vous d'accord ou non? Pourquoi?

4. Tracez le portrait de la femme moderne :
   a. à 22 ans
   b. à 30 ans
   c. à 50 ans

5. Voyez-vous quelque ressemblance entre Emma Bovary, l'héroïne de Flaubert, et Simone de Beauvoir telle que celle-ci se dépeint dans cet extrait de *Mémoires d'une jeune fille rangée*? Quelles différences y a-t-il entre les deux? Laquelle trouvez-vous la plus sympathique? Pourquoi?

La famille

Yves Thériault

Born in Quebec, Yves Thériault (1916–1984) was a self-made man. Having abandoned his formal education, he had two great aspirations: to work in the broadcasting industry or to become a professional athlete. Adept in tennis and boxing, he trained very vigorously, but he contracted tuberculosis, thereby putting an end to his aspirations in sports. He did finally settle into a career in broadcasting, first as an announcer but ultimately as a writer. He wrote hundreds of scripts for both radio and television, in addition to numerous novels and short stories.

In his novels Thériault explored the theme of alienation, the great incompatibility between his characters and their social milieu. He dwelled particularly on the restrictions that society places on its members, the obligation to conform, and the harsh sanctions to which recalcitrants are subjected, including eventual ostracism. Thériault introduced a great variety of central characters, some of whom had rarely been seen in major literary works. The psychological adventure novel *Agakuk* (1958), for instance, deals with Eskimos in Labrador. In all his works Thériault studies the conflict between society's repression and the basic natural instincts as manifested through violence and sexuality.

Thériault's first novel, *La Fille laide* (1950), is the story of Edith, whom society has cast aside because of her ugliness. She marries the laborer Fabien and together the couple leave the plains to go live alone in the mountains with

their infant son, who is born deaf, blind, and mute. In this excerpt Fabien and Edith believe they have found a solution for their son's misfortune.

Un père et son fils

Quand il se sut bien seul,° il marcha lentement vers la source,° murmurant des mots à l'oreille du petit qui bâillait° dans ses bras, inerte et sans combat, une loque.°

—Viens, disait-il, viens mon petiot.° La mort sera douce pour toi... Viens...

5 La source apparut sous un buisson,° claire et limpide, un petit étang° où nageaient quelques poissons qui partaient ensuite dans le ruisseau° allant se jeter dans la Gueuse, allant rejoindre ainsi la grande vie.

—Tu ne vois pas la source, dit Fabien à l'enfant aux yeux morts. Celui qui est derrière le monde, à mener° la grande machine, a oublié de te donner 10 des yeux pour la voir, cette source. C'est dommage. Il y a du couchant° noyé° dans l'eau. C'est rouge et rose. L'eau est limpide. Elle aurait des milles de profond,° et on verrait nager la truite.°

Ils étaient sur le bord, l'homme et l'enfant, et Fabien tenait le petit sur ses

---

Quand il se sut bien seul *When he knew that he was indeed alone* / **la source** *spring* / **bâiller** *to yawn* / **la loque** *rag* / **mon petiot** = mon petit / **le buisson** *bush* / **l'étang** (m) *pond* / **le ruisseau** *stream* / **à mener** = qui mène, qui dirige / **le couchant** *sunset* / **noyé** *drowned* / **Elle aurait des milles de profond** *It could be miles deep* / **la truite** *trout*

bras étendus, lui parlant tout contre° la bouche, essayant de lui entrer° par
15 ce moyen les mots dans l'esprit.

Mais l'effort était vain.

—C'est la mort... continua Fabien. Je dis la mort. On dit un mot qu'on a
appris en tétant° le lait. Vie, mort, plaisir, douleur. On dit les mots et on ne
sait plus trop bien ce qu'ils veulent dire. Pour toi, la mort est la vie. Edith,
20 qui est ta mère, et qui t'a fait, elle ne sait pas comme je souffre.

Il resta longtemps devant la source, debout ainsi, tenant l'enfant.

Il ne parlait plus.

Puis il se remit à murmurer, très vite :

—Alors il n'y a que sa chair° en toi, il n'y a que la chair de ta mère? Et si
25 c'était ainsi, est-ce que je souffrirais moi aussi? Est-ce que j'aurais cette hésitation du geste? Demain tu ne seras plus sur la grande chaise. Demain, la
grande chaise sera vide... Non! non! elle ne sera pas vide. J'y serai assis, moi.
Nous serons l'un avec l'autre sur la chaise où tu étais toujours. Te haïr, moi?
Te haïr parce que tu es ce que tu es? Allons donc°!

30 Il s'agenouilla,° posa les pieds de l'enfant sur la berge de sable° doux, près
de l'eau.

—Tu auras une mort douce, petit...

Il poussait sur le corps de l'enfant, poussait les pieds vers l'eau. Maintenant, les talons° allaient rejoindre la surface, allaient se baigner dans le fluide
35 froid.

L'enfant se roidit.°

—Je te dis que ce sera une mort douce, petit. Mourir comme ça serait un
bonheur. Pour toi ce sera un bonheur. Avant, après. Tellement mieux que
la mort sur les pentes.° Le tronc d'arbre qui vient vous fracasser,° l'avalanche
40 de pierres... J'ai songé° à cette mort...

Il caressa doucement la tête du petit dont les pieds étaient dans l'eau.

Un hibou° fit son chant, et Fabien entendit, tout en bas,° et loin, comme
des bruits de voix.

C'étaient les gens du hameau° qui venaient...
45 —Tu es blond, dit Fabien, tu as les cheveux blonds. Je n'avais jamais vu
comment ils étaient blonds. Et ta bouche est large. Belle et large. Une
bouche à boire de la vie. Une bouche vaillante... Tu aurais pu goûter aux
bons mets° des soirs de fête.

Il eut un sanglot° et serra° fort l'enfant contre lui.
50 —Si seulement, gémit°-il, tu n'avais pas été ce que tu es...

Mais il se reprit° et poussa l'enfant plus avant dans l'eau. Jusqu'aux
genoux.

---

tout contre *right up against* / **entrer** = forcer / **téter** *to suck* / **la chair** *flesh* / **Allons
donc!** *Come now! (i.e., don't be silly)* / **s'agenouiller** = se mettre à genoux / **la berge de
sable** *sand bank* / **le talon** *heel* / **se roidir** *to stiffen* / **la pente** *slope* / **fracasser** *to crush* /
songer = penser / **le hibou** *owl* / **tout en bas** *way down below, at the very bottom* / **le
hameau** = le petit village / **les mets** (m) = nourriture qu'on sert à table / **le sanglot** *sob* /
serrer *to squeeze* / **gémir** *to moan* / **se reprendre** *to get hold of oneself*

—Le moment est venu, petit. Il fait presque nuit. Tu rejoindras la nuit
bleue par notre nuit à nous, qui sera noire ce soir. À savoir° si tu sauras
55 reconnaître l'une de l'autre. Je te le souhaite. Ne frémis° pas ainsi, l'enfant.
Ne résiste pas. L'eau est froide, je le sais, mais il ne faut pas résister.

L'enfant avait peur de l'eau, et il essayait, de son corps sans force, de se
débattre,° de ne plus laisser cette eau monter, cette eau qui montait et grim-
pait,° qui rejoignait les genoux et ensuite les cuisses,° qui le mouillait° jus-
60 qu'au ventre, à mesure que Fabien le descendait, le poussait vers le fond,°
vers la mort.

Et l'homme murmurait toujours ses paroles, en rythme doux, comme une
berceuse,° comme si l'enfant l'entendait, le comprenait.

Il avait des sanglots dans la voix, et deux grosses larmes lui coulaient° sur
65 les joues.

—Ton cou rose et potelé,° martelait°-il entre ses dents tout à coup. Ton
cou rose et potelé, et toute ta peau fine et duveteuse.° Il y a une fossette°
dans ton cou. Je ne l'avais jamais vue... Tout le corps, et puis voilà, maintenant, la tête. C'est mon adieu, petit, c'est mon adieu.

70 Alors, la voix lui brisa,° et il se mit à chantonner,° avec des sons qui
n'étaient plus du chant, mais des pleurs...

—Fais dodo,° l'enfant do! Fais dodo, l'enfant dormira bientôt.

La bouche du petit était sous l'eau, et il se débattait, il jetait ses bras vers
le ciel, et il secouait° ses jambes.

75 Il combattait la mort qui entrait en lui par cette bouche grande ouverte,°
buvant l'eau de la source.

Et tout à coup Fabien poussa un grand cri, et il se redressa,° tenant toujours l'enfant, et il hurla,° mot après cri, à faire reculer la montagne° :

—Non!

80 Et il mit l'enfant par terre et enleva sa vareuse,° avec laquelle il enveloppa
le corps trempé,° et en une course° folle il revint vers la maison.

Et en courant, il criait :

—Viens! Petit! Viens, la chaleur t'attend! Ne souffre plus!

Dans la grande cuisine, il trouva Edith qui geignait,° assise par terre, se
85 tenant la poitrine, impuissante devant la douleur.

Et quand elle le vit qui entrait, tenant l'enfant, elle bondit,° ses yeux soudain fiévreux, et elle arracha° le petit des bras de son homme, et elle alla le
porter devant le feu, à la chaleur, en l'enveloppant de ce qu'elle put trouver
là qui fût chaud.

À savoir *It remains to be seen* / **frémir** = trembler / **se débattre** *to struggle* / **grimper** *to climb* / **la cuisse** *thigh* / **mouiller** *to wet* / **le fond** *bottom* / **la berceuse** *lullaby* / **couler** *to flow* / **potelé** *chubby* / **marteler** *to hammer out* / **duveteux** *downy* / **la fossette** *dimple* / **briser** *to break* / **chantonner** *to hum* / **fais dodo** *go to sleep (baby talk)* / **secouer** = agiter / **grand ouvert** = ouvert le plus possible / **se redresser** *to straighten up* / **hurler** = crier / **à faire reculer la montagne** *as if to push back the mountain* / **la vareuse** *pea jacket* / **trempé** *soaked* / **la course** *run* / **geindre** *to whimper* / **bondir** *to jump up* / **arracher** = saisir de force

90   Elle pleurait et elle criait, et elle demandait à Fabien :
—Tu l'as ramené°? Tu as ramené le petit? Tu ne l'as pas tué?
    Et Fabien pleurait aussi, mais il restait devant la porte, n'osant plus approcher de la fille qui emmaillotait° le petit, qui le berçait,° et lui fredonnait° des chansons, là-bas, devant l'âtre.°

Yves Thériault, La Fille laide

INTELLIGENCE DU TEXTE

1. Quelle description de l'enfant l'auteur nous donne-t-il au début de la scène?
2. Pourquoi Fabien est-il obligé de décrire la source pour son enfant?
3. Selon Fabien, que veut dire la mort pour l'enfant?
4. Fabien dit que la mort par noyade (*drowning*) sera un bonheur pour son fils «avant, après». Quel est le sens de ces paroles?
5. Quels sont les traits que Fabien remarque plus particulièrement dans le visage de son fils?
6. Pourquoi la nuit de l'enfant sera-t-elle bleue, tandis que celle des parents sera noire?
7. Pour quelle raison une mère ou un père chantent-ils d'habitude une berceuse à leur enfant? Est-ce qu'une berceuse est bien appropriée ici?
8. Par où et sous quelle forme la mort entrait-elle dans le corps de l'enfant? Y voyez-vous de l'ironie?
9. Comment Fabien exprime-t-il son changement d'avis?
10. Au moment où Fabien est arrivé dans la cuisine, comment était Edith? Quelle a été sa réaction?

APPRÉCIATION DU TEXTE

1. Il y a dans le texte de nombreuses allusions à la douleur et à la souffrance. Relevez (*point out*) les détails qui illustrent la vie difficile de cette petite famille.
2. Étudiez le cadre (*setting*) de cet épisode. Quel rôle jouent dans cet incident divers éléments de la nature?
3. Quels sont vos sentiments envers Fabien? Le blâmez-vous ou possède-t-il quelques traits qui vous le rendent sympathique?
4. Fabien mentionne à deux reprises certains aspects du corps du petit qu'il n'avait jamais remarqués auparavant. Quel rôle les parties du corps jouent-elles dans ce récit?

---

ramener *to bring back* / **emmailloter** *to swaddle* / **bercer** *to rock* / **fredonner** *to hum* / **l'âtre** (m) *hearth*

Vocabulaire satellite

le foyer	*home*
l' éducation (f)	*upbringing*
la formation	*training*
la qualité	*quality*
le défaut	*fault*
les besoins (m)	*needs*
la punition	*punishment*
doux, douce	*gentle*
ferme	*firm*
indulgent,e	*lenient*
sévère	*strict*
affectueux, -euse	*affectionate*
compréhensif, -ive	*understanding*
égoïste	*selfish*
désintéressé,e	*unselfish*
d'humeur égale	*even-tempered*
bien (mal) élevé,e	*well (badly) raised*
sage	*good, well-behaved*
frustré,e	*frustrated*
élever un enfant	*to raise a child*
s' occuper de	*to take care of*
se charger de	*to take upon oneself*
fournir le néces-	*to provide the necessary*
saire	
s' intéresser (à)	*to be interested (in)*
se soucier (de)	*to care (about)*
accueillir	*to welcome*

—*Prenons les deux, maman; sinon celui-ci sera seul au foyer.*

repousser	*to push aside*
louer	*to praise*
récompenser	*to reward*
critiquer	*to criticize*
blâmer	*to blame*
corriger	*to correct*
punir	*to punish*
frapper	*to strike, to hit*
battre	*to beat*
gifler	*to slap in the face*
fesser	*to spank*
gâter	*to spoil*
grandir	*to grow up*
obéir (à)	*to obey*
désobéir (à)	*to disobey*

PRATIQUE DE LA LANGUE

1. À votre avis, qu'est-ce que Fabien essaie de faire et pourquoi agit-il ainsi? Qu'est-ce qui le pousse à faire ce qu'il fait?
2. Que pensez-vous de Fabien et Edith en tant que *(as)* parents? Quelles qualités possèdent-ils? Quels sont leurs défauts? Sont-ils de bons parents?
3. Est-ce que tout le monde est capable d'être un bon parent? Si non, y a-t-il moyen (est-il possible) de déterminer d'avance si une personne en est capable? Que peut-on faire pour assurer la protection des enfants?
4. Quelles sont, à votre avis, les qualités d'un père et d'une mère idéals? Est-il possible d'être trop bon? Tracez le portrait d'un parent qui est trop bon.
5. À votre avis, est-ce qu'une mère ou un père doit mériter l'amour de son enfant, ou est-ce que l'amour filial est quelque chose de tout à fait naturel auquel les parents ont droit? Est-ce qu'un enfant doit considérer sa mère et son père comme il considère les autres personnes?

6. «Qui aime bien châtie *(chastises)* bien.» Êtes-vous d'accord ou non? Les pa-
    rents ont-ils le droit de punir leurs enfants? Si oui, comment? Quel est le rôle
    de la punition corporelle dans l'éducation des enfants?

Victor Hugo

The French consider Victor Hugo (1802–1885) one of their greatest poets. The
non-French reader tends to know Hugo as the author of the monumental social
novel *Les Misérables* (1862), or as the creator of the famous hunchback of
Notre-Dame, Quasimodo, in the historical novel *Notre-Dame de Paris* (1831). In
fact, Victor Hugo was not only a poet and novelist but also a dramatist, who
first achieved fame through the theater.

  Still, it is through his poetry that Hugo gained his broadest literary
recognition. Capitalizing on the greater freedom afforded him by the new
romantic concepts, Hugo developed grandiose imagery and rich rhythmical
effects, while displaying an extraordinary grasp of the French language. He
tried his hand at every conceivable poetic genre, running the gamut of poetic
expression from the lyrical through the epic to the satirical. He remains an
acknowledged master of poetic technique

  In the following poem, we gain insight into the intimate feelings of Hugo the

Victor Hugo

parent. While traveling through southern France in September 1843, he casually picked up a newspaper and read of the death by drowning of his beloved nineteen-year-old daughter Léopoldine and her young husband while boating on the Seine. Four years later, on the anniversary of her death, he wrote "Demain, dès l'aube."

Demain, dès l'aube

Demain, dès l'aube,° à l'heure où blanchit° la campagne,
Je partirai. Vois-tu, je sais que tu m'attends.
J'irai par la forêt, j'irai par la montagne,
Je ne puis demeurer loin de toi plus longtemps.

5 Je marcherai les yeux fixés sur mes pensées,
Sans rien voir au dehors, sans entendre aucun bruit,
Seul, inconnu, le dos courbé,° les mains croisées,
Triste, et le jour pour moi sera comme la nuit.

Je ne regarderai ni l'or° du soir qui tombe,
10 Ni les voiles° au loin° descendant vers Harfleur,°
Et quand j'arriverai, je mettrai sur ta tombe
Un bouquet de houx° vert et de bruyère° en fleur.

Victor Hugo, Les Contemplations

INTELLIGENCE DU TEXTE

1. Dans la première strophe du poème, qu'est-ce qui indique que le poète est impatient de partir? À votre avis, pourquoi est-il si impatient?
2. Qu'est-ce qui donne un caractère intime au deuxième vers *(line)*?
3. Le poète apprécie-t-il la nature qui l'entoure? Pourquoi ou pourquoi pas?
4. Décrivez son attitude physique. Qu'est-ce qu'elle révèle?
5. Pourquoi le poète refuse-t-il de regarder les voiles au loin?
6. Quel est le but de son voyage? Qu'est-ce que le geste final indique?

APPRÉCIATION DU TEXTE

1. Dans ce poème Victor Hugo a employé des vers de douze syllabes. Comptez les douze syllabes de chaque vers. N'oubliez pas qu'en poésie les *e* muets

dès l'aube *at the very break of day* / **blanchir** = devenir blanc / **courbé** = incliné / **l'or** (m) *gold* / **la voile** *sail* / **au loin** = à une grande distance / **Harfleur** petit port sur la Seine / **le houx** *holly* / **la bruyère** *heather*

sont prononcés sauf à la fin du vers ou devant une voyelle. Dans le poème, combien de syllabes y a-t-il dans les mots suivants : *l'aube, l'heure, campagne, marcherai, pensées, dehors, entendre, triste, sera, comme, regarderai, tombe, voiles, arriverai, bruyère?*

2. À la fin de la première strophe, quelle impression a le lecteur? De quel genre de rendez-vous s'agit-il? Est-ce que la deuxième strophe change cette impression? Si oui, à partir de quel vers? Quand est-ce que le lecteur reconnaît avec certitude la nature exacte du rendez-vous?

3. Étudiez la progression de la narration dans ce poème. Quelles expressions donnent une idée de la durée du voyage dans tout le poème?

4. Comment l'idée du 5ᵉ vers est-elle mise en relief par les sons et le rythme du vers?

5. Dans le 12ᵉ vers, quelle est l'importance du houx *vert* et de la bruyère *en fleur?*

Vocabulaire satellite

—*Jules! Il faut lui parler avec tendresse!*

l' **amour** (m) **maternel**	*motherly love*
l' **amour paternel**	*fatherly love*
l' **amour filial**	*filial love*
l' **amour fraternel**	*brotherly or sisterly love*
l' **amitié** (f)	*friendship*
les **relations amicales** (f)	*friendly relations*
le **sentiment**	*feeling*
l' **affection** (f)	*affection*
la **tendresse**	*tenderness*
la **caresse**	*caress*
le **charme**	*charm*
l' **attrait** (m)	*attraction, charm*
la **passion**	*passion*
le **couple**	*couple (persons)*
le **mari**	*husband*
la **femme**	*wife*
le, la **bien-aimé,e**	*beloved*
l' **ami,e**	*friend*
l' **ennemi,e**	*enemy*
le **petit ami**	*boyfriend*
la **petite amie**	*girlfriend*
l' **amant** (m)	*lover*
la **maîtresse**	*mistress*
(mon, ma) **chéri,e**	*(my) darling*
aimer	*to love*
être amoureux, -euse (de)	*to be in love (with)*
adorer	*to adore*
éprouver de l'amour pour quelqu'un	*to feel love for someone*
tenir à quelqu'un	*to be fond of someone*
être ami,e avec quelqu'un	*to be friends with someone*
prendre rendez-vous	*to make a date*

sortir avec quelqu'un	*to go out with someone*	tromper quelqu'un	*to cheat on someone*
offrir (des fleurs, des cadeaux)	*to give (flowers, gifts)*	briser le cœur de quelqu'un	*to break someone's heart*
se marier (avec)	*to marry, to get married*		
être fidèle (infidèle)	*to be faithful (unfaithful)*		

PRATIQUE DE LA LANGUE

1. Dans la première strophe de *Demain, dès l'aube*, il s'agit d'un rendez-vous entre deux personnes. Racontez un rendez-vous mémorable que vous avez eu. Dites votre anticipation de l'événement et les préparatifs que vous avez faits. Est-ce que tout s'est bien passé ou avez-vous été désappointé(e)?
2. Y a-t-il différentes sortes d'amour? Si oui, qu'est-ce qu'elles ont en commun et comment se distinguent-elles les unes des autres?
3. Quelle différence y a-t-il entre amour et amitié? Lequel des deux sentiments vous semble préférable? Pourquoi? Est-il possible d'avoir plusieurs meilleurs amis?
4. Écrivez et présentez un dialogue où deux personnes observent un couple amoureux et remarquent les signes qui révèlent l'amour du couple.

Un fabliau du moyen âge

Few people question the obligations incumbent upon parents: if they bring children into the world, they must care for them. But what are the children's duties toward their aging parents? This theme is explored in "La Housse partie" (The Divided Blanket), a medieval fabliau[L] by an author known only as Bernier, dating from the thirteenth century. Very popular in the Middle Ages, the fabliau was a short tale in verse whose characters were not animals, as in the case of the fable, but humans: contemporary people in everyday scenes. There was much humor and satire,[L] often at the expense of deceived husbands, women, and priests. The fabliau could be quite bawdy—like those in Chaucer's *Canterbury Tales*—but it could also point up a serious moral.

The text that follows is a twentieth-century prose version translated from Old French verse. In the story a rich bourgeois negotiates a marriage for his only son. To ensure their daughter's security, the bride's family insists that the bourgeois surrender all his wealth and possessions to his son before the marriage. The bourgeois agrees and the wedding takes place, following which the father moves in with his son and daughter-in-law and lives with them for some twelve years. He now has a grandson.

Le vieillard rejeté

Le grand-père devint très vieux au point qu'il ne pouvait marcher qu'avec un bâton.° Son fils en vint à° souhaiter sa mort, parce qu'il lui était à charge°; la dame, orgueilleuse° et méchante, ne cessait de répéter à son mari : «Mon ami, par amour pour moi, je vous prie de donner congé à° votre père. Sur
5 la foi que je dois à l'âme de ma mère, je ne mangerai plus rien, tant que° je le verrai chez nous. Au plus tôt, donnez-lui congé.»—«Dame, dit le mari, pour vous, je le ferai.»

Comme il redoute° et craint sa femme, il va vite trouver son père et lui dit : «Père, allez-vous-en. Je ne sais que faire de vous, et de votre séjour°;
10 allez vivre ailleurs. On vous a hébergé° et nourri en cet hôtel° pendant plus de douze ans. Mais faites ce que vous voudrez; allez où bon vous semblera.°»

le bâton *staff* / en venir à = finir par / être à charge *to be a burden* / orgueilleux *haughty* / donner congé à = faire partir / tant que *as long as* / redouter = avoir peur de / le séjour = résidence prolongée / héberger = loger / l'hôtel (m) = maison somptueuse / où bon vous semblera = où il vous plaira

Le vieillard l'entend, pleure et maudit° tout le temps qu'il a vécu : «Ha Dieu! mon beau fils, que me dis-tu? Pour Dieu, laisse-moi me coucher près de la porte. Je ne te demande rien, ni feu, ni couverture,° ni tapis,° simple-
15 ment un peu de paille° sous cet appentis.°»

«Beau sire père, dit le fils, pourquoi tant de sermons? faites vite, allez-vous-en; si ma femme entrait, elle serait en fureur.»

«Mon fils, où veux-tu que j'aille? Je n'ai même pas un poisson sans valeur.» .

20 «Vous irez à travers Paris; il y a des milliers de gens qui trouvent bien leur subsistance. Vous aurez malchance si vous n'y découvrez votre nourriture. Essayez, beaucoup de gens qui vous connaissent vous prêteront° leur hôtel.»

«Me le prêteront-ils, eux, alors que toi, mon fils, tu me refuses le tien?»

25 Le vieillard a tant de douleur, que peu s'en faut que son cœur ne crève.° Il a grand peine à se lever, tant il est faible. Il quitte l'hôtel en pleurant.

«Mon fils, dit-il en partant, je te confie° à Dieu, puisque tu veux que je m'en aille. Pourtant donne-moi un morceau de couverture (ce n'est pas une chose bien chère) pour me défendre contre le froid. Il ne me reste, pour me
30 couvrir, qu'une robe; le froid, c'est la chose que je crains le plus.»

Et le fils qui refuse de donner, lui dit : «Je n'en ai pas, mon père. Où la prendre? où la voler°?»

«Beau doux fils, tout le cœur me tremble et je crains tant le froid. Donne-moi une de tes couvertures de cheval?» Le fils voit qu'il ne se débarrassera
35 de° son père qu'en lui baillant° quelque chose.

Il appelle son enfant, qui vite accourt° : «Que voulez-vous, père?»

«Mon fils, l'étable° est ouverte; apporte à ton grand-père une couverture, qui est sur mon cheval noir. Il s'en fera un manteau°; choisis la meilleure.»

L'enfant, qui était de bon vouloir,° dit : «Venez avec moi, grand-père.»
40 Le prud'homme° suit tristement, péniblement° son petit-fils.

L'enfant a trouvé une couverture, la plus grande, la plus neuve, la meilleure. Il la plie° en deux, la partage° avec un couteau du mieux qu'il peut et en donne une moitié à son grand-père.

«Qu'en ferai-je, mon enfant? Pourquoi l'as-tu partagée en deux? Tu l'as
45 fait à grande cruauté. Ton père me l'avait promise entière. J'irai me plaindre° auprès de lui.°»

---

maudire = dénoncer avec colère / **la couverture** *blanket* / **le tapis** *rug* / **la paille** *straw* / **l'appentis** (m) *lean-to, shed* / **prêter** *to lend* / **peu s'en faut... crève** = son cœur crève presque (crever = *to burst*) / **confier** = remettre à la protection de / **voler** *to steal* / **se débarrasser de** *to get rid of* / **bailler** *(obsolete)* = donner / **accourir** = venir en courant / **l'étable** (f) *stable* / **le manteau** *cloak* / **de bon vouloir** *of good will* / **le prud'homme** (obsolete) = homme sage et honnête / **péniblement** = avec peine, avec souffrance / **plier** *to fold* / **partager** = diviser / **se plaindre** *to complain* / **auprès de lui** *to him (lit., at his side)*

«Allez où vous voudrez, vous n'aurez rien de plus de moi.»

Le vieillard quitte l'étable et va droit à son fils : «Va voir comment on respecte tes ordres. Corrige° ton enfant qui ne te redoute, ni te craint. Tu
50 ne t'aperçois° pas qu'il retient la moitié de la couverture.»

«Va, dit le père à son enfant, Dieu t'inspire mauvais dessein,° donne-la-lui tout entière.»

»Je ne le ferai certainement pas. De quoi vous plaignez-vous? je vous en garde la moitié. Si un jour j'en suis le maître, vous n'en aurez pas davantage°;
55 je vous la partagerai. Comme il vous donna autrefois tout son avoir,° je veux le vôtre pour moi-même. Vous n'obtiendrez de moi que ce que vous lui avez abandonné. Vous le laissez mourir dans la misère. Si je vis, vous mourrez pauvre.»

Le père se met à soupirer.° Il réfléchit aux paroles de son enfant. Il a
60 compris la leçon. Tournant ses regards vers le prud'homme, il lui dit : «Restez ici; c'est le diable qui m'avait tendu un piège.° S'il plaît à Dieu, cela ne sera pas. Je vous fais à toujours le seigneur et le maître de cet hôtel. Si ma femme ne veut pas céder,° je vous ferai bien servir ailleurs.° Vous aurez une couverture et un oreiller.° Et par saint Martin, je vous le redis, je ne
65 boirai de vin, ni ne mangerai bonne nourriture que si vous en avez autant; vous aurez une chambre bien fermée, un bon feu de cheminée, une robe riche comme la mienne. Vous fûtes bon, vis-à-vis de° moi. Par vous, beau doux père, je reçus tout votre avoir.»

Bernier, «La Housse partie»

INTELLIGENCE DU TEXTE

1. Indiquez l'état de santé du vieillard.
2. Quelle est l'attitude du fils envers son père? Pourquoi?
3. Qu'est-ce que la dame ne cesse de répéter à son mari?
4. Pourquoi le mari obéit-il à sa femme?
5. Quelle est la réaction du vieillard quand on lui ordonne de s'en aller? Qu'est-ce qu'il demande à son fils?
6. Selon le fils, comment le père peut-il trouver une nouvelle demeure? Est-ce une bonne idée?
7. Qu'est-ce que le vieillard demande à son fils en partant? Pourquoi?
8. Qu'est-ce que l'enfant va chercher à l'étable? Qu'est-ce qu'il en fait?
9. Comment l'enfant explique-t-il ses actions?
10. Comment sait-on que le père réfléchit bien aux paroles de son enfant?

corriger *to correct* / **s'apercevoir** = voir, remarquer / **le dessein** = l'intention /
davantage *more* / **l'avoir** (m) = la propriété / **soupirer** *to sigh* / **tendre un piège à** *to set
a trap for* / **céder** *to give in* / **ailleurs** = en un autre lieu / **l'oreiller** (m) *pillow* /
vis-à-vis de = envers

APPRÉCIATION DU TEXTE

1. Très souvent le fabliau se termine par une morale. Écrivez en deux ou trois phrases la morale de «La Housse partie». Puis comparez votre version à la conclusion authentique que vous trouverez à la fin de ce chapitre (page 47). Êtes-vous d'accord ou non avec la pensée de l'auteur? Expliquez.
2. Trois générations différentes sont représentées dans ce fabliau. Y a-t-il un fossé *(gap)* entre ces trois générations? Si oui, en quoi consiste-t-il? Comment ce fossé est-il comblé *(filled)* finalement?

Vocabulaire satellite

le **fossé** entre les générations	*generation gap*	le **petit-fils**	*grandson*
la **différence** (d'âge, d'opinion)	*difference (of age, of opinion)*	la **petite-fille**	*granddaughter*
		combler le fossé	*to fill the gap*
la **circonstance**	*circumstance*	**avoir** l'esprit ouvert (fermé)	*to have an open (closed) mind*
le **besoin**	*need*	**se porter** bien (mal)	*to be in good (bad) health*
la **santé**	*health*		
l' **argent** (m)	*money*	**manquer** de	*to lack*
la **personne âgée**	*elderly person*	**gâter** ses petits-enfants	*to spoil one's grandchildren*
le **vieillard**	*old man*		
la **vieille**	*old lady*	**offrir** des cadeaux	*to give gifts*
les **grands-parents**	*grandparents*	**garder** les gosses	*to baby-sit*
les **arrière-grands-parents**	*great-grandparents*		

Le fossé entre les générations

PRATIQUE DE LA LANGUE

1. À débattre : «Le fossé entre les générations est bon.»
2. Une jeune fille et sa grand-mère (ou un jeune homme et son grand-père)

discutent des problèmes des vieillards dans la société contemporaine. Présentez devant la classe un dialogue où le vieillard parle de ses difficultés et
où la jeune personne offre des solutions ou au moins des consolations. Puis
renversez les rôles et, dans un dialogue séparé, traitez de la même manière
les problèmes des jeunes.

3. En quoi consiste l'art d'être grand-mère ou grand-père?
4. Dans «La Housse partie» il y a quatre personnages : le grand-père, le père,
   la mère et le fils. Avec l'aide d'un narrateur qui établira le cadre de l'action
   et qui annoncera la morale à la fin, préparez une représentation de ce petit
   drame. Il n'est pas nécessaire d'utiliser les paroles mêmes du texte, mais il
   faut rester fidèle à l'esprit du passage.
5. À débattre : «La famille n'est plus la base de la société.»

SUJETS DE DISCUSSION OU DE COMPOSITION

1. Les enfants d'autrefois grandissaient auprès de leurs parents et passaient
   souvent le reste de leur vie dans le même quartier ou dans la même ville
   que les autres membres de leur famille. Quels étaient les avantages et les
   inconvénients d'une telle situation? Est-ce que tout cela a changé depuis? Si
   oui, comment et pourquoi?
2. Faites le portrait de votre famille actuelle. Quel est le rôle de chacun des
   membres? Quelles sont les qualités qui contribuent à l'unité de la famille?
3. Peut-on concevoir une vie de famille intime où chacun des membres
   conserve pourtant son indépendance? Décrivez une telle situation.
4. Pour qu'il y ait une famille, faut-il qu'il y ait des enfants? Expliquez.
5. Croyez-vous que de nos jours c'est au détriment des enfants que père et
   mère ont tous deux un travail qui les éloigne *(takes them away)* de la maison? Est-ce que la vie de famille en souffre?
6. Voulez-vous être parent vous-même un jour? Est-ce qu'on est né parent ou
   est-ce qu'un bon parent se forme petit à petit? En quoi consistera votre formation? Comment comptez-vous vous préparer à votre futur rôle?

Conclusion de «La Housse partie»

Seigneurs, vous trouvez ici une preuve évidente que le fils sortit° son père de
la mauvaise voie° où il était engagé. Tous ceux qui ont des enfants à marier
doivent s'en inspirer.

Ils ne doivent jamais oublier que les enfants sont sans pitié. Ils se condam-
nent aux plus cruels ennuis,° s'ils ne peuvent se suffire° à eux-mêmes. S'ils
commettent l'erreur de donner leurs biens à autrui,° ils doivent s'en corriger.

Bernier, qui est un maître en la matière, leur fournit un exemple dans ce
fabliau. Qu'ils° en profitent.

sortir = délivrer / **la voie** = le chemin / **les ennuis** (m) = les préoccupations, les
difficultés / **se suffire** *to be self-sufficient* / **autrui** = les autres / **Qu'ils** *Let them*

Modes de vie

Ville et campagne

Albert Camus

Albert Camus (1913–1960) was born in Algeria of a French father and a Spanish mother. His native country formed the backdrop for several of his major works, since he maintained the closest ties to his North African roots while eagerly absorbing the influence of French culture. A respected journalist, essayist, and playwright, Camus is perhaps best remembered for his novels— *L'Étranger* (1942), *La Peste* (1947), and *La Chute* (1956)—as well as the short stories of *L'Exil et le royaume* (1957).

Camus at first was struck by the disparity between man's noblest aspirations and the disconcerting reality of life. In *L'Étranger,* for instance, the main character Meursault illustrates "le sentiment de l'absurde," the feeling of being a stranger in an irrational world, a feeling of profound solitude. Camus's thought evolved, however, from the negative concept of absurdity to a spirit of revolt against it, ultimately stressing not what separates people but rather what they can do collectively to create a viable existence. This is perhaps best illustrated by the character of Doctor Rieux in *La Peste* who, aware of his common bond with others, fights the ravages of the plague with utmost devotion and altruism. For Camus, there can be no question of ever overcoming one's fate; death and suffering will always exist. But by rejecting an easy optimism and recognizing people's absurd destiny, one can join others in the grand struggle for justice and liberty.

The following excerpt is taken from the very beginning of *La Peste,* the story

Albert Camus

of a city struck by a fearful epidemic and cut off from the outside world. The plague besetting the Algerian city of Oran represents but one form of the oppression that constantly befalls humankind and in the final analysis constitutes its very fate.

La ville d'Oran

À première vue, Oran est, en effet,° une ville ordinaire et rien de plus qu'une préfecture° française de la côte algérienne.

La cité elle-même, on doit l'avouer,° est laide.° D'aspect tranquille, il faut quelque temps pour apercevoir° ce qui la rend différente de tant d'autres
5 villes commerçantes, sous toutes les latitudes. Comment faire imaginer, par exemple, une ville sans pigeons, sans arbres et sans jardins, où l'on ne rencontre ni battements d'ailes° ni froissements° de feuilles, un lieu neutre pour tout dire°? Le changement des saisons ne s'y lit° que dans le ciel. Le printemps s'annonce seulement par la qualité de l'air ou par les corbeilles° de
10 fleurs que de petits vendeurs ramènent° des banlieues°; c'est un printemps qu'on vend sur les marchés. Pendant l'été, le soleil incendie les maisons trop

---

en effet *indeed* / **la préfecture** *prefecture seat (headquarters of an administrative district; Algeria at the time was still under French control)* / **avouer** = reconnaître comme vrai / **laid** = pas joli / **apercevoir** = voir, remarquer / **le battement d'ailes** *flapping of wings* / **le froissement** *crumpling* / **pour tout dire** = en un mot / **ne s'y lit** = ne s'y voit / **la corbeille** *basket* / **ramener** *to bring back* / **la banlieue** *suburb*

sèches et couvre les murs d'une cendre° grise; on ne peut plus vivre alors
que dans l'ombre° des volets° clos. En automne, c'est, au contraire, un déluge
de boue.° Les beaux jours viennent seulement en hiver.

15   Une manière commode° de faire la connaissance d'une ville est de chercher comment on y travaille, comment on y aime et comment on y meurt.
Dans notre petite ville, est-ce l'effet du climat, tout cela se fait ensemble, du
même air frénétique° et absent. C'est-à-dire qu'on s'y ennuie° et qu'on s'y
applique à prendre des habitudes. Nos concitoyens° travaillent beaucoup,
20 mais toujours pour s'enrichir. Ils s'intéressent surtout au commerce et ils
s'occupent d'abord, selon leur expression, de faire des affaires. Naturellement, ils ont du goût aussi pour° ces joies simples, ils aiment les femmes, le
cinéma et les bains de mers.° Mais, très raisonnablement, ils réservent les
plaisirs pour le samedi soir et le dimanche, essayant, les autres jours de la
25 semaine, de gagner beaucoup d'argent. Le soir, lorsqu'ils quittent leurs bu-
reaux, ils se réunissent à heure fixe dans les cafés, ils se promènent sur le
même boulevard ou bien ils se mettent à leurs balcons. Les désirs des plus
jeunes sont violents et brefs, tandis que° les vices des plus âgés ne dépassent°
pas les associations de boulomanes,° les banquets des amicales° et les cercles
30 où l'on joue gros jeu° sur le hasard des cartes.

On dira sans doute que cela n'est pas particulier à notre ville et qu'en
somme° tous nos contemporains sont ainsi. Sans doute, rien n'est plus naturel, aujourd'hui, que de voir des gens travailler du matin au soir et choisir
ensuite de perdre aux cartes, au café, et en bavardages,° le temps qui leur
35 reste° pour vivre. Mais il est° des villes et des pays où les gens ont, de temps
en temps, le soupçon° d'autre chose. En général, cela ne change pas leur vie.
Seulement° il y a eu le soupçon et c'est toujours cela de gagné.° Oran, au
contraire, est apparemment une ville sans soupçons, c'est-à-dire une ville
tout à fait moderne. Il n'est pas nécessaire, en conséquence, de préciser° la
40 façon° dont on s'aime chez nous. Les hommes et les femmes, ou bien° se
dévorent rapidement dans ce qu'on appelle l'acte d'amour, ou bien s'enga-
gent dans une longue habitude à deux. Entre ces extrêmes, il n'y a pas souvent de milieu. Cela non plus° n'est pas original. À Oran comme ailleurs,°
faute de° temps et de réflexion, on est bien obligé de s'aimer sans le savoir.
45   Ce qui est plus original dans notre ville est la difficulté qu'on peut y trouver à mourir. Difficulté, d'ailleurs,° n'est pas le bon mot et il serait plus juste°

---

la cendre *ash* / **l'ombre** (f) *shade* / **le volet** *shutter* / **la boue** *mud* / **commode** =
facile / **frénétique** = violent, passionné / **s'ennuyer** *to be bored* / **le concitoyen** = une
personne de la même ville / **avoir du goût pour** = aimer / **le bain de mer** *sea-bathing* /
tandis que *whereas* / **dépasser** *to go beyond* / **le boulomane** *bowls player* / **l'amicale** (f)
fraternal society / **jouer gros jeu** *to play for high stakes* / **en somme** = enfin / **le bavardage**
babble, chatter / **qui leur reste** *that they have left* / **il est** = il y a / **le soupçon** *suspicion,
hint* / **seulement** = mais / **c'est toujours cela de gagné** *that's so much to the good* /
préciser = dire d'une manière plus précise / **la façon** = la manière / **ou bien... ou bien**
either . . . or / **non plus** *neither* / **ailleurs** *elsewhere* / **faute de** *for lack of* / **d'ailleurs** *in
fact, as a matter of fact* / **juste** = exact

de parler d'inconfort. Ce n'est jamais agréable d'être malade, mais il y a des villes et des pays qui vous soutiennent° dans la maladie, où l'on peut, en quelque sorte,° se laisser aller.° Un malade a besoin de douceur,° il aime à
50 s'appuyer° sur quelque chose, c'est bien naturel. Mais à Oran, les excès du climat, l'importance des affaires qu'on y traite, l'insignifiance du décor, la rapidité du crépuscule° et la qualité des plaisirs, tout demande la bonne santé. Un malade s'y trouve bien seul. Qu'on pense alors à celui qui va mourir, pris au piège° derrière des centaines de murs crépitants de chaleur,° pen-
55 dant qu'à la même minute, toute une population, au téléphone ou dans les cafés, parle de traites,° de connaissements° et d'escompte.° On comprendra ce qu'il peut y avoir d'inconfortable dans la mort, même moderne, lorsqu'elle survient° ainsi dans un lieu sec.°

Ces quelques indications donnent peut-être une idée suffisante de notre
60 cité. Au demeurant,° on ne doit rien exagérer. Ce qu'il fallait souligner,° c'est l'aspect banal de la ville et de la vie. Mais on passe ses journées sans difficultés aussitôt qu'on a des habitudes. Du moment que° notre ville favorise justement les habitudes, on peut dire que tout est pour le mieux. Sous cet angle, sans doute, la vie n'est pas très passionnante. Du moins, on ne connaît
65 pas chez nous le désordre. Et notre population franche, sympathique et active a toujours provoqué chez le voyageur une estime raisonnable. Cette cité sans pittoresque, sans végétation et sans âme finit par sembler reposante° et on s'y endort° enfin. Mais il est juste d'ajouter° qu'elle s'est greffée° sur un paysage° sans égal, au milieu d'un plateau nu, entouré° de collines° lumi-
70 neuses, devant une baie au dessin parfait. On peut seulement regretter qu'elle se soit construite en tournant le dos à cette baie et que, partant,° il soit impossible d'apercevoir la mer qu'il faut toujours aller chercher.

Albert Camus, *La Peste*

INTELLIGENCE DU TEXTE

1. Pourquoi le narrateur dit-il qu'Oran est «un lieu neutre»?
2. Décrivez les quatre saisons à Oran.
3. Pendant la semaine, que font les Oranais, le jour et le soir? Quand s'amusent-ils?
4. Comparez les plaisirs des jeunes et ceux des plus âgés.

soutenir *to support* / **en quelque sorte** *so to speak* / **se laisser aller** *to let oneself go* / **la douceur** = le calme / **s'appuyer** *to lean* / **le crépuscule** *twilight* / **pris au piège** *trapped* / **crépitant de chaleur** *crackling with heat* / **la traite** *(business) draft* / **le connaissement** *bill of lading* / **l'escompte** (m) *discount* / **survenir** = arriver d'une manière soudaine / **sec** = aride / **au demeurant** = après tout / **souligner** *to emphasize* / **du moment que** = puisque / **reposant** *restful* / **s'endormir** *to fall asleep* / **ajouter** *to add* / **greffer** = implanter / **le paysage** *landscape* / **entouré** *surrounded* / **la colline** *hill* / **partant** = par conséquent

5. «Oran est apparemment une ville sans soupcons.» Expliquez ce que veut dire le narrateur.
6. Comment s'aime-t-on à Oran?
7. Pourquoi la mort à Oran est-elle inconfortable?
8. Qu'est-ce qui caractérise la vie à Oran? Qu'est-ce qui permet de la supporter?
9. Où est-ce que la ville d'Oran s'est construite? Quels sont les avantages et les inconvénients de cet endroit?

APPRÉCIATION DU TEXTE

1. Tracez le portrait d'Oran d'après les indications dans le texte. Signalez, à la fois, sa similarité avec les autres villes et son originalité.
2. En quoi consiste la vie de la ville moderne? Discutez la qualité de la vie d'après ce texte. Sur quels éléments insiste le narrateur?

Vocabulaire satellite

Distractions dans la ville

l' **autobus** (m)	*city bus*
le **métro**	*subway*
le **boulot** (fam.)	*work*
le **dodo** (langage enfantin)	*sleep*
le, la **citadin,e**	*city dweller*
le **piéton**	*pedestrian*
le, la **conducteur, -trice**	*driver*
la **foule**	*crowd*
le **clochard**	*bum*
la **circulation in- tense**	*heavy traffic*
l' **embouteillage** (m)	*traffic jam*
la **pollution**	*pollution*
le **cambriolage**	*burglary*
le **vol**	*robbery*
le **quartier**	*neighborhood*
les **taudis** (m)	*slums*
l' **immeuble** (m)	*apartment building*
l' **appartement** (m)	*apartment*
le, la **locataire**	*tenant*
le, la **propriétaire**	*landlord, landlady*
le **loyer**	*rent*
le **logement**	*housing*

en **ville**	*downtown*
la **vie culturelle**	*cultural life*
le **cinéma**	*movie theater*
le **théâtre**	*theater*
le **musée**	*museum*
le **parc public**	*public park*
se **déplacer**	*to get around, to travel*
garer la voiture	*to park the car (in a garage)*
stationner	*to park*
se **précipiter**	*to rush*
aller à pied	*to go on foot*

PRATIQUE DE LA LANGUE

1. Divisez-vous en groupes de deux et préparez un dialogue entre deux citadins : par exemple, un clochard et un agent de police, un piéton et un chauffeur de taxi, un(e) propriétaire et un(e) locataire, un vendeur et un client, un ouvrier et un patron, un banquier et un chômeur, etc.
2. Imaginez que vous êtes une des personnes suivantes et que vous allez passer la journée en ville. Décrivez votre journée.
    a. un(e) étudiant(e)
    b. un(e) millionnaire
    c. un(e) touriste
    d. un(e) criminel(le)
    e. un(e) assistant(e) social(e) *(social worker)*
    f. un(e) célibataire
    g. un(e) banlieusard(e) *(suburbanite)*
3. On résume souvent la vie dans les villes par la formule «métro, boulot, dodo». Cette formule est-elle juste? Pourquoi ou pourquoi pas?
4. Décrivez, pour les autres étudiants, la ville que vous aimez le mieux. Essayez de leur expliquer pourquoi cette ville vous plaît.
5. Quelle ville voudriez-vous visiter un jour? Pourquoi?

Arthur Rimbaud

Arthur Rimbaud (1854–1891) was a child prodigy who wrote nearly all his poetry while still in his teens. His literary production encompasses roughly the five years from 1869 to 1874.

From the very beginning, Rimbaud revolted against authority and against society and its constraints. He determined not to conform, refusing for instance to take the *baccalauréat,* the traditional entrance exam to the university. Instead he dreamed of discovering an unknown world through his own unique revolutionary vision.

In 1871, at the urging of a friend, Rimbaud wrote to the poet Paul Verlaine and, not long thereafter, was invited by Verlaine to come to Paris. For the next year and a half the two poets shared a stormy but intense relationship in Paris as well as in Brussels and London. Rimbaud embarked upon a program that consisted of a systematic attempt to become a visionary by deliberately inducing delirium in every conceivable manner, including alcohol, drugs, pain, and erotic passion. The experiment ended in Brussels when Verlaine, in a drunken stupor, wounded his traveling companion with a revolver.

Arthur Rimbaud
(dessin de Verlaine, 1872)

Rimbaud described the bitter disappointments of this odyssey in his work *Une Saison en enfer* (1873), in which he denounced his own nihilistic outlook and expressed disgust at the degrading abuses to which he had subjected himself. Upon completion of this work, Rimbaud's literary career came to a virtual end. In subsequent years Rimbaud pursued a variety of occupations (tutor, soldier, quarryman, coffee buyer, gun salesman) in a number of European and African countries. He died in Marseilles in 1891 at the age of thirty-seven.

Rimbaud has exerted a very important influence on French poetry, in both form and content. Taking the symbolism of Baudelaire yet a step further, he conceived a new poetic language by creating bold and unusual imagery. At the same time, in his exploration of the subconscious he broke new ground that would be worked fruitfully by the surrealists[1] in the next century.

In the following poem, the young poet describes the delightful freedom he experiences in nature, as his fantasy rescues him from mundane limitations and opens up a world of new visions.

Ma Bohème° (Fantaisie)

Je m'en allais,° les poings° dans mes poches° crevées°;
Mon paletot° aussi devenait idéal;
J'allais sous le ciel, Muse! et j'étais ton féal°;
Oh! là là! que d'amours splendides j'ai rêvées!

5 Mon unique° culotte° avait un large trou.°
—Petit Poucet° rêveur, j'égrenais° dans ma course
Des rimes. Mon auberge° était à la Grande-Ourse.°
—Mes étoiles au ciel avaient un doux° frou-frou.°

Et je les écoutais, assis au bord des routes,
10 Ces bons soirs de septembre où je sentais° des gouttes°
De rosée° à mon front,° comme un vin de vigueur;

Où, rimant au milieu des ombres° fantastiques,
Comme des lyres, je tirais° les élastiques
De mes souliers° blessés,° un pied près de mon cœur!

Arthur Rimbaud

INTELLIGENCE DU TEXTE

1. Le poète porte-t-il des vêtements de bohème? Lesquels? Comment son paletot devient-il «idéal»?
2. Qu'est-ce que c'est qu'une muse? Quels rapports existent entre le poète et sa muse?
3. Quelle ressemblance y a-t-il entre le poète et le Petit Poucet?
4. Où et quand est-ce qu'il écoute ses étoiles?
5. La nature est-elle bénéfique au poète? Comment le savez-vous?
6. Expliquez la comparaison des deux derniers vers. Quelles sont les lyres que mentionne le poète? Comment ses souliers sont-ils blessés? Pourquoi a-t-il un pied près de son cœur?

APPRÉCIATION DU TEXTE

1. Questions sur la forme du poème :
    a. Comment savez-vous que ce poème est un sonnet?

la bohème *bohemian life* / **s'en aller** *to go off* / **le poing** *fist* / **la poche** *pocket* / **crevé** *full of holes* / **le paletot** *overcoat* / **le féal** *vassal* / **unique** = seul / **la culotte** *trousers* / **le trou** *hole* / **le Petit Poucet** *Tom Thumb* / **égrener** *to cast off one by one* / **l'auberge** (f) *inn* / **la Grande-Ourse** *the Great Bear, Ursa Major* / **doux** *soft* / **le frou-frou** *rustling* / **sentir** *to feel* / **la goutte** *drop* / **la rosée** *dew* / **le front** *forehead, brow* / **l'ombre** (f) *shadow* / **tirer** *to tug* / **le soulier** *shoe* / **blessé** *wounded*

b. De quelle sorte de vers s'agit-il, c'est-à-dire, combien de syllabes y a-t-il dans chaque vers (cf. «Demain dès l'aube» de Victor Hugo, p. 40). Justifiez, par votre lecture à haute voix, le nombre de syllabes dans chaque vers.

c. Remarquez la disposition des rimes. Illustrez cette disposition en employant les lettres de l'alphabet : *aabb* ou *abab* ou *abba,* etc.

2. Expliquez le titre du poème. En quoi consiste la bohème du poète? Est-ce une existence triste ou gaie? Est-ce qu'il y a des traits *(touches)* d'ironie[L] dans ce poème?

3. Quels sont les éléments de la nature dans ce poème et quel rôle jouent-ils ensemble?

Vocabulaire satellite

le, la **campagnard,e**	*country dweller*
le **paysan** ⎫ la **paysanne** ⎭	*farmer*
la **ferme**	*farm*
le **champ**	*field*
la **terre**	*earth*
la **montagne**	*mountain*
la **colline**	*hill*
le **ciel**	*sky*
la **plage**	*beach*
l' **arbre** (m)	*tree*
l' **oiseau** (m)	*bird*
se **détendre**	*to relax*
se **baigner**	*to go swimming*
se **promener**	*to stroll*
se **perdre**	*to get lost*
les **mœurs simples** (f)	*simple customs, simple way of life*
la **tranquillité**	*peace, quiet*
la **santé**	*health*
l' **ennui** (m)	*boredom*
le **loisir**	*leisure*
le **train de vie**	*way of life, lifestyle*

Poète au travail

PRATIQUE DE LA LANGUE

1. Faites un sondage d'opinion *(opinion poll)* parmi les étudiants :
   a. Demandez-leur s'ils aiment mieux habiter la ville ou la campagne.
   b. Demandez-leur de préciser pourquoi ils préfèrent l'une ou l'autre.
   c. Écrivez au tableau la liste de leurs raisons principales.
2. Préparez pour la classe un des dialogues suivants :
   a. un citadin et un paysan perdu en ville

    b.   un fermier et son cousin venu de la ville passer ses vacances à la ferme

    c.   une paysanne et une actrice dont l'auto est tombée en panne *(has broken down)* sur un chemin de campagne

3.   Écrivez un petit poème au sujet de la nature et lisez-le aux autres membres de la classe. Si vous préférez ne pas compter les syllabes ou ne pas employer de rimes, vous pouvez écrire des vers libres *(free verse)*.

4.   Quel rôle la nature joue-t-elle dans votre vie? Y pensez-vous souvent, quelquefois, jamais?

5.   À débattre : «Malgré tout ce qu'on dit, la vie campagnarde finit par rendre les gens bornés d'esprit *(narrow-minded)*, naïfs, ignorants, et abrutis *(slow-witted)*.»

6.   Faites une lecture à haute voix du poème de Rimbaud, «Ma Bohème».

Charles Baudelaire

Charles Baudelaire (1821–1867) is known the world over for his collection of poems, *Les Fleurs du mal* (1857), in which he examined in great detail his inner moods and torments. Baudelaire had a special term—spleen—for the profound anguish that plagued him: an anguish nourished by his unattainable ideals, his financial difficulties, his lack of religious faith, his acute awareness of mortality. He was haunted by the idea of time slipping away, carrying with it

his unfulfilled aspirations. He sought deliverance—however temporary—from his spleen in alcohol and drugs, but realized that perhaps death alone held the answer. His poetry often expresses dreams of traveling to a distant world—the world of artistic pleasure—in yet another effort to escape.

While *Les Fleurs du mal* do not constitute all of Baudelaire's work, in his own time they gave him notoriety: brought into court by the authorities, he was forced to withdraw from the volume six poems that were sexually explicit in content. Even before *Les Fleurs du mal,* however, Baudelaire had earned a reputation as one of the first modern art critics. He had also translated into French most of the short stories of Edgar Allan Poe, with whom he felt a particular kinship. But what remains as one of his most important innovations is *Le Spleen de Paris,* published posthumously in 1869. This work consists of some fifty "petits poèmes en prose," an emerging genre that Baudelaire was among the first to develop.

In the following poem, "Élévation"—taken from "Spleen et Idéal," the first section of *Les Fleurs du mal*—Baudelaire evokes many elements of nature as his spirit, soaring beyond them into space, seeks the expression of a pure ideal.

Élévation

Au-dessus des° étangs,° au-dessus des vallées,
Des montagnes, des bois, des nuages, des mers,
Par delà° le soleil, par delà les éthers,
Par delà les confins des sphères étoilées,

5 Mon esprit, tu te meus° avec agilité,
Et, comme un bon nageur qui se pâme° dans l'onde,°
Tu sillonnes° gaiement l'immensité profonde
Avec une indicible° et mâle volupté.°

Envole-toi° bien loin de ces miasmes° morbides;
10 Va te purifier dans l'air supérieur,
Et bois, comme une pure et divine liqueur,
Le feu clair qui remplit° les espaces limpides.°

Derrière les ennuis° et les vastes chagrins°
Qui chargent° de leur poids° l'existence brumeuse,°

---

au-dessus de *above* / **l'étang** (m) *pond* / **par delà** *beyond* / **se mouvoir** *to move, to maneuver* / **se pâmer** *to faint* / **l'onde** (f) = l'eau *(lit., wave)* / **sillonner** = traverser *(lit., to plow)* / **indicible** *ineffable, inexpressible* / **la volupté** *voluptuousness* / **s'envoler** *to fly away* / **le miasme** *miasma (corrupt or unhealthy atmosphere)* / **remplir** = rendre plein / **limpide** = pur, transparent / **les ennuis** (m) = les préoccupations, les difficultés / **le chagrin** = l'affliction, la désolation / **charger** *to burden* / **le poids** *weight* / **brumeux** *hazy, foggy*

15 Heureux celui qui peut d'une aile° vigoureuse
S'élancer° vers les champs lumineux et sereins;

Celui dont les pensers,° comme des alouettes,°
Vers les cieux° le matin prennent un libre essor,°
—Qui plane° sur la vie, et comprend sans effort
20 Le langage des fleurs et des choses muettes!

Charles Baudelaire, Les Fleurs du mal

INTELLIGENCE DU TEXTE

1. Dans quel cadre nous place la première strophe?
2. Comment se meut l'esprit du poète dans cette atmosphère raréfiée (vers 5)?
   Que fait-il aux vers 7–8? Quelle est son attitude pendant cette activité?
3. Comment un «bon» nageur se pâme-t-il dans l'onde (vers 6)? Comment
   cette comparaison aide-t-elle à comprendre la volupté de l'esprit au vers 8?
4. Qu'est-ce qu'un miasme (vers 9)? Pourquoi l'esprit doit-il s'en éloigner?
5. Que cherche l'esprit en s'éloignant des miasmes? Indiquez dans la troisième
   strophe tous les mots qui se rapportent à la pureté.
6. Comment est l'existence ici-bas (vers 13–14)? Pourquoi est-elle ainsi?
7. Où peut-on aller pour échapper à l'existence brumeuse? Comment s'y rend-
   on?
8. Justifiez la comparaison des vers 17–18.
9. En quoi consiste le bonheur, d'après les deux derniers vers du poème?

APPRÉCIATION DU TEXTE

1. Quel rôle les éléments de la campagne jouent-ils dans ce poème de Baudelaire?
2. Faites la lecture du poème à haute voix. Essayez de mettre en valeur la
   régularité de ces alexandrins (vers de douze syllabes) classiques. Remarquez comment le poète met en relief, au vers 10, deux mots-clefs du poème
   en en étendant *(stretching out)* la prononciation : pu-ri-fi-er, su-pé-ri-eur (4
   syllabes chacun). Appréciez également l'allitération^L du vers 9, qui souligne
   la pensée du poète (faites attention de bien lire ce vers pour qu'il y ait
   douze syllabes, et non pas treize).
3. Notez la manière dont le poète, dans la première strophe, nous mène dans
   un endroit idéal. Remarquez la répétition de *au-dessus de* et de *par delà*
   ainsi que l'énumération des éléments qui chacun nous emmène un peu plus
   loin de la terre.

l'aile (f) *wing* / s'élancer *to surge* / le penser = la pensée / l'alouette (f) *lark* / les
cieux (m) = pluriel de *ciel* / prendre un libre essor *to take flight freely* / planer *to hover, to
soar*

Vocabulaire satellite

—*Je viens me reposer chez toi, Albert.*

le champ	*field*
le bois	*wood*
la forêt	*forest*
la montagne	*mountain*
le lac	*lake*
la plage	*beach*
au bord de la mer	*at the seashore*
le calme	*calm*
la tranquillité	*peace, quiet*
l' agitation (f)	*disturbance, trouble*
tendu,e	*tense*
détendu,e	*relaxed*
inquiet, inquiète	*worried*
tranquille	*undisturbed*
à l'aise	*comfortable*
mal à l'aise	*uneasy*
nerveux, -euse	*nervous*
insouciant,e	*carefree*
actif, -ive	*active*
inactif, -ive	*inactive*
avoir le cafard	*to have the blues*

avoir des ennuis, des soucis (familiaux, financiers, de santé)	*to have (family, money, health) problems*
oublier ses ennuis, ses soucis	*to forget one's problems*
se reposer	*to rest*
se décontracter	*to relax*
réfléchir	*to reflect, to think*

PRATIQUE DE LA LANGUE

1. Tout le monde a un endroit favori, un lieu de refuge où l'on se rend lorsqu'on veut s'éloigner de la réalité quotidienne. Décrivez votre endroit particulier et ce qui en fait le charme.
2. Écrivez et présentez à la classe un poème original sur le lieu de vos rêves.
3. Deux jeunes filles (ou deux jeunes gens, ou une femme et son mari, ou un groupe d'amis) sont en train de préparer leurs prochaines vacances. Les uns voudraient les passer à la ville tandis que les autres préféreraient se rendre à la campagne. Un groupe essaie de convaincre l'autre. Présentez les différents arguments sous forme de dialogue.

SUJETS DE DISCUSSION OU DE COMPOSITION

1. Jean-Jacques Rousseau (1712–1778) a longtemps conseillé le retour à la nature, la fuite des villes malsaines. Selon lui, les villes nous corrompent *(corrupt)*, tandis que la nature nous rend sains et vertueux. Êtes-vous d'accord avec lui? Croyez-vous qu'il soit plus facile d'être bon à la campagne que dans la ville? Citez les raisons de votre choix.
2. La vie de banlieue offre-t-elle un compromis acceptable : animation de la ville, charme de la campagne? Ou est-ce qu'elle représente un effroyable conformisme bourgeois? Commentez. *frightful*
3. Est-ce que le temps qu'il fait affecte votre humeur? Expliquez.

Les classes sociales

Jacques Prévert

Jacques Prévert (1900–1977) is one of the most widely known contemporary French poets. His works are savored by the general public as well as by students of literature. Prévert was nurtured in surrealism,[L] which fostered his spirit of revolt and his ability to utilize linguistic resources for maximum effect.

Prévert's style strikes the reader as unique, yet natural. The simplicity of form and the frequent touches of humor complement the poet's extraordinary fantasy. Prévert does not hesitate to play on words, to fabricate new words, to use alliteration,[L] to exploit colloquial terms, to knowingly introduce disorder to attract attention. He often questions clichés, wondering out loud how a word and its object were ever associated in the first place. One of his most effective devices—and one that betrays a surrealist influence—is the inventory or lengthy enumeration that lists seemingly unconnected items, leaving the readers free to make their own associations according to the juxtaposition of terms.

Prévert's themes, expressed now violently and now with irony, are illustrated through realistic scenes from everyday life. The following poem is an outstanding example.

La grasse° matinée

Il est terrible
le petit bruit de l'œuf dur cassé° sur un comptoir d'étain°
il est terrible ce bruit
quand il remue° dans la mémoire de l'homme qui a faim
5 elle est terrible aussi la tête de l'homme
la tête de l'homme qui a faim
quand il se regarde à six heures du matin
dans la glace° du grand magasin
un être° couleur de poussière°
10 ce n'est pas sa tête pourtant° qu'il regarde
dans la vitrine° de chez Potin°
il s'en fout° de sa tête l'homme
il n'y pense pas
il songe°

gras *fat* (faire la grasse matinée : *to sleep late*) / **cassé** *cracked* / **le comptoir d'étain** *tin countertop* / **remuer** *to stir* / **la glace** *plate glass* / **l'être** (m) = la personne / **la poussière** *dust* / **pourtant** *however* / **la vitrine** *showcase* / **Potin** *name of a chain of grocery stores (Félix Potin)* / **il s'en fout** (vulg.) *he couldn't care less* / **songer** = rêver, penser

15 il imagine une autre tête
une tête de veau° par exemple
avec une sauce de vinaigre
ou une tête de n'importe quoi° qui se mange
et il remue doucement la mâchoire°
20 doucement
et il grince des dents° doucement
car° le monde se paye sa tête°
et il ne peut rien contre ce monde
et il compte sur ses doigts un deux trois
25 un deux trois
cela fait trois jours qu'il n'a pas mangé
et il a beau se répéter° depuis trois jours
ça ne peut pas durer
ça dure
30 trois jours
trois nuits
sans manger
et derrière ces vitres°
35 ces pâtés° ces bouteilles ces conserves°
poissons morts protégés par les boîtes°
boîtes protégées par les vitres
vitres protégées par les flics°
flics protégés par la crainte°
40 que de barricades° pour six malheureuses sardines...
Un peu plus loin le bistro
café-crème° et croissants chauds
l'homme titube°
et dans l'intérieur de sa tête
45 un brouillard° de mots
un brouillard de mots
sardines à manger
œuf dur café-crème
café arrosé° rhum
50 café-crème
café-crème
café-crime arrosé sang°!...
Un homme très estimé dans son quartier

---

le veau *veal* / **n'importe quoi** *anything at all* / **la mâchoire** *jaw* / **grincer des dents** *to gnash one's teeth* / **car** *for* / **se payer la tête de quelqu'un** = se moquer de quelqu'un / **il a beau se répéter** = il se répète en vain / **la vitre** *pane of glass* / **le pâté** *meat pie* / **les conserves** (f) *canned goods* / **la boîte** *tin can* / **le flic** (argot) *cop* / **la crainte** = la peur / **que de barricades** *what a lot of barricades* / **le café-crème** = café avec de la crème ou du lait / **tituber** *to stagger* / **le brouillard** *mist, fog* / **arrosé** *laced with* / **le sang** *blood*

a été égorgé° en plein jour°
55 l'assassin le vagabond lui a volé
deux francs
soit° un café arrosé
zéro franc soixante-dix°
deux tartines beurrées°
60 et vingt-cinq centimes pour le pourboire° du garçon.°
Il est terrible
le petit bruit de l'œuf dur cassé sur un comptoir d'étain
il est terrible ce bruit
quand il remue dans la mémoire de l'homme qui a faim.

Jacques Prévert, Paroles

INTELLIGENCE DU TEXTE

1. Est-il vraiment terrible, le petit bruit de l'œuf dur cassé sur un comptoir d'étain? Comment peut-il l'être?
2. Pourquoi la tête de l'homme est-elle «couleur de poussière»? Pourquoi est-il dans la rue à six heures du matin?
3. Est-ce que l'homme voit sa tête quand il se regarde dans la vitrine? Si non, qu'est-ce qu'il voit?
4. Pourquoi remue-t-il la mâchoire? Pourquoi grince-t-il des dents?
5. Qu'est-ce qu'il compte sur ses doigts?
6. Résumez les éléments qui protègent les sardines. Comment les flics sont-ils protégés par la crainte?
7. Pourquoi l'homme titube-t-il devant le bistro?
8. Pourquoi les mots lui viennent-ils dans un brouillard?
9. Expliquez comment le café-crème devient café-crime. Comment passe-t-on d'une expression à l'autre?
10. Quel a été le mobile *(motive)* du crime? Est-ce que la somme volée correspond à la gravité du crime? Comment alors expliquer le crime?

APPRÉCIATION DU TEXTE

1. Une fable est un récit en vers ou en prose, destiné à illustrer un précepte, une morale. Peut-on considérer ce poème comme une espèce de fable? Où se trouve la morale dans ce poème? Énoncez cette morale avec vos propres mots.
2. Avez-vous l'impression que le poète est pour ou contre l'homme qui apparaît dans ce récit? Énumérez toutes les expressions dans le poème qui vous montrent la sympathie de l'auteur pour son personnage ou son hostilité envers lui.

a été égorgé *had his throat cut* / **en plein jour** *in broad daylight* / **soit** *that is* / **zéro franc soixante-dix** = zéro franc soixante-dix centimes / **tartines beurrées** *slices of buttered bread* / **le pourboire** *tip* / **le garçon** *waiter*

3. Expliquez l'effet des mots suivants dans le poème :
   a. *mémoire* (vers 4)
   b. *morts* (vers 36)
   c. *en plein jour* (vers 54)
   d. *zéro franc soixante-dix* (vers 58)
   e. *pourboire* (vers 60)
4. Expliquez l'emploi du mot *barricades* (vers 40) et montrez comment l'énu-mération progressive des éléments dans les vers 34–39 prépare cette hyper-bole.[L] Contre qui ou contre quoi est-ce que tous ces éléments sont protégés? Comment les sardines sont-elles malheureuses? Pourquoi le poète a-t-il choisi ce poisson plutôt qu'un autre? Quel est l'effet de tous les pluriels dans les vers 34–40?

Vocabulaire satellite

«Ils n'arrivent pas à joindre les deux bouts».

le, la clochard, e	hobo, bum
la classe ouvrière	working class
l' ouvrier l' ouvrière	blue-collar worker
les ressources (f)	resources
le chômeur la chômeuse	unemployed person
la nourriture	nourishment, food
le logement	lodgings, housing
sans argent	penniless
affamé,e	famished
avoir faim, soif	to be hungry, thirsty
n'avoir rien à manger	to have nothing to eat
avoir une faim de loup	to be ravenously hungry (lit., to have a wolf's hunger)
mourir de faim	to starve
chercher du tra-vail	to look for work
être au chômage	to be unemployed
nourrir	to nourish, to feed
loger	to lodge, to house
joindre les deux bouts	to make ends meet
tirer le diable par la queue	to be hard up

PRATIQUE DE LA LANGUE

1. Avec un(e) autre étudiant(e), écrivez et présentez devant la classe un dia-logue entre un(e) clochard(e) et :
   a. un agent de police
   b. une petite fille
   c. un homme d'affaires
   d. un(e) étudiant(e) universitaire
   e. un(e) autre clochard(e)
2. À débattre : Ce n'est pas l'État qui doit s'occuper des clochards. Il vaut mieux laisser faire ce travail par des organisations du secteur privé.

3. Faites le procès *(trial)* du vagabond dans le poème de Prévert. Un(e) étudiant(e) présentera les arguments du procureur *(prosecutor)* tandis qu'un(e) autre étudiant(e) représentera l'avocat(e) de la défense. Les autres étudiants seront les membres du jury. En annonçant le verdict de culpabilité ou d'acquittement, chacun(e) citera les raisons de son choix.
4. Écrivez votre propre poème au sujet d'une personne rejetée par la société (clochard, criminel, alcoolique, pauvre, etc.).
5. Lisez à haute voix, pour les autres membres de la classe, le poème de Prévert, «La grasse matinée».

Molière

Jean-Baptiste Poquelin (1622–1673), known by his pseudonym Molière, is one of the great names in the history of comedy. The director of his own theater company at an early age, and one of its leading actors as well, he spent a twelve-year apprenticeship in the provinces, and had begun to stage some of his own plays as early as 1653. Once his troupe was firmly established in Paris in 1658, Molière began to write regularly. The first in an imposing series of successes was his one-act comedy *Les Précieuses ridicules* (1659). Among the

Molière

many plays that followed were *L'École des femmes* (1662), *Don Juan* (1665), *Le Misanthrope* (1666), *L'Avare* (1668), *Le Tartuffe* (1669), *Le Bourgeois gentilhomme* (1670), *Les Femmes savantes* (1672), and *Le Malade imaginaire* (1673). Ironically, it was while playing the title role in this last play that Molière was stricken and died.

Molière revolutionized French comic theater, freeing it from restricting conventions and giving it a stature hitherto reserved for tragedy alone. In his plays the characters on stage ceased to be the stereotypes of slapstick farce[L] and were instead drawn from real life. Molière was a penetrating observer of human nature who—true to the tenets of classicism[L]—depicted the mores of his time with emphasis on the universal traits common to all people everywhere. He never neglected humor but knew that comedy, to have lasting value, must do more than simply induce laughter. Molière utilized comedy for the meaningful study of man, bringing full light to bear on human foibles, on ridiculous characters who act contrary to reason and common sense.

Le Bourgeois gentilhomme, commissioned by Louis XIV to entertain his court, illustrates the inane conduct of a rich Parisian bourgeois who aspires to be other than what he is. In the rigid society of his time, M. Jourdain's obsession with becoming a gentleman—that is, a nobleman—isolates him completely from reality. In the following scene the would-be gentleman has hired a philosophy teacher who, given his student's academic level, is forced to set aside philosophical considerations and concentrate on more basic principles.

L'instruction d'un parvenu°

LE MAÎTRE DE PHILOSOPHIE   Que voulez-vous donc que je vous apprenne?

M. JOURDAIN   Apprenez-moi l'orthographe.°

LE MAÎTRE DE PHILOSOPHIE   Très volontiers.

M. JOURDAIN   Après, vous m'apprendrez l'almanach, pour savoir quand il y
5   a de la lune, et quand il n'y en a point.

LE MAÎTRE DE PHILOSOPHIE   Soit.° Pour bien suivre votre pensée, et traiter
cette matière en philosophe,° il faut commencer, selon l'ordre des choses,
par une exacte connaissance de la nature des lettres et de la différente
manière de les prononcer toutes. Et là-dessus° j'ai à vous dire que les
10   lettres sont divisées en voyelles parce qu'elles expriment les voix°; et en
consonnes, ainsi appelées consonnes parce qu'elles sonnent avec les
voyelles et ne font que marquer° les diverses articulations des voix. Il y a
cinq voyelles ou voix, A, E, I, O, U.

M. JOURDAIN   J'entends° tout cela.

---

le parvenu = nouveau-riche / **l' orthographe** (f) *spelling* / **Soit** *So be it* / **en philosophe** = comme un philosophe / **là-dessus** = sur ce sujet / **la voix** = le son / **ne font que marquer** *serve only to indicate* / **entendre** = comprendre

15 LE MAÎTRE DE PHILOSOPHIE   La voix A se forme en ouvrant fort° la bouche : A.

M. JOURDAIN   A, A. Oui.

LE MAÎTRE DE PHILOSOPHIE   La voix E se forme en rapprochant° la mâchoire d'en bas° de celle d'en haut : A, E.

20 M. JOURDAIN   A, E, A, E. Ma foi! oui. Ah! que cela est beau!

LE MAÎTRE DE PHILOSOPHIE   Et la voix I, en rapprochant encore davantage° les mâchoires l'une de l'autre, et écartant° les deux coins de la bouche vers les oreilles : A, E, I.

M. JOURDAIN   A, E, I, I, I, I. Cela est vrai. Vive la science!

25 LE MAÎTRE DE PHILOSOPHIE   La voix O se forme en rouvrant les mâchoires et rapprochant les lèvres par les deux coins, le haut et le bas : O.

M. JOURDAIN   O, O. Il n'y a rien de plus juste.° A, E, I, O, I, O. Cela est admirable! I, O, I, O.

LE MAÎTRE DE PHILOSOPHIE   L'ouverture de la bouche fait justement comme
30 un petit rond qui représente un O.

M. JOURDAIN   O, O, O. Vous avez raison, O. Ah! La belle chose que de savoir quelque chose!

LE MAÎTRE DE PHILOSOPHIE   La voix U se forme en rapprochant les dents sans les joindre entièrement, et allongeant° les deux lèvres en dehors,° les
35 approchant aussi l'une de l'autre, sans les joindre tout à fait° : U.

M. JOURDAIN   U, U. Il n'y a rien de plus véritable, U.

LE MAÎTRE DE PHILOSOPHIE   Vos deux lèvres s'allongent comme si vous fai-siez la moue°; d'où vient que, si vous la voulez faire° à quelqu'un et vous moquer de° lui, vous ne sauriez lui dire que U.°

40 M. JOURDAIN   U, U. Cela est vrai. Ah! que n'ai-je étudié° plus tôt pour savoir tout cela!

LE MAÎTRE DE PHILOSOPHIE   Sans doute. La consonne D, par exemple, se prononce en donnant du bout de la langue° au-dessus des dents d'en haut : DA.

45 M. JOURDAIN   DA, DA. Oui. Ah! les belles choses! les belles choses!

LE MAÎTRE DE PHILOSOPHIE   L'F, en appuyant° les dents d'en haut sur la lèvre de dessous : FA.

M. JOURDAIN   FA, FA. C'est la vérité. Ah, mon père et ma mère, que je vous veux de mal°!

50 LE MAÎTRE DE PHILOSOPHIE   Et l'R, en portant le bout de la langue jusqu'au haut du palais°; de sorte qu'étant frôlée° par l'air qui sort avec force, elle

---

fort = beaucoup / **rapprocher** *to bring together* / **la mâchoire d'en bas** *the lower jaw* /
encore davantage *still more* / **écarter** *to spread apart* / **juste** = correct, exact / **allonger
en dehors** *to extend outward, to protrude* / **tout à fait** = complètement / **faire la moue** *to
pout* / **si vous la voulez faire** = si vous voulez la faire / **se moquer de** *to make fun of* /
vous ne sauriez lui dire que U *the only thing you need say to him is "U"* / **que n'ai-je étudié** =
pourquoi n'ai-je pas étudié / **en donnant du bout de la langue** *by striking with the tip of the
tongue* / **appuyer** = presser / **que je vous veux de mal** = je ne vous pardonnerai
jamais / **le palais** *palate, roof of the mouth* / **frôler** *to graze, to touch slightly in passing*

lui cède° et revient toujours au même endroit, faisant une manière de tremblement : R, RA.

M. JOURDAIN R, R, RA; R, R, R, R, R, RA. Cela est vrai. Ah! l'habile°
55 homme que vous êtes! et que j'ai perdu de temps! R, R, R, Ra.[1]

LE MAÎTRE DE PHILOSOPHIE Je vous expliquerai à fond° toutes ces curiosités.

M. JOURDAIN Je vous en prie.° Au reste,° il faut que je vous fasse une confidence. Je suis amoureux d'une personne de grande qualité; et je souhaiterais° que vous m'aidassiez° à lui écrire quelque chose dans un petit billet°
60 que je veux laisser tomber à ses pieds.

LE MAÎTRE DE PHILOSOPHIE Fort bien.°

M. JOURDAIN Cela sera galant, oui.

LE MAÎTRE DE PHILOSOPHIE Sans doute. Sont-ce des vers° que vous lui voulez écrire?

65 **M. JOURDAIN** Non, non, point de vers.

LE MAÎTRE DE PHILOSOPHIE Vous ne voulez que de la prose?

M. JOURDAIN Non, je ne veux ni prose ni vers.

LE MAÎTRE DE PHILOSOPHIE Il faut bien que ce soit l'un ou l'autre.

M. JOURDAIN Pourquoi?

70 **LE MAÎTRE DE PHILOSOPHIE** Par la raison, monsieur, qu'il n'y a pour s'exprimer que la prose ou les vers.

M. JOURDAIN Il n'y a que la prose ou les vers?

LE MAÎTRE DE PHILOSOPHIE Non, monsieur. Tout ce qui n'est point prose est vers, et tout ce qui n'est point vers est prose.

75 **M. JOURDAIN** Et comme l'on parle, qu'est-ce que c'est donc que cela?

LE MAÎTRE DE PHILOSOPHIE De la prose.

M. JOURDAIN Quoi! quand je dis, «Nicole, apportez-moi mes pantoufles° et me donnez° mon bonnet de nuit,» c'est de la prose?

LE MAÎTRE DE PHILOSOPHIE Oui, monsieur.

80 **M. JOURDAIN** Par ma foi, il y a plus de quarante ans que je dis de la prose sans que j'en susse rien°; et je vous suis le plus obligé du monde de m'avoir appris cela. Je voudrais donc lui mettre dans un billet : Belle marquise, vos beaux yeux me font mourir d'amour; mais je voudrais que cela fût mis d'une manière galante, que cela fût tourné gentiment.

85 **LE MAÎTRE DE PHILOSOPHIE** Mettre que° les feux de ses yeux réduisent° votre cœur en cendres,° que vous souffrez nuit et jour pour elle les violences d'un...

---

elle lui cède *it gives way to it* / **habile** = adroit, intelligent / **à fond** = complètement /
Je vous en prie *Please do* / **Au reste** *Moreover* / **souhaiter** *to hope* / **que vous m'aidassiez**
= que vous m'aidiez / **le billet** *note* / **Fort bien** = Très bien / **le vers** *verse* / **la**
pantoufle *slipper* / **me donnez** = donnez-moi / **sans que j'en susse rien** *without my knowing*
anything about it / **Mettre que** = Écrire (i.e., Écrivez que) / **réduire** *reduce* / **la cendre** *ash*

[1]This passage describes the pronunciation of the rolled *r* that now survives only in some rural districts. The modern French *r* is pronounced at the back rather than at the front of the mouth.

M. JOURDAIN   Non, non, non; je ne veux point tout cela. Je ne veux que ce
que je vous ai dit : Belle marquise, vos beaux yeux me font mourir
90   d'amour.

LE MAÎTRE DE PHILOSOPHIE   Il faut bien étendre° un peu la chose.

M. JOURDAIN   Non, vous dis-je; je ne veux que ces seules paroles-là dans le
billet, mais tournées à la mode, bien arrangées comme il faut. Je vous prie
de me dire un peu, pour voir, les diverses manières dont on les peut
95   mettre.

LE MAÎTRE DE PHILOSOPHIE   On les peut mettre, premièrement, comme
vous avez dit : Belle marquise, vos beaux yeux me font mourir d'amour.
Ou bien : D'amour mourir me font, belle marquise, vos beaux yeux. Ou
bien : Mourir vos beaux yeux, belle marquise, d'amour me font.
100   Ou bien : Me font vos yeux beaux mourir, belle marquise, d'amour.

M. JOURDAIN   Mais, de toutes ces façons-là, laquelle est la meilleure?

LE MAÎTRE DE PHILOSOPHIE   Celle que vous avez dite : Belle marquise, vos
beaux yeux me font mourir d'amour.

M. JOURDAIN   Cependant° je n'ai point étudié, et j'ai fait cela tout du pre-
105   mier coup.° Je vous remercie de tout mon cœur, et vous prie de venir
demain de bonne heure.

LE MAÎTRE DE PHILOSOPHIE   Je n'y manquerai pas.°

Molière, *Le Bourgeois gentilhomme*

INTELLIGENCE DU TEXTE

1. Quelles sont les deux grandes divisions des lettres, selon le maître?
2. Expliquez l'origine des deux termes «voyelles» et «consonnes».
3. Reproduisez chacune des cinq voyelles en suivant les préceptes du maître de philosophie.
4. De quelle façon M. Jourdain peut-il très facilement faire la moue à quelqu'un?
5. Quels sont ses sentiments envers ses parents? Expliquez.
6. Quelle confidence M. Jourdain fait-il au maître de philosophie?
7. Est-ce que M. Jourdain veut écrire de la prose ou des vers?
8. Quel est le message que M. Jourdain veut mettre dans son billet?
9. Pourquoi demande-t-il l'aide du maître de philosophie?
10. De quoi M. Jourdain est-il fier finalement?

APPRÉCIATION DU TEXTE

1. Indiquez dans le texte tous les endroits où Molière semble ridiculiser les prétentions de M. Jourdain. Notez la diversité des moyens employés.

étendre = rendre plus long, développer / **Cependant** *And yet* / **tout du premier coup** *with
the very first attempt* / **Je n'y manquerai pas** = Je serai certainement là

2. De toutes les façons d'exprimer le message d'amour de M. Jourdain, la-
    quelle est la meilleure? Pourquoi?
3. Jouez la leçon de phonétique du *Bourgeois gentilhomme*.
4. Faites le portrait de M. Jourdain d'après cette scène. Comment est-il? Quels
    sont ses défauts, ses qualités? Selon vous, est-il ridicule? Pourquoi ou pour-
    quoi pas?

Vocabulaire satellite

la **classe moyenne**	*middle class*
la **grande bour-**	*upper middle-class*
geoisie	
la **petite bourgeoi-**	*lower middle-class*
sie	
l' **industriel,le**	*industrialist*
le, la **propriétaire**	*owner, landlord*
le, la **patron,ne**	*boss*
le **cadre**	*executive*
l' **employé,e**	*white-collar worker*
le, la **commerçant,e**	*merchant*
le, la **marchand,e**	*dealer*
les **professions libé-**	*the professions*
rales	
l' **ingénieur** (m)	*engineer*
l' **avocat,e**	*lawyer*
le **médecin**	*doctor*
le, la **dentiste**	*dentist*
le **professeur**	*college professor, high school teacher*

La leçon d'orthographe

le, la **fonctionnaire**	*civil servant*	**exercer une profession**	*to practice a profession*
aisé,e	*well-off*	**travailler dur**	*to work hard*
pratique	*practical*	**vivre conforta-**	*to live comfortably,*
ambitieux,-euse	*ambitious*	**blement, sans**	*without worry*
conformiste	*conformist*	**inquiétude**	
égoïste	*selfish*	**manquer de gé-**	*to lack generosity*
prétentieux,	*pretentious*	**nérosité**	
-euse		**ne penser qu'à**	*to think only of oneself*
avoir une belle	*to have a good job*	**soi**	
situation		**sauver les appa-**	*to keep up appearances*
		rences	

PRATIQUE DE LA LANGUE

1. Dites à la classe ce que vous aimeriez faire plus tard. Quel rôle comptez-
    vous jouer dans la société?
2. Le mot «bourgeois» est employé souvent dans un sens péjoratif par certains
    groupes : e.g., les nobles d'autrefois, les ouvriers, les intellectuels, les artistes.
    Dites, à votre avis, ce que chacun de ces groupes reproche à la bourgeoisie.

3. M. Jourdain est un bourgeois ridicule parce qu'il est snob et essaie d'être ce qu'il n'est pas. Tracez le portrait d'un M. Jourdain (ou d'une Mme ou d'une Mlle Jourdain) contemporain(e) et présentez ce portrait à la classe.
4. Écrivez et présentez un dialogue où les personnages suivants discutent de questions sociales (travail, salaire, logement, nourriture, loisirs, politique, etc.) :
   a. un chauffeur de camion et le (la) propriétaire d'un salon de coiffure
   b. une danseuse et un(e) athlète très célèbre
   c. un représentant de la Croix-Rouge et un vendeur de voitures d'occasion
   d. un(e) gagnant(e) de la loterie nationale et un industriel
5. Imaginez que vous êtes M. Jourdain et que vous racontez à Mme Jourdain l'expérience que vous venez d'avoir avec le maître de philosophie. Imaginez également la réaction de Mme Jourdain.

Émile Zola

Émile Zola (1840–1902), the major proponent and practitioner of naturalism[L] in France, was much impressed and influenced by the scientific spirit of the second half of the nineteenth century. He set out to create a new literary genre, the *roman expérimental* (experimental novel), in which the writer would apply to his work the methods of clinical observation and scientific

Émile Zola

experimentation. Through his characters Zola wished to study "les tempéraments et les modifications profondes de l'organisme sous la pression des milieux et des circonstances."

Like Balzac in *La Comédie humaine*, Zola undertook a systematic study of human nature through a lengthy series of novels entitled *Les Rougon-Macquart : Histoire naturelle et sociale d'une famille sous le Second Empire*. From 1871 to 1893, in a realistic and occasionally crude style, he pursued through five generations the destiny of the Rougon side of the family with its history of mental disorders, and the Macquart side in its struggles with alcoholism. His novel *L'Assommoir* (1877), portraying the ravages of alcohol in a working-class family, was the first to attract widespread attention. His acknowledged masterpiece in the series, *Germinal* (1885), describes in a powerful, epic manner the miserable life of coal miners who are forced to strike against their employers to improve their lot.

Zola became so engrossed in social reform that he was eventually won over to socialism. The celebrated Dreyfus case allowed him to play an active role in the affairs of the nation. In support of the Jewish army captain unjustly accused of treason, Zola published his famous tract *J'accuse* (1892), for which he was assessed a heavy fine and sentenced to a year in prison—a judgment that he escaped through a brief exile in England. His campaign on behalf of Dreyfus was successful: in the end, the French officer was vindicated.

In his short story *Les épaules de la marquise*, Zola describes a day in the life of a marquise. The story contains a strong note of social commentary, as the narrator attempts to analyze the character's motivations.

Les épaules° de la marquise

La marquise dort dans son grand lit, sous les larges rideaux° de satin jaune. À midi, au timbre° clair de la pendule,° elle se décide à ouvrir les yeux.

La chambre est tiède.° Les tapis,° les draperies des portes et des fenêtres, en font un nid moelleux,° où le froid n'entre pas. Des chaleurs, des parfums
5 traînent.° Là, règne l'éternel printemps.

Et, dès qu'elle est bien éveillée,° la marquise semble prise d'une anxiété subite.° Elle rejette les couvertures, elle sonne° Julie.

—Madame a sonné?

—Dites, est-ce qu'il dégèle°?

10 Oh! bonne marquise! Comme elle a fait cette question d'une voix émue°!

---

l'épaule (f) *shoulder* / le rideau *curtain* / le timbre = le son / la pendule *clock* / tiède = ni froid ni chaud / le tapis *carpet* / un nid moelleux *a soft nest* / traîner *to linger* / éveillé *awake* / subit = soudain / sonner *to ring for* / dégeler *to thaw* / ému = plein d'émotion

Sa première pensée est pour ce froid terrible, ce vent du nord qu'elle ne sent pas, mais qui doit souffler° si cruellement dans les taudis° des pauvres gens. Et elle demande si le ciel° a fait grâce,° si elle peut avoir chaud sans remords, sans songer° à tous ceux qui grelottent.°

15 —Est-ce qu'il dégèle, Julie?

La femme de chambre lui offre le peignoir du matin, qu'elle vient de faire chauffer° devant un grand feu.

—Oh! non, madame, il ne dégèle pas. Il gèle° plus fort, au contraire... On vient de trouver un homme mort de froid sur un omnibus.

20 La marquise est prise d'une joie d'enfant; elle tape ses mains l'une contre l'autre, en criant :

—Ah! tant mieux! j'irai patiner° cette après-midi.

Julie tire les rideaux, doucement, pour qu'une clarté brusque ne blesse° pas la vue° tendre de la délicieuse marquise.

25 Le reflet bleuâtre° de la neige emplit° la chambre d'une lumière toute gaie. Le ciel est gris, mais d'un gris si joli qu'il rappelle à la marquise une robe de soie° gris-perle qu'elle portait, la veille,° au bal du ministère. Cette robe était garnie de guipures° blanches, pareilles à ces filets° de neige qu'elle aperçoit° au bord des toits,° sur la pâleur du ciel.

30 La veille, elle était charmante, avec ses nouveaux diamants. Elle s'est couchée à cinq heures. Aussi° a-t-elle encore la tête un peu lourde.° Cependant,° elle s'est assise devant une glace,° et Julie a relevé° le flot blond de ses cheveux. Le peignoir glisse,° les épaules restent nues,° jusqu'au milieu du dos.

Toute une génération a déjà vieilli dans le spectacle des épaules de la 35 marquise. Depuis que, grâce à un pouvoir fort,° les dames de naturel joyeux° peuvent se décolleter° et danser aux Tuileries,° elle a promené ses épaules dans la cohue° des salons officiels, avec une assiduité° qui a fait d'elle l'enseigne° vivante des charmes du Second Empire. Il lui a bien fallu suivre la mode,° échancrer° ses robes, tantôt° jusqu'à la chute des reins,° tantôt jus- 40 qu'aux pointes de la gorge°; si bien que° la chère femme, fossette° à fossette, a livré° tous les trésors de son corsage.° Il n'y a pas grand comme ça° de son

---

souffler *to blow* / **le taudis** *hovel, shack* / **le ciel** *heaven* / **faire grâce** = se montrer bienveillant, favorable / **songer** = penser / **grelotter** = trembler de froid / **faire chauffer** *to warm* / **geler** *to freeze* / **patiner** *to skate* / **blesser** = faire mal à, offenser / **la vue** *eyesight* / **bleuâtre** *bluish* / **emplir** = rendre plein / **le soie** *silk* / **la veille** = le soir avant / **la guipure** *lace* / **le filet** *edging, strip* / **apercevoir** = voir, remarquer / **le toit** *roof* / **Aussi** = C'est pourquoi / **lourd** *heavy* / **Cependant** *However* / **la glace** = le miroir / **relever** *to turn up* / **glisser** *to slide* / **nu** *naked* / **un pouvoir fort** *a strong-arm, authoritarian regime* / **de naturel joyeux** = de disposition joyeuse / **se décolleter** *to wear a low-cut gown* / **les Tuileries** (f) = résidence de l'empereur Napoléon III (1852–1870) / **la cohue** *crowd* / **l'assiduité** (f) *constancy* / **l'enseigne** (f) = l'emblème / **la mode** *fashion, style* / **échancrer** *to cut low* / **tantôt... tantôt** *now . . . now* / **la chute des reins** *the small of the back* / **la gorge** *breast* / **si bien que** *so that* / **la fossette** *dimple* / **livrer** = donner, révéler / **le corsage** *bodice* / **Il n'y a pas grand comme ça** *There's precious little*

dos et de sa poitrine qui ne soit connu de la Madeleine° à Saint-Thomas-
d'Aquin.° Les épaules de la marquise, largement étalées,° sont le blason° voluptueux du règne.

45   Cette après-midi, au sortir des° mains de Julie, la marquise, vêtue d'une
délicieuse toilette polonaise,° est allée patiner. Elle patine adorablement.

Il faisait, au bois, un froid de loup,° une bise,° qui piquait° le nez et les
lèvres de ces dames, comme si le vent leur eût soufflé° du sable° fin au visage.
La marquise riait, cela l'amusait d'avoir froid. Elle allait, de temps à autre,
50   chauffer ses pieds aux brasiers allumés° sur les bords du petit lac. Puis elle
rentrait dans l'air glacé, filant° comme une hirondelle° qui rase le sol.°

Ah! quelle bonne partie, et comme c'est heureux que le dégel ne soit pas
encore venu! La marquise pourra patiner toute la semaine.

En revenant, la marquise a vu, dans une contre-allée° des Champs-Élysées,
55   une pauvresse° grelottant au pied d'un arbre, à demi morte de froid.

—La malheureuse! a-t-elle murmuré d'une voix fâchée.

Et comme la voiture filait trop vite, la marquise, ne pouvant trouver sa
bourse,° a jeté son bouquet à la pauvresse, un bouquet de lilas blancs qui
valait bien cinq louis.°

Émile Zola, Contes et nouvelles

INTELLIGENCE DU TEXTE

1. À quelle heure se réveille la marquise? Quelle est l'atmosphère de sa
   chambre?
2. Qu'est-ce que la marquise veut savoir en se réveillant? Pourquoi veut-elle le
   savoir, selon le narrateur?
3. Quelle est la réaction de la marquise lorsqu'elle apprend que non seulement il ne dégèle pas mais qu'il gèle plus fort?
4. Qu'est-ce que la couleur du ciel rappelle à la marquise?
5. Comment se sent-elle ce matin? Pourquoi?
6. Qu'est-ce que les épaules de la marquise représentent? Pourquoi sont-elles
   si bien connues?
7. Que fait la marquise cette après-midi? Quel temps fait-il? La marquise
   aime-t-elle ce temps? Décrivez ses activités.
8. Qui la marquise voit-elle en rentrant? Où voit-elle cette personne et quelle
   est la condition physique de celle-ci?
9. Quelle est la réaction de la marquise et qu'est-ce qu'elle essaie de faire?
   Que pensez-vous de son geste final?

de la Madeleine à Saint-Thomas-d'Aquin *the area located between these two Right Bank churches
coincided (and still does) with the most fashionable section of Paris* / **étalé** = montré avec
ostentation / **le blason** *coat of arms* / **au sortir de** = en sortant de / **vêtue d'une
délicieuse toilette polonaise** *dressed in a delightful Polish-style outfit* / **un froid de loup** = un
froid très sévère / **la bise** = le vent du nord / **piquer** *to prick* / **eût soufflé** *had blown*
(plus-que-parfait du subjonctif) / **le sable** *sand* / **brasiers allumés** *live coals* / **filer** *to fly* /
l'hirondelle (f) *swallow* / **raser le sol** *to skim over the ground* / **la contre-allée** *side alley* /
la pauvresse = la pauvre femme / **la bourse** *purse* / **le louis** *a gold coin, usually worth 20
gold francs*

APPRÉCIATION DU TEXTE

1. Le narrateur se contente-t-il de raconter de façon objective ou fait-il connaître son attitude envers la marquise? Penche-t-il pour ou contre la marquise? Citez deux ou trois endroits où sa pensée s'exprime au moyen de l'ironie.[L] Ses observations vous semblent-elles subtiles?
2. Quel portrait de la marquise le narrateur trace-t-il? Quelle sorte de personne est-ce? Qu'est-ce qui la caractérise? Est-ce que son portrait est suffisamment nuancé? Énumérez les détails qui contribuent d'une manière précise à former les impressions du lecteur. Trouvez-vous que la marquise est représentative de l'aristocratie?
3. La marquise songe-t-elle aux malheureux qui n'ont pas les mêmes avantages qu'elle? Citez, de la part de la marquise, au moins deux actions qui révèlent sa sensibilité ou son insensibilité.

Vocabulaire satellite

le **loisir**	*leisure*
les **distractions** (f)	*recreation, diversion*
la **misère**	*misery*
le, la **millionnaire**	*millionaire*
la **propriété**	*estate*
le **luxe**	*luxury*
les **œuvres charita-**	*works of charity*
bles	
s' **enrichir**	*to get rich*
gagner beau-	*to earn a lot of money*
coup d'ar-	
gent	
avoir tout ce	*to have everything one*
qu'il faut	*needs*
manquer de vê-	*to lack clothes, food,*
tements, de	*housing*
nourriture,	
de logement	
ne manquer de	*to lack nothing*
rien	
avoir du temps	*to have free time*
libre	
s' **amuser**	*to enjoy oneself, to have*
	a good time

—*Oh! Je n'ai rien à mettre.*

PRATIQUE DE LA LANGUE

1. À débattre : «Les riches ont la vie facile.»
2. À discuter : «Faut-il avoir de l'argent pour vivre heureux?» Pourquoi ou pourquoi pas?

3. Est-ce qu'il existe dans l'Amérique de nos jours des classes sociales bien distinctes? Lesquelles? Faites la description de chaque classe et dites, si possible, quel rôle elle joue dans la société contemporaine.
4. Présentez un dialogue entre :
   a. deux marquises qui parlent des pauvres
   b. la marquise et sa domestique insolente
   c. la marquise et un clochard venu lui demander l'aumône *(alms)*
   d. un snob et un communiste
   e. deux assistantes sociales

SUJETS DE DISCUSSION OU DE COMPOSITION

1. Quelles sont les qualités que notre société estime? Les approuvez-vous?
2. Quelle est votre définition personnelle du succès?
3. Un mariage entre deux personnes de classes sociales différentes peut-il réussir? Pourquoi ou pourquoi pas?
4. Comparez l'attitude de Prévert, de Molière et de Zola envers leur personnage principal. Sont-ils bien disposés envers ce personnage ou en font-ils la critique? Présentent-ils un portrait objectif? Comment connaissez-vous l'attitude de l'auteur dans chaque cas? Quelle présentation trouvez-vous la meilleure? Pourquoi?

Institutions et influences

La France politique et économique

Antoine de Saint-Exupéry

The works of Antoine de Saint-Exupéry (1900–1944) represent the personal experience of the author and his reflections on it. A pilot in the early days of aviation, Saint-Exupéry faced the dangers of the pioneer penetrating unexplored territories. From the isolated perspective of his cockpit, he became acutely aware of the bonds that unite all people, particularly in times of crisis. His first work, *Courrier-Sud* (1928), recalls his adventures as a commercial pilot flying between Toulouse, France, and Dakar, in Senegal. The better-known *Vol de nuit* (1931) evokes the first night flights between Europe and South America, and the perils to which the pilots were subjected. In 1939 Saint-Exupéry published his most popular work, *Terre des hommes,* in which he meditates on what the airplane has taught us about ourselves: our capacities, our limitations, our responsibilities to our fellow humans, our noble destiny. The book abounds in tense, dramatic scenes and lyric passages as the pilot narrates his dangerous ventures and, once the risk has been run, measures the meaning of his actions, the reasons for his choices. During World War II Saint-Exupéry served as a reconnaissance pilot and in July 1944 disappeared without a trace while on a mission. The circumstances of his death were probably foreshadowed in *Pilote de guerre* (1942), the musings of an aviator on a

Antoine de Saint-Exupéry (à gauche) et un ami devant le «Laté 28»

dangerous wartime assignment. Two other works were published posthumously: *Le Petit Prince* (1945) and *Citadelle* (1948).

In *Le Petit Prince,* a work of fantasy, the narrator tells how his plane crashed in the desert and, as he was attempting to repair it, a child wise beyond his years approached him and began to recount his adventures. Back on the planet where he was a prince, the boy had been in love with a rose that was fickle and vain, so he had decided to travel. Before landing on earth, he had gone to five different planets where he had met, respectively, a king without subjects, a narcissist, a drunkard, a businessman, and a lamplighter—all grown-ups who (with the possible exception of the lamplighter) were devoting their lives solely to themselves. The little prince draws the conclusion that grown-ups are selfish, mean, and devoid of imagination. In their passion for facts and figures, they always need explanations, whereas children understand things simply and intuitively. The little prince cannot understand why grown-ups don't think like children.

The following excerpt tells of the little prince's visit to the businessman's planet.

L'homme d'affaires

La quatrième planète était celle du businessman. Cet homme était si occupé qu'il ne leva même pas la tête à l'arrivée du petit prince.

—Bonjour, lui dit celui-ci. Votre cigarette est éteinte.°

—Trois et deux font cinq. Cinq et sept douze. Douze et trois quinze. Bon-
5 jour. Quinze et sept vingt-deux. Vingt-deux et six vingt-huit. Pas le temps
de la rallumer.° Vingt-six et cinq trente et un. Ouf! Ça fait donc cinq cent
un millions six cent vingt-deux mille sept cent trente et un.

—Cinq cents millions de quoi?

—Hein? Tu es toujours là? Cinq cent un millions de... je ne sais plus... J'ai
10 tellement de travail! Je suis sérieux, moi, je ne m'amuse pas à des balivernes°!
Deux et cinq sept...

—Cinq cent un millions de quoi? répéta le petit prince qui jamais de sa
vie n'avait renoncé à une question, une fois qu'°il l'avait posée.

Le businessman leva la tête :

15 —Depuis cinquante-quatre ans que j'habite cette planète-ci, je n'ai été dé-
rangé° que trois fois. La première fois ça a été, il y a vingt-deux ans, par un
hanneton° qui était tombé Dieu sait d'où. Il répandait° un bruit épouvantable,° et j'ai fait quatre erreurs dans une addition. La seconde fois ça a été, il
y a onze ans, par une crise° de rhumatisme. Je manque d'°exercice. Je n'ai
20 pas le temps de flâner.° Je suis sérieux, moi. La troisième fois... la voici! Je
disais donc cinq cent un millions...

—Millions de quoi?

Le businessman comprit qu'il n'était point° d'espoir° de paix :

—Millions de ces petites choses que l'on voit quelquefois dans le ciel.

25 —Des mouches°?

—Mais non, des petites choses qui brillent.°

—Des abeilles°?

—Mais non. Des petites choses dorées° qui font rêvasser° les fainéants.°
Mais je suis sérieux, moi! Je n'ai pas le temps de rêvasser.

30 —Ah! des étoiles?

—C'est bien ça. Des étoiles.

—Et que fais-tu de cinq cents millions d'étoiles?

—Cinq cent un millions six cent vingt-deux mille sept cent trente et un.
Je suis sérieux, moi, je suis précis.

35 —Et que fais-tu de ces étoiles?

—Ce que j'en fais?

—Oui.

—Rien. Je les possède.

—Tu possèdes les étoiles?

40 —Oui.

—Mais j'ai déjà vu un roi qui...

éteint *extinguished* / **rallumer** *to light again* / **les balivernes** (f) *nonsense* / **une fois que**
once / **déranger** = troubler, incommoder / **le hanneton** *May bug* / **répandre** *to give
off* / **épouvantable** = excessif, terrible / **une crise** *attack* / **manquer de** *to lack* / **flâner**
to stroll, to loaf / **il n'était point** = il n'y avait point / **l'espoir** (m) *hope* / **la mouche** *fly* /
briller *to shine* / **l'abeille** (f) *bee* / **doré** *golden* / **rêvasser** *to dream idly, to daydream* /
le fainéant *idler, loafer*

—Les rois ne possèdent pas. Ils «règnent» sur. C'est très différent.

—Et à quoi cela te sert-il° de posséder les étoiles?

—Ça me sert à être riche.

45 —Et à quoi cela te sert-il d'être riche?

—À acheter d'autres étoiles, si quelqu'un en trouve.

«Celui-là, se dit en lui-même le petit prince, il raisonne un peu comme mon ivrogne.°»

Cependant il posa encore des questions :

50 —Comment peut-on posséder les étoiles?

—À qui sont-elles? riposta,° grincheux,° le businessman.

—Je ne sais pas. À personne.

—Alors elles sont à moi, car j'y ai pensé le premier.

—Ça suffit?

55 —Bien sûr. Quand tu trouves un diamant qui n'est à personne, il est à toi. Quand tu trouves une île qui n'est à personne, elle est à toi. Quand tu as une idée le premier, tu la fais breveter° : elle est à toi. Et moi je possède les étoiles, puisque jamais personne avant moi n'a songé à les posséder.

—Ça c'est vrai, dit le petit prince. Et qu'en fais-tu?

60 —Je les gère.° Je les compte et je les recompte, dit le businessman. C'est difficile. Mais je suis un homme sérieux!

Le petit prince n'était pas satisfait encore.

—Moi, si je possède un foulard,° je puis le mettre autour de mon cou et l'emporter.° Moi, si je possède une fleur, je puis cueillir° ma fleur et l'empor-

65 ter. Mais tu ne peux pas cueillir les étoiles!

—Non, mais je puis les placer en banque.

—Qu'est-ce que ça veut dire?

—Ça veut dire que j'écris sur un petit papier le nombre de mes étoiles. Et puis j'enferme à clef° ce papier-là dans un tiroir.°

70 —Et c'est tout?

—Ça suffit!

«C'est amusant, pensa le petit prince. C'est assez **poétique**. Mais ce n'est pas très sérieux.»

Le petit prince avait sur les choses sérieuses des **idées très différentes** des

75 idées des grandes personnes.°

—Moi, dit-il encore, je possède une fleur que j'arrose° tous les jours. Je possède trois volcans° que je ramone° toutes les **semaines**. Car je ramone

---

à quoi cela te sert-il *what good does it do you* / **l'ivrogne** (m,f) *drunkard (encountered in the previous chapter of* Le Petit Prince; *see* Ensemble: Grammaire, *p.* 11) / **riposter** *to retort* / **grincheux** *ill-tempered, surly* / **faire breveter** *to have patented* / **gérer** *to manage* / le **foulard** *scarf* / **emporter** *to carry off* / **cueillir** *to pick* / **enfermer à clef** *to lock up* / le **tiroir** *drawer* / **les grandes personnes** *grown-ups* / **arroser** = donner de l'eau à / le **volcan** *volcano* / **ramoner** *to sweep (a chimney)*[1]

[1]Le petit prince habite une petite planète, l'astéroïde B 612, où il s'occupe de deux volcans en activité et d'un troisième qui est éteint.

aussi celui qui est éteint. On ne sait jamais. C'est utile à mes volcans, et c'est utile à ma fleur, que je les possède. Mais tu n'es pas utile aux étoiles.

80 Le businessman ouvrit la bouche mais ne trouva rien à répondre, et le petit prince s'en fut.°

«Les grandes personnes sont décidément tout à fait extraordinaires», se disait-il simplement en lui-même durant le voyage.

Antoine de Saint-Exupéry, Le Petit Prince

INTELLIGENCE DU TEXTE

1. Citez deux détails qui montrent que le businessman est très occupé.
2. Quelle est l'attitude du petit prince, une fois qu'il a posé une question?
3. Quand et par qui est-ce que le businessman a été dérangé pour la première fois? Qu'est-ce qui est arrivé alors?
4. Quand a-t-il été dérangé pour la deuxième fois? Qu'est-ce qui a causé cette crise de rhumatisme?
5. En quoi consiste l'activité du businessman?
6. Quel effet les étoiles ont-elles sur ceux qui les observent? Pourquoi n'ont-elles pas ce même effet sur le businessman?
7. Que fait-il de ces étoiles? Pourquoi?
8. Expliquez comment le businessman peut posséder les étoiles.
9. Citez deux différences qui existent entre les possessions du businessman et celles du petit prince.
10. Quelle conclusion le petit prince tire-t-il de cette rencontre?

APPRÉCIATION DU TEXTE

1. Les deux personnages de cet épisode représentent deux mondes différents. Le businessman vit dans le monde des affaires, celui des grandes personnes. Qu'est-ce qui caractérise son univers à lui? Y a-t-il une espèce de refrain qu'il répète et qui marque son attitude? Décrivez cette attitude.
2. Le petit prince, lui, représente l'innocence et la curiosité de la jeunesse. Cela se voit surtout par la manière dont il s'exprime. Étudiez chacune de ses paroles et dites comment elles reflètent son caractère. Remarquez la prépondérance des phrases interrogatives et, dans les phrases où il affirme quelque chose, le style direct de ses expressions.
3. «Le petit prince avait sur les choses sérieuses des idées très différentes des idées des grandes personnes.» L'auteur est-il pour le petit prince ou pour le businessman? S'agit-il ici d'une satire[L]? Si oui, qu'est-ce que l'auteur satirise?

s'en fut = s'en alla

Vocabulaire satellite

les affaires (f)	*business*
l'homme d'af- faires (m)	*businessman*
la femme d'af- faires	*businesswoman*
l'entreprise (f)	*business, firm, concern*
l'industrie (f)	*industry*
la maison	*firm*
la compagnie	*company*
le bureau	*office*
le commerçant	*merchant, shopkeeper*
le, la concurrent,e	*competitor*
la concurrence	*competition*
la pression	*pressure*
vendre	*to sell*
acheter	*to buy*
le vendeur	*salesman*
la vendeuse	*saleswoman*
le, la client,e	*customer*
réussir, avoir du succès	*to succeed*
faire faillite	*to go bankrupt*
énervant,e	*nerve-racking*
sans scrupules	*unscrupulous*
consciencieux, -euse	*conscientious*

—*Toute mon ambition maintenant est d'arroser ma fleur.*

honnête	*honest*
malhonnête	*dishonest*
paresseux, -euse	*lazy*
travailleur, -euse	*hardworking*
ambitieux, -euse	*ambitious*

PRATIQUE DE LA LANGUE

1. Faites une lecture dramatique de cette scène du *Petit Prince.*
2. Écrivez et présentez votre propre dialogue entre un homme (ou une femme) d'affaires et :
   a. un poète
   b. un(e) journaliste
   c. un chômeur
   d. un(e) secrétaire
   e. un président-directeur général
3. Quelle est votre attitude personnelle vis-à-vis du monde des affaires? Êtes-vous séduit(e) *(attracted)* ou rebuté(e) *(repulsed)* par ce monde? Aimeriez-vous y faire une carrière? Présentez vos idées devant la classe.
4. Présentation orale : Faites le portrait d'un homme (ou d'une femme) d'affaires idéal(e). En quoi consiste son travail? Le (la) trouvez-vous admirable? Pourquoi?

Montesquieu

Charles-Louis de Secondat, baron de la Brède et de Montesquieu (1689–1755), is well known to students of literature as the author of *Les Lettres persanes* (1721), a masterpiece of social, political, and religious satire.[1] In his inimitable witty manner, the author takes a penetrating look at the French society of his day—a venture that presented certain risks to the writer. The autocratic reign of Louis XIV (1661–1715), with its strong censorship, had just ended, and the French did not yet dare to criticize their institutions openly. As a precaution, Montesquieu had his book published anonymously in Amsterdam. For added protection—and in an effort, no doubt, to make his work more entertaining—he devised the central scheme of two traveling Persians, Usbek and Rica, who spend some eight years in France and communicate their fresh oriental impressions to the folks back home by means of informative letters. Ostensibly, the author could in no way be held responsible for the critical views of these foreigners. Furthermore, Montesquieu had the letters discuss the mundane squabbles in the harem, which, in the absence of Usbek and Rica, had been left in charge of the head eunuch. This was another shield for the author: how could anyone take seriously any matter treated in such a frivolous book?

Among students of political science, Montesquieu's reputation rests on his authorship of *L'Esprit des lois* (1748). This work, the culmination of twenty years of research and writing, established its author as one of the most original thinkers of his age and as an advocate of social reform. It was to guarantee individual rights and liberties that Montesquieu, the first of the great

Montesquieu

parce que vous n'avez point d'humanité, et que les règles de l'équité vous sont inconnues. Je croirais offenser les Dieux, qui vous punissent, si je m'opposais à la justice de leur colère.°»

INTELLIGENCE DU TEXTE

1. Décrivez l'expérience des Troglodytes sous un gouvernement monarchique.
2. Décrivez leur expérience sous un gouvernement républicain.
3. Après l'échec (l'insuccès) de la monarchie et de la république, quel principe règle la conduite générale des Troglodytes?
4. Racontez deux incidents qui illustrent le mode de vie dans cette société où chacun vit pour soi.

Le bonheur des Troglodytes

De tant de familles, il n'en resta que deux° qui échappèrent aux° malheurs de la Nation. Il y avait dans ce pays deux hommes bien singuliers : ils avaient de l'humanité; ils connaissaient la justice; ils aimaient la vertu. Autant liés° par la droiture° de leur cœur que par la corruption de celui des autres, ils
5 voyaient la désolation générale et ne la ressentaient° que par la pitié; c'était le motif° d'une union nouvelle. Ils travaillaient avec une sollicitude commune pour l'intérêt commun; ils n'avaient de différends que ceux qu'une douce et tendre amitié faisait naître°; et, dans l'endroit du pays le plus écarté,° séparés de leurs compatriotes indignes° de leur présence, ils menaient° une vie heu-
10 reuse et tranquille. La terre semblait produire d'elle-même, cultivée par ces vertueuses mains.

Ils aimaient leurs femmes, et ils en étaient tendrement chéris.° Toute leur attention était d'élever° leurs enfants à la vertu. Ils leur représentaient° sans cesse les malheurs de leurs compatriotes et leur mettaient devant les yeux
15 cet exemple si triste; ils leur faisaient surtout sentir que l'intérêt des particuliers se trouve toujours dans l'intérêt commun; que vouloir s'en séparer, c'est vouloir se perdre; que la vertu n'est point une chose qui doive nous coûter; qu'il ne faut point la regarder comme un exercice pénible°; et que la justice pour autrui° est une charité pour nous.
20 Ils eurent° bientôt la consolation des pères vertueux, qui est d'avoir des enfants qui leur ressemblent. Le jeune peuple qui s'éleva° sous leurs yeux

---

la colère *anger, wrath* / **il n'en resta que deux** *there remained but two* / **échapper à** *to escape, to avoid* / **autant liés** *linked as much* / **la droiture** *integrity* / **ressentir** *to feel* / **le motif** *motive* / **faire naître** = créer, produire / **écarté** *remote* / **indigne** *unworthy* / **mener** *to lead* / **chéri** = beaucoup aimé / **élever** *to raise, to train* / **représenter** = montrer / **pénible** *painful* / **autrui** = les autres / **eurent** = avoir (passé simple) / **s'élever** *to rise*

s'accrut° par d'heureux mariages : le nombre augmenta; l'union fut toujours la même, et la vertu, bien loin de s'affaiblir° dans la multitude, fut fortifiée, au contraire, par un plus grand nombre d'exemples.

INTELLIGENCE DU TEXTE

1. Comment les deux hommes qui ont échappé (escaped) aux malheurs de la nation sont-ils différents des autres Troglodytes?
2. Où et comment vivent-ils?
3. Sur quels préceptes se base leur philosophie politique et sociale?
4. Quelles sont les conséquences de leur vertu?

A new generation of Troglodytes is born, living an idyllic existence.

La vertu, base de la société

Je ne saurais° assez te parler de la vertu des Troglodytes. Un d'eux disait un jour : «Mon père doit demain labourer son champ; je me lèverai deux heures avant lui, et, quand il ira à son champ, il le trouvera tout labouré.»

Un autre disait en lui-même : «Il me semble que ma sœur a du goût°
5 pour un jeune Troglodyte de nos parents°; il faut que je parle à mon père, et que je le détermine à faire ce mariage.... »

Ou bien : «Il y a un champ qui touche celui de mon père, et ceux qui le cultivent sont tous les jours exposés aux ardeurs° du Soleil; il faut que j'aille y planter deux arbres, afin que ces pauvres gens puissent aller quelquefois
10 se reposer sous leur ombre°....»

Tant de prospérités ne furent pas regardées sans envie; les peuples voisins s'assemblèrent, et, sous un vain prétexte, ils résolurent° d'enlever leurs troupeaux.° Dès que cette résolution fut connue, les Troglodytes envoyèrent au-devant d'eux des ambassadeurs, qui leur parlèrent ainsi :
15 «Que vous ont fait les Troglodytes? Ont-ils enlevé vos femmes, dérobé° vos bestiaux,° ravagé vos campagnes? Non : nous sommes justes, et nous craignons les Dieux. Que demandez-vous donc de nous? Voulez-vous de la laine° pour vous faire des habits? Voulez-vous du lait pour vos troupeaux ou des fruits de nos terres? Mettez bas° les armes; venez au milieu de nous, et
20 nous vous donnerons de tout cela. Mais nous jurons, par ce qu'il y a de plus sacré, que, si vous entrez dans nos terres comme ennemis, nous vous regar-

---

s'accroître = devenir plus nombreux, augmenter / **s'affaiblir** = devenir faible / **je ne saurais** = je ne pourrais pas / **le goût** *liking* / **de nos parents** *of our kin* / **l'ardeur** (f) *intense heat* / **l'ombre** (f) *shade* / **résoudre** = décider / **le troupeau** *herd* / **dérober** *to steal* / **les bestiaux** (*sing*. le bétail) *cattle* / **la laine** *wool* / **mettre bas** *to put down*

derons comme un peuple injuste, et que nous vous traiterons comme des bêtes farouches°....»

Comme le Peuple grossissait° tous les jours, les Troglodytes crurent° qu'il
25 était à propos de se choisir un roi. Ils convinrent qu'il fallait déférer° la couronne° à celui qui était le plus juste, et ils jetèrent° tous les yeux° sur un vieillard vénérable par son âge et par une longue vertu. Il n'avait pas voulu se trouver à cette assemblée; il s'était retiré dans sa maison, le cœur serré de tristesse.°

30 Lorsqu'on lui envoya les députés pour lui apprendre le choix qu'on avait fait de lui : «À Dieu ne plaise,° dit-il, que je fasse ce tort° aux Troglodytes, que l'on puisse croire qu'il n'y a personne parmi eux de plus juste que moi! Vous me déférez la couronne, et, si vous le voulez absolument, il faudra bien que je la prenne. Mais comptez que je mourrai de douleur d'avoir vu en
35 naissant les Troglodytes libres et de les voir aujourd'hui assujettis.°» À ces mots, il se mit à° répandre° un torrent de larmes.° «Malheureux jour! disait-il; et pourquoi ai-je tant vécu?» Puis il s'écria° d'une voix sévère : «Je vois bien ce que c'est, ô Troglodytes! votre vertu commence à vous peser.° Dans l'état où vous êtes, n'ayant point de chef, il faut que vous soyez vertueux
40 malgré vous : sans cela vous ne sauriez subsister, et vous tomberiez dans le malheur de vos premiers pères. Mais ce joug paraît trop dur; vous aimez mieux être soumis° à un prince et obéir à ses lois, moins rigides que vos mœurs.° Vous savez que, pour lors,° vous pourrez contenter votre ambition, acquérir des richesses et languir° dans une lâche° volupté, et que, pourvu
45 que vous évitiez° de tomber dans les grands crimes, vous n'aurez pas besoin de la vertu.» Il s'arrêta un moment, et ses larmes coulèrent° plus que jamais. «Et que prétendez°-vous que je fasse? Comment se peut-il que je commande quelque chose à un Troglodyte? Voulez-vous qu'il fasse une action vertueuse parce que je la lui commande, lui qui la ferait tout de même° sans moi et par
50 le seul penchant° de la nature? Ô Troglodytes! je suis à la fin de mes jours; mon sang° est glacé° dans mes veines; je vais bientôt revoir vos sacrés aïeux.° Pourquoi voulez-vous que je les afflige, et que je sois obligé de leur dire que je vous ai laissés sous un autre joug que celui de la Vertu?»

Montesquieu, *Les Lettres persanes*

farouche = sauvage / **grossir** = augmenter / **crurent** = croire (passé simple) /
déférer *to confer* / **la couronne** *crown* / **jeter les yeux** *to cast one's eyes* / **le cœur serré de tristesse** *his heart heavy with sadness* / **À Dieu ne plaise** *Heaven forbid* / **le tort** *harm, wrong* /
assujetti = subjugué, dominé / **se mettre à** = commencer à / **répandre des larmes** *to shed tears* / **s'écrier** *to cry out* / **peser** *to weigh, to be burdensome* / **soumis** *subject* / **les mœurs** (f) *ways, customs* / **pour lors** *then, thenceforth* / **languir** *to languish* / **lâche** *cowardly* /
éviter *to avoid* / **couler** *to flow* / **prétendre** = vouloir / **tout de même** *anyhow* / **le penchant** = l'inclination, la disposition / **le sang** *blood* / **glacé** *frozen* / **les aïeux** (m) = les ancêtres

INTELLIGENCE DU TEXTE

1. Citez deux ou trois exemples concrets qui illustrent la vertu des nouveaux Troglodytes.
2. Quelle est l'attitude des Troglodytes envers la guerre? Que proposent-ils de faire lorsque la possibilité d'une guerre se présente?
3. Qui est-ce que les Troglodytes choisissent comme roi? Pourquoi font-ils ce choix?
4. Pourquoi le vieillard ne veut-il pas devenir roi?
5. Selon le vieillard, pourquoi les Troglodytes veulent-ils avoir un chef? Quelles seront les conséquences pour la société?

APPRÉCIATION DU TEXTE

1. L'histoire des Troglodytes est une allégorie[L] politique. Par une suite d'éléments narratifs, Montesquieu discute des bases morales de la société. Quels sont les points essentiels sur lesquels il insiste dans son récit?
2. Montesquieu n'emploie pas de raisonnements très abstraits. Pour convaincre le lecteur, il préfère raconter l'histoire des Troglodytes. Quels sont les avantages de cette méthode narrative? L'auteur peut-il ainsi nous faire sentir aussi bien que comprendre le mérite de ses arguments? Peut-il nous persuader aussi bien que s'il avait écrit un essai?

Vocabulaire satellite

—Ne t'inquiète pas, chérie. Ton père aime jouer le mari despote.

le **pays**	*country*
le **gouvernement**	*government*
le **pouvoir exécutif**	*executive power*
le **pouvoir législatif**	*legislative power*
le **pouvoir judiciaire**	*judicial power*
la **démocratie**	*democracy*
la **république**	*republic*
la **monarchie**	*monarchy*
l' **anarchie** (f)	*anarchy*
le **despotisme**	*despotism*
la **dictature**	*dictatorship*
le **citoyen** / la **citoyenne**	*citizen*
le **concitoyen** / la **concitoyenne**	*fellow citizen*
le **peuple** (francais, américain)	*the (French, American) people*
la **politique**	*politics, policy*
les **élections** (f)	*elections*
le **droit de vote**	*right to vote*

le **mandat**	*mandate, term of office*
la **liberté**	*liberty*
l' **égalité** (f)	*equality*
la **fraternité**	*fraternity*
être, arriver au pouvoir	*to be in office, to come into office*
voter	*to vote*
élire	*to elect*

PRATIQUE DE LA LANGUE

1. Présentations orales :
   a. Montesquieu nous dit que la démocratie ne peut se maintenir sans la vertu des citoyens. A-t-il raison ou a-t-il tort? Pourquoi?
   b. Est-ce qu'une monarchie pourrait exister aux États-Unis? Pourquoi ou pourquoi pas?
   c. Tracez le portrait d'un homme (ou d'une femme) politique idéal(e).
2. À débattre : Le Président des États-Unis devrait avoir un mandat de sept ans comme le Président de la France.
3. Organisez un colloque sur «la meilleure forme de gouvernement». Parmi les conférenciers *(speakers)* du colloque il y aura un Marxiste russe, un Républicain américain, un Démocrate américain, un dictateur sud-américain, un chef de tribu africain, un Troglodyte, etc.

SUJETS DE DISCUSSION OU DE COMPOSITION

1. Quelle est, à votre avis, la meilleure forme de gouvernement? Est-ce que cette forme de gouvernement pourrait être adoptée dans le monde entier? Pourquoi ou pourquoi pas?
2. À débattre : Le système démocratique est stupide. Le vote du clochard qui ne lit même pas le journal quotidien compte autant que le vote du président d'une université.
3. Est-ce que le vote est un privilège ou un devoir? Devrait-on obliger tout le monde à voter? Pourquoi ou pourquoi pas?
4. Le petit prince dit que le businessman n'est pas utile aux étoiles; il ne fait que les compter. Quelle est l'utilité de l'homme ou de la femme d'affaires dans la société?
5. Vrai ou faux : Les hommes sont mieux adaptés au monde des affaires que les femmes.
6. Attache-t-on trop d'importance à l'argent dans notre société? Citez des exemples précis pour appuyer vos arguments.

Images de la France

Voltaire

The image that one has of a particular country can be derived from several sources. It can result from personal, on-the-spot observation as one travels through the country. It can be culled too from the written remarks of other visitors. It is often interesting to compare the impressions of a foreigner with the self-perceptions of a native. In many cases, one finds that objective reality lies somewhere between the two subjective assessments.

Francois-Marie Arouet (1694–1778), known as Voltaire, was the most famous author of his age, a man who so completely dominated his century that he became a legend in his own time. A prolific writer, he tried his hand at almost every conceivable literary genre, including poetry, tragedy, comedy, history, and the epic. He is best known today as an author of *contes philosophiques*, and among these, *Candide* (1759). The *conte philosophique* was thus named because it examined the meaningful issues of the day not in the dry manner of a philosophical treatise, but in a lively narrative style, laced with wit and humor, that would appeal to great numbers of readers.

In *Candide* Voltaire deals with the theme of evil in the world and seeks to refute the philosophy of optimism as formulated by the German philosopher Leibnitz (1646–1716). This philosophy held that God is good, that of all the possible worlds he might have created, he must surely have chosen the best. Voltaire belies this by having his hero, Candide, encounter at every turn an impressive array of natural disasters, social evils, and personal misfortunes. Idle

Voltaire

philosophical speculation, Voltaire intimates, can in no way solve these problems. The secret lies rather in accepting one's fate while striving continually to improve it.

In Chapter 22 Candide visits Paris, thereby giving the author the opportunity to present his own image of the French capital with its vices and follies. Voltaire thus continues a long-standing tradition of social satire[L] that his countryman, Montesquieu, had so brilliantly exemplified some forty years earlier in *Les Lettres persanes*.

Candide à Paris I

Tous les voyageurs que Candide rencontra dans les cabarets de la route lui disaient : «Nous allons à Paris». Cet empressement° général lui donna enfin l'envie de voir cette capitale; ce n'était pas beaucoup se détourner° du chemin de Venise.°

---

l'empressement (m) = l'ardeur, le zèle / **se détourner** = changer de direction, faire un détour / **Venise** *Candide, after many harrowing experiences and a lengthy separation, was to finally rejoin his beloved Cunégonde in Venice*

5   Il entra par le faubourg° Saint-Marceau, et crut° être dans le plus vilain°
village de la Vestphalie.°

À peine° Candide fut-il dans son auberge,° qu'il fut attaqué d'une maladie
légère, causée par ses fatigues. Comme il avait au doigt un diamant énorme,
et qu'on avait aperçu dans son équipage une cassette° prodigieusement pe-
10   sante,° il eut aussitôt auprès de lui° deux médecins qu'il n'avait pas mandés,°
quelques amis intimes qui ne le quittèrent pas, et deux dévotes° qui faisaient
chauffer° ses bouillons.° Martin° disait : «Je me souviens d'avoir été malade
aussi à Paris dans mon premier voyage; j'étais fort pauvre : aussi n'eus-je ni
amis, ni dévotes, ni médecins, et je guéris.°»

15   Cependant, à force de° médecines et de saignées,° la maladie de Candide
devint sérieuse. Un habitué° du quartier vint° avec douceur lui demander un
billet° payable au porteur° pour l'autre monde : Candide n'en voulut rien
faire. Les dévotes l'assurèrent que c'était une nouvelle mode; Candide répondit qu'il n'était point homme à la mode. Martin voulut jeter l'habitué par les
20   fenêtres.

Le clerc jura° qu'on n'enterrerait point Candide.° Martin jura qu'il enterrerait le clerc s'il continuait à les importuner. La querelle s'échauffa : Martin
le prit par les épaules, et le chassa rudement; ce qui causa un grand scandale,
dont on fit un procès-verbal.°

25   Candide guérit; et pendant sa convalescence il eut très bonne compagnie
à souper chez lui. On jouait gros jeu.° Candide était tout étonné que jamais
les as° ne lui vinssent°; et Martin ne s'en étonnait pas.

Parmi ceux qui lui faisaient les honneurs de la ville, il y avait un petit abbé
périgourdin,° l'un de ces gens empressés,° toujours alertes, toujours ser-
30   viables,° effrontés,° caressants, accommodants, qui guettent ° les étrangers à
leur passage, leur content l'histoire scandaleuse de la ville, et leur offrent des
plaisirs à tout prix. Celui-ci mena d'abord Candide et Martin à la comédie.°
On y jouait une tragédie nouvelle. Candide se trouva placé auprès de
quelques beaux esprits.° Cela ne l'empêcha° pas de pleurer à des scènes

---

le faubourg *suburb* / **crut** = croire (passé simple) / **vilain** = désagréable / **la Vestphalie**
Westphalia, the German province where Candide was born / **à peine** *scarcely* / **l'auberge** (f)
inn / **la cassette** *money box* / **pesant** *heavy* / **auprès de lui** *at his side* / **mander** *to send
for* / **les dévotes** *devout ladies whose purpose was to see to it that the dying person experienced a good
Christian death* / **faire chauffer** *to heat up* / **le bouillon** *broth* / **Martin** *Candide's traveling
companion, a pessimistic counterpart to the naively optimistic Candide* / **guérir** *to get well* / **à
force de** *by virtue of, thanks to* / **la saignée** *blood-letting* / **l'habitué** (m) = une personne qui
fréquente habituellement un lieu / **vint** = venir (passé simple) / **le billet** = billet de
confession. *The last rites of the Church were refused at the time to those who did not possess this
certificate attesting to their orthodox beliefs.* / **le porteur** *bearer* / **jurer** *to swear* / **qu'on
n'enterrerait point Candide** *i.e., that Candide would not be buried in consecrated ground* / **le
procès-verbal** *official report* / **jouer gros jeu** *to gamble heavily* / **l'as** (m) *ace* / **vinssent** =
venir (imparfait du subjonctif) / **l'abbé périgourdin** *a priest from Périgord in southwestern
France* / **empressé** *eager* / **serviable** = qui veut rendre service / **effronté** =
impudent / **guetter** *to watch* / **la comédie** = le théâtre / **le bel esprit** *witty person, wit* /
empêcher *to prevent*

35 jouées parfaitement. Un des raisonneurs° qui étaient à ses côtés lui dit dans
un entr'acte°: «Vous avez grand tort de pleurer, cette actrice est fort mauvaise; l'acteur qui joue avec elle est plus mauvais acteur encore; la pièce est
encore plus mauvaise que les acteurs; l'auteur ne sait pas un mot d'arabe, et
cependant la scène est en Arabie; et, de plus, c'est un homme qui ne croit
40 pas aux idées innées°; je vous apporterai demain vingt brochures contre lui.
—Monsieur, combien avez-vous de pièces de théâtre en France?» dit Candide à l'abbé; lequel répondit : «Cinq ou six mille. —C'est beaucoup, dit
Candide; combien y en a-t-il de bonnes? —Quinze ou seize, répliqua l'autre.
—C'est beaucoup», dit Martin.
45   Candide fut très content d'une actrice qui faisait la reine Élisabeth, dans
une assez plate° tragédie que l'on joue quelquefois. «Cette actrice, dit-il à
Martin, me plaît beaucoup; elle a un faux air° de mademoiselle Cunégonde;
je serais bien aise° de la saluer.» L'abbé périgourdin s'offrit à l'introduire
chez elle. Candide, élevé en Allemagne, demanda quelle était l'étiquette, et
50 comment on traitait en France les reines d'Angleterre. «Il faut distinguer,
dit l'abbé; en province,° on les mène au cabaret : à Paris, on les respecte
quand elles sont belles, et on les jette à la voirie° quand elles sont mortes. —
Des reines à la voirie! dit Candide. —Oui, vraiment, dit Martin; monsieur
l'abbé a raison : j'étais à Paris quand mademoiselle Monime° passa, comme
55 on dit, de cette vie à l'autre; on lui refusa ce que ces gens-ci appellent les
honneurs de la sépulture,° c'est-à-dire de pourrir° avec tous les gueux° du
quartier dans un vilain cimetière; elle fut enterrée toute seule de sa bande°
au coin de la rue de Bourgogne; ce qui dut° lui faire une peine extrême, car
elle pensait très noblement. —Cela est bien impoli, dit Candide. —Que vou-
60 lez-vous? dit Martin; ces gens-ci sont ainsi faits. Imaginez toutes les contradictions, toutes les incompatibilités possibles, vous les verrez dans le gouvernement, dans les tribunaux, dans les églises, dans les spectacles de cette drôle
de nation.° —Est-il vrai qu'on rit toujours à Paris? dit Candide. —Oui, dit
l'abbé; mais c'est en enrageant : car on s'y plaint° de tout avec de grands
65 éclats de rire; même on y fait en riant les actions les plus détestables.

INTELLIGENCE DU TEXTE

1. Racontez ce qui arrive à Candide lorsqu'il tombe malade. Est-ce que beaucoup de gens s'occupent de lui? Pourquoi?

le raisonneur = une personne qui discute / l'entr'acte (m) *intermission* / inné *innate* /
plat *dull* / le faux air (de ressemblance) *a slight resemblance* / aise = content / en
province *outside of Paris* / la voirie *dump* / mademoiselle Monime *A reference to Adrienne
Lecouvreur, a prominent actress who had made her debut in the role of Monime in Racine's* Mithridate
and who, because she was an actress, had been refused burial in consecrated ground / la sépulture
burial / pourrir *to rot* / le gueux *beggar, wretch* / la bande = la troupe / dut = devoir
(passé simple) / drôle de nation *strange nation* / se plaindre (de) *to complain (about)*

2. Comparez la maladie de Martin à Paris et celle de Candide : comment sont-ils traités? Guérissent-ils tous deux? Pourquoi?
3. Racontez ce que fait un habitué du quartier quand la maladie de Candide devient sérieuse.
4. Décrivez la partie de cartes *(card game)* de Candide.
5. Comment se passe la soirée de Candide et de Martin au théâtre?
6. Dites ce que signifie l'expression «Des reines à la voirie».
7. Expliquez le paradoxe du rire à Paris.

Candide à Paris II

Candide has supper at the home of the marquise de Parolignac.

Après souper, la marquise mena Candide dans son cabinet,° et le fit asseoir sur un canapé.° «Eh bien! lui dit-elle, vous aimez donc toujours éperdument° mademoiselle Cunégonde de Thunder-ten-tronckh°? —Oui, madame», répondit Candide. La marquise lui répliqua avec un sourire tendre : «Vous me
5 répondez comme un jeune homme de Vestphalie; un Français m'aurait dit : «Il est vrai que j'ai aimé mademoiselle Cunégonde; mais, en vous voyant, madame, je crains de ne la plus aimer.» —Hélas! madame, dit Candide, je répondrai comme vous voudrez.

—Votre passion pour elle, dit la marquise, a commencé en ramassant° son
10 mouchoir; je veux que vous ramassiez ma jarretière.° —De tout mon cœur», dit Candide; et il la ramassa. «Mais je veux que vous me la remettiez°», dit la dame; et Candide la lui remit. «Voyez-vous, dit la dame, vous êtes étranger; je fais quelquefois languir mes amants de Paris quinze jours, mais je me rends à vous dès la première nuit, parce qu'il faut faire les honneurs de son
15 pays à un jeune homme de Vestphalie.» La belle, ayant aperçu deux énormes diamants aux deux mains de son jeune étranger, les loua de si bonne foi que des doigts de Candide ils passèrent aux doigts de la marquise.

Candide, en s'en retournant avec son abbé périgourdin, sentit quelques remords d'avoir fait une infidélité à mademoiselle Cunégonde; monsieur
20 l'abbé entra dans° sa peine; il n'avait qu'une légère part aux cinquante mille livres perdues au jeu° par Candide, et à la valeur des deux brillants moitié donnés, moitié extorqués.° Son dessein° était de profiter, autant qu'il le pourrait, des avantages que la connaissance de Candide pouvait lui procurer. Il

---

le cabinet *study* / **le canapé** *sofa* / **éperdument** *madly* / **Thunder-ten-tronckh** *Voltaire makes fun of what he considers the harsh German language by lending such names as this to his characters and places* / **ramasser** *to pick up* / **la jarretière** *garter* / **remettre** *to put on again* / **entrer dans** = participer à / **le jeu** *gambling* / **extorqué** *extorted* / **le dessein** = l'intention

lui parla beaucoup de Cunégonde, et Candide lui dit qu'il demanderait bien
25 pardon à cette belle de son infidélité, quand il la verrait à Venise.

Le Périgourdin redoublait de politesses et d'attentions, et prenait un intérêt tendre à tout ce que Candide disait, à tout ce qu'il faisait, à tout ce qu'il
voulait faire. «Vous avez donc, monsieur, lui dit-il un rendez-vous à Venise?
—Oui, monsieur l'abbé, dit Candide; il faut absolument que j'aille trouver
30 mademoiselle Cunégonde.» Alors, engagé par le plaisir de parler de ce qu'il
aimait, il conta, selon son usage,° une partie de ses aventures avec cette illustre Vestphalienne.

«Je crois, dit l'abbé, que mademoiselle Cunégonde a bien de l'esprit, et
qu'elle écrit des lettres charmantes. —Je n'en ai jamais reçu, dit Candide;
35 car, figurez-vous° qu'ayant été chassé du château pour l'amour d'elle, je ne
pus° lui écrire; que bientôt après j'appris qu'elle était morte, qu'ensuite je la
retrouvai, et que je la perdis, et que je lui ai envoyé à deux mille cinq cents
lieues° d'ici un exprès° dont j'attends la réponse.»

L'abbé écoutait attentivement, et paraissait un peu rêveur. Il prit° bientôt
40 congé des° deux étrangers, après les avoir tendrement embrassés. Le lendemain Candide reçut à son réveil une lettre conçue en ces termes :

«Monsieur mon très cher amant, il y a huit jours que je suis malade en
cette ville; j'apprends que vous y êtes. Je volerais dans vos bras si je pouvais
remuer.° J'ai su° votre passage à Bordeaux; j'y ai laissé le fidèle Cacambo° et
45 la vieille, qui doivent bientôt me suivre. Le gouverneur de Buenos-Ayres° a
tout pris, mais il me reste votre cœur. Venez; votre présence me rendra la
vie ou me fera mourir de plaisir.»

Cette lettre charmante, cette lettre inespérée,° transporta Candide d'une
joie inexprimable; et la maladie de sa chère Cunégonde l'accabla° de dou-
50 leur. Partagé entre ces deux sentiments, il prend son or° et ses diamants, et
se fait conduire avec Martin à l'hôtel où mademoiselle Cunégonde demeu-
rait. Il entre en tremblant d'émotion, son cœur palpite, sa voix sanglote°; il
veut ouvrir les rideaux du lit; il veut faire apporter de la lumière. «Gardez-
vous-en° bien, lui dit la suivante°; la lumière la tue;» et soudain elle referme
55 le rideau. «Ma chère Cunégonde, dit Candide en pleurant, comment vous
portez-vous°? si vous ne pouvez me voir, parlez-moi du moins. —Elle ne peut
parler, dit la suivante.» La dame alors tire du lit une main potelée° que
Candide arrose° longtemps de ses larmes, et qu'il remplit ensuite de diamants, en laissant un sac plein d'or sur le fauteuil.
60   Au milieu de ses transports arrive un exempt° suivi de l'abbé périgourdin

---

selon son usage *as was his wont* / **figurez-vous** *would you believe* / **pus** = pouvoir *(passé
simple)* / **la lieue** *league (distance)* / **l'exprès** (m) = *le message* / **prendre congé de** *to
take leave of* / **remuer** *to move* / **j'ai su** = *j'ai appris* / **Cacambo** *Cacambo and the old lady*
(la vieille) *had been Cunégonde's traveling companions* / **le gouverneur de Buenos-Ayres** *Candide
was forced by circumstances to leave Cunégonde with the governor; he had not seen her since* /
inespéré *unexpected* / **accabler** *to overwhelm* / **l'or** (m) *gold* / **sangloter** *to sob* / **se
garder (de)** *to refrain* / **la suivante** *lady's maid* / **se porter** = *aller* / **potelé** *plump* /
arroser *to bathe* / **l'exempt** (m) = *l'agent de police*

et d'une escouade.° «Voilà donc, dit-il, ces deux étrangers suspects?» Il les
fait incontinent° saisir, et ordonne à ses braves de les traîner° en prison. «Ce
n'est pas ainsi qu'on traite les voyageurs dans le Dorado,° dit Candide. —Je
suis plus manichéen° que jamais, dit Martin. —Mais, monsieur, où nous me-
65 nez-vous? dit Candide. —Dans un cul de basse-fosse°», dit l'exempt.

Martin, ayant repris son sang-froid,° jugea que la dame qui se prétendait°
Cunégonde était une friponne,° monsieur l'abbé périgourdin un fripon qui
avait abusé au plus vite de l'innocence de Candide, et l'exempt un autre
fripon dont on pouvait aisément se débarrasser.°

70 Plutôt que de s'exposer aux procédures de la justice, Candide, éclairé par
son conseil, et d'ailleurs° toujours impatient de revoir la véritable Cunégonde, propose à l'exempt trois petits diamants d'environ trois mille pistoles°
chacun.

Voltaire, Candide

INTELLIGENCE DU TEXTE

1. Racontez comment la marquise séduit Candide. Dites comment elle réussit
    à obtenir les deux diamants.
2. Quel est le dessein de l'abbé périgourdin? S'intéresse-t-il à ce que dit Can-
    dide? Pourquoi?
3. Pourquoi Candide n'a-t-il jamais reçu de lettres de Cunégonde? Comment
    se fait-il qu'il en reçoit une maintenant?
4. Que lui annonce la lettre de Cunégonde? Quel double effet cette lettre a-t-
    elle sur Candide?
5. Candide finit-il par retrouver Cunégonde? Réussit-il à la voir, à lui parler?
    Que fait-il lorsqu'il peut enfin lui tenir la main?
6. Comment se termine cet épisode? Quelle est la réaction de Martin?
7. Comment Candide se tire-t-il d'affaire (*get out of the difficulty*)?

APPRÉCIATION DU TEXTE

1. Faites le portrait de Candide d'après le texte. Dites quelles sont vos impres-
    sions de ce personnage et quels sont les détails qui ont aidé à former ces
    impressions. Candide est-il bien nommé?
2. Voltaire présente une image satirique de Paris et des Français. Montrez, par
    des exemples précis, en quoi consiste la satire[L] des éléments suivants :
    a. l'amour de l'argent
    b. la passion du jeu

---

l'escouade (f) *squad* / **incontinent** = tout de suite / **traîner** *to drag* / **le Dorado** *Candide
had visited the utopian region of Eldorado* / **manichéen** *Manichaean. The disciples of Manichaeus
attributed creation to two equally powerful principles, good and evil, which remain in conflict for
possession of the world* / **le cul de basse-fosse** *dungeon* / **le sang-froid** = le calme /
prétendre *to claim* / **le fripon, la friponne** *swindler* / **se débarrasser de** *to get rid of* /
d'ailleurs *besides, moreover* / **la pistole** *an old coin*

    c. l'attitude blasée et l'esprit critique des Parisiens
    d. les bienfaits de la médecine

3. Que pensez-vous du personnage Martin? Quel rôle ses observations jouent-elles dans le récit?

4. *Candide* est un conte philosophique, c'est-à-dire, un récit d'aventures dans lequel l'auteur traite certaines questions du jour. Voltaire aurait pu examiner ces mêmes questions dans un essai. Est-ce que le conte philosophique vous semble un moyen plus efficace de présenter ses arguments? Étudiez, par exemple, comment Voltaire exprime son opposition à toute religion organisée en soulevant (*raising*) le problème du billet de confession ou celui de l'enterrement de l'actrice mademoiselle Monime. À ce propos (*in this respect*), quel rôle l'abbé périgourdin joue-t-il dans ce récit?

Vocabulaire satellite

—*Mais oui, Monsieur Candide, à Paris il faut un permis pour respirer l'air.*

le, la **Parisien,ne**	*Parisian*
les **habitants** (m)	*residents*
l' **étranger,-ère**	*stranger*
le **visiteur** / la **visiteuse**	*visitor*
le **voyageur** / la **voyageuse**	*traveler*
la **vie urbaine**	*city life*
la **province**	*all of France but Paris; the provinces*
la **banlieue**	*suburbs, outskirts*
le **quartier**	*neighborhood*
le **café**	*café*
la **terrasse**	*terrace*
le **grand magasin**	*department store*
la **mode**	*fashion*
le **fleuve**	*river (emptying into the sea)*
le **pont**	*bridge*
le **parc**	*park*
le **jardin**	*garden*
l' **endroit** (m)	*place*
le **divertissement**	*entertainment*
le **spectacle**	*show, sight*
le **musée**	*museum*
l' **église** (f)	*church*
l' **impression** (f)	*impression*
l' **enchantement** (m)	*delight*
l' **émerveillement** (m)	*wonder, astonishment*
l' **esprit critique** (m)	*critical spirit*
la **discussion**	*discussion*
l' **échange de vues** (m)	*exchange of views*

la **réflexion**	*reflection, thought*
la **remarque**	*remark*
blasé,e	*blasé*
indifférent,e	*indifferent*
enthousiaste	*enthusiastic*
ravi,e	*delighted*
merveilleux, -euse	*marvelous*
magnifique	*magnificent*
remarquable	*remarkable*
extraordinaire	*extraordinary*
poli,e	*polite*
galant,e	*attentive to ladies*
discuter (de)	*to discuss*
se disputer	*to quarrel*
contredire	*to contradict*
critiquer	*to criticize*
approuver	*to approve of*
désapprouver	*to disapprove of*

PRATIQUE DE LA LANGUE

1. Écrivez et présentez un dialogue sur la situation suivante : un jeune paysan (une jeune paysanne) visite Paris pour la première fois. Il hèle *(hails)* un taxi. Le chauffeur de taxi, qui a vécu toute sa vie à Paris, est très blasé. Exprimez l'enchantement du visiteur et la réaction peu enthousiaste du citadin.

2. Voltaire dans *Candide* a parodié les romans d'aventures de son époque. Écrivez et présentez une parodie[L] de la scène où Candide retrouve sa chère Cunégonde. Si vous préférez, inspirez-vous de cette scène pour créer un dialogue original.

3. Un groupe d'amis échangent leurs impressions après un repas qu'ils ont pris ensemble (après un film qu'ils ont vu, après un spectacle auquel ils ont assisté). Il s'agit de gens à l'esprit critique, qui aiment la discussion et les nuances, et qui n'hésitent pas à se contredire l'un l'autre. Reproduisez leur conversation.

4. La marquise de Parolignac trouve que Candide parle «comme un jeune homme de Vestphalie». Un Français, dit-elle, se serait exprimé d'une manière galante. Imaginez une situation où une jolie Française arrive aux États-Unis. Exprimez la façon dont se manifeste la courtoisie des différents jeunes Américains que cette voyageuse rencontre en route.
   a. un cadre *(executive)* de New York
   b. un étudiant de Boston
   c. un magnat du pétrole de Dallas
   d. un paysan de Sioux Falls
   e. un acteur de Los Angeles

5. Présentations orales
   a. Si on vous demandait de désigner une ville que vous voudriez visiter un jour, est-ce que ce serait Paris? Pourquoi ou pourquoi pas?
   b. On dit qu'à Paris on rit toujours («le gai Paris»). Est-ce votre impression de Paris? Pourquoi? Si non, quels sont les autres aspects de la ville qui vous frappent?

6. Jean-Pierre est né à Paris et y a vécu toute sa vie. Il estime que sa ville natale est le meilleur endroit où vivre. Parlez-lui d'une des villes suivantes en essayant de lui en faire apprécier les mérites :
   a. Montréal
   b. New York
   c. Tokyo
   d. votre propre ville natale
   e. n'importe quelle autre ville du monde

Pierre Daninos

Like Montesquieu, who in the eighteenth century chose to examine the French way of life through the eyes of Persian visitors, the contemporary French writer

Pierre Daninos

Pierre Daninos (b. 1913) offers his "découverte de la France et des Francais" in the form of observations from the notebooks (*carnets*) of a supposed old British friend of his, a retired army officer named Major William Marmaduke Thompson. *Les Carnets du major Thompson* (1954) purports to be a translation of the good major's personal notes on various aspects of French culture. It is in fact but one of many novels, essays, and short stories written by Daninos over a period of forty years.

Daninos proceeds with humor and wit as he comments randomly on specific traits and manifestations of the French temperament. He believes deeply in the benefits of laughter and refers to humor as man's sixth sense. In the preface to *Tout l'humour du monde* (1958) he says: "Traiter drôlement de choses graves et gravement de choses drôles, sans jamais se prendre au sérieux, a toujours été le propre de l'humoriste." In *Les Carnets,* Daninos puts his French characters into sharp focus by often comparing them with their British (or American) counterparts. (In the army, Daninos had worked with the British, while before that he had lived as a newspaper correspondent in the United States.) His main character, Major Thompson, can speak with authority on the British, as he was born and educated in England, the fourth son of the fourth Earl of Strawforness. When his English wife died in a riding accident in India, the Major married a French woman and so gained access to the French way of life, the knowledge of which he gladly shares with his readers through the services of his friend, *le traducteur.*

In *Les Carnets du major Thompson,* Daninos comments on—among other
things—French individuality, gallantry, gastronomy, frugality, chauvinism,
sports, language, history, hospitality, and handshaking. The following two
excerpts afford comic glimpses of the French image as the major gently chides
first the driving habits, then the basic mistrust (*méfiance*) of the French.

Le Français au volant°

Il faut se méfier des° Français en général, mais sur la route en particulier.

Pour un Anglais qui arrive en France, il est indispensable de savoir
d'abord qu'il existe deux sortes de Français : les à-pied et les en-voiture. Les
à-pied exècrent° les en-voiture, et les en-voiture terrorisent les à-pied, les
5 premiers passant instantanément dans le camp des seconds si on leur met un
volant entre les mains. (Il en est ainsi au théâtre avec les retardataires° qui,
après avoir dérangé douze personnes pour s'asseoir, sont les premiers à pro-
tester contre ceux qui ont le toupet° d'arriver plus tard.)

Les Anglais conduisent plutôt mal, mais prudemment. Les Français
10 conduisent plutôt bien, mais follement. La proportion des accidents est à peu
près la même dans les deux pays. Mais je me sens plus tranquille avec des
gens qui font mal des choses bien° qu'avec ceux qui font bien de mauvaises
choses.

Les Anglais (et les Américains) sont depuis longtemps convaincus° que la
15 voiture va moins vite que l'avion. Les Français (et la plupart des Latins) semblent encore vouloir prouver le contraire.

INTELLIGENCE DU TEXTE

1. Quelles sont les deux sortes de Français décrits par Daninos et quels sont
    leurs sentiments les uns envers les autres?
2. Qu'est-ce qui permet de passer du premier groupe au second?
3. Citez une situation semblable où un premier groupe de gens passe dans le
    camp d'un second groupe.
4. Comparez la façon de conduire des Anglais et des Français.
5. Les Français sont-ils meilleurs conducteurs (*drivers*) que les Anglais? Quel
    groupe le major préfère-t-il? Pourquoi?
6. Comment les Américains conduisent-ils—comme les Anglais ou comme les
    Français? Expliquez.

le volant (*steering*) *wheel* / **se méfier de** *to distrust* / **exécrer** = abhorrer / **le retardataire**
= personne qui arrive en retard / **le toupet** = impudence / **qui font mal des choses bien**
who do good things badly / **convaincu** = profondément persuadé

Le Français méfiant

Environné° d'ennemis comme l'Anglais d'eau, harcelé° par d'insatiables poursuivants° qui en veulent à° son beau pays, à son portefeuille,° à sa liberté, à ses droits, à son honneur, à sa femme, le Français, on le concevra° aisément, demeure sur ses gardes.

5   Il est méfiant.

Puis-je même dire qu'il naît méfiant, grandit méfiant, se marie méfiant, fait carrière dans la méfiance et meurt d'autant plus° méfiant qu'à l'instar de° ces timides qui ont des accès° d'audace, il a été à diverses reprises° victime d'attaques foudroyantes° de crédulité? Je pense que je puis.

10   De quoi donc se méfie le Français? *Yes, of what exactly?*

De tout.

Dès qu'il s'assied dans un restaurant, lui qui vit dans le pays où l'on mange les meilleures choses du monde, M. Taupin° commence par se méfier de ce qu'on va lui servir. Des huîtres,° oui.

15   «Mais, dit-il au maître d'hôtel,° sont-elles vraiment bien? Vous me les garantissez?»

Je n'ai encore jamais entendu un maître d'hôtel répondre :

«Non, je ne vous les garantis pas!» En revanche,° il peut arriver de l'entendre dire° : «Elles sont bien... Mais (et là il se penche° en confident vers

20   son client)... pas pour vous, monsieur Taupin... (ou monsieur Delétang-Delbet ou monsieur Dupont)», ce qui constitue, surtout si M. Taupin est accompagné, une très flatteuse consécration.°

D'ailleurs,° M. Taupin sait très bien que, si les huîtres sont annoncées sur la carte, c'est qu'elles sont fraîches, mais il aime qu'on le rassure, et surtout

25   il ne veut pas être pris pour quelqu'un à qui «on tire° la jambe».

M. Taupin se méfie même de l'eau : il demande de l'eau fraîche comme s'il existait des carafes d'eau chaude ou polluée. Il veut du pain frais, du vin qui ne soit pas frelaté.°

«Est-ce que votre pomerol° est bien?... On peut y aller°?... Ce n'est pas de

30   la bibine,° au moins!»

Good Lord! Que serait-ce dans un pays comme le mien où se mettre à table peut être une si horrible aventure!

---

environné = surrounded / **harcelé** = importuné, tourmenté / **le poursuivant** *pursuer* / **en vouloir à** = être mal disposé envers / **le portefeuille** *wallet* / **concevoir** = comprendre / **d'autant plus** *all the more* / **à l'instar de** = à la manière de / **l'accès** (m) = attaque d'une maladie / **à diverses reprises** = à diverses occasions, souvent / **foudroyant** *overwhelming* / **M. Taupin** = un ami du major / **l'huître** (f) *oyster* / **le maître d'hôtel** *headwaiter* / **En revanche** *On the other hand* / **il peut arriver de l'entendre dire** = on peut quelquefois l'entendre dire / **se pencher** *to lean over* / **la consécration** = l'honneur / **D'ailleurs** *Besides* / **tirer** *to pull* (note that "tirer la jambe" is not a genuine French idiom but the Major's literal translation of "to pull one's leg") / **frelaté** = adultéré / **pomerol** = un vin de Pomerol, près de Bordeaux / **On peut y aller?** *One can risk it?* / **la bibine** (colloq.) = un mauvais vin

Ayant ainsi fait un bon (petit) repas, M. Taupin refait° mentalement l'addition.°

35 «Par principe», me dit-il, et parce qu'il ne veut pas qu'on la lui fasse à l'esbroufe.° Trop commode.° S'il ne trouve pas d'erreur, il semble déçu.° S'il en déniche° une, il est furieux. Après quoi, il s'en va, plus méfiant que jamais, dans la rue.

Il y a quelque temps, comme je me rendais gare d'Austerlitz (il faut bien 40 y passer) pour aller dans une petite ville du Sud-Ouest avec M. Taupin, celui-ci m'avertit° qu'il ferait une courte halte dans une pharmacie pour acheter un médicament dont il avait besoin.

«*Too bad!...* Vous êtes souffrant°? demandai-je.

—Non, pas du tout, mais je me méfie de la nourriture gasconne.°

45 —Ne pouvez-vous acheter votre médecine sur place°?

—On ne sait jamais, dans ces petites villes.... Je serai plus tranquille si je la prends à Paris.»

À ma grande surprise, notre taxi dépassa plusieurs pharmacies qui avaient tout à fait l'air de pharmacies, mais en lesquelles M. Taupin ne semblait pas

---

refaire l'addition *to add up the check again* / **qu'on la lui fasse à l'esbroufe** *to be hustled* / **commode** = facile, simple / **déçu** = désappointé / **dénicher** = découvrir, trouver / **avertir** = informer / **souffrant** = un peu malade / **gascon** = de la région de la Gascogne (dans le sud-ouest de la France) / **sur place** *on the spot*

50 avoir confiance. Je compris alors le sens de cette inscription française qui
m'avait toujours laissé perplexe : En vente° dans toutes les bonnes pharmacies. Celles que je venais de voir, évidemment, c'étaient les autres.

Pierre Daninos, Les Carnets du major Thompson

INTELLIGENCE DU TEXTE

1. Comment expliquez-vous que le Français reste sur ses gardes?
2. Montrez jusqu'à quel point le Français est méfiant.
3. De quoi M. Taupin se méfie-t-il d'abord dans un restaurant?
4. Expliquez comment le maître d'hôtel flatte M. Taupin.
5. À part les huîtres, quelles sont les autres choses dont M. Taupin se méfie sur
   la carte? Et vous, y a-t-il des plats dont vous vous méfiez? Pourquoi?
6. Que fait M. Taupin après avoir bien mangé? Quelle est sa réaction ensuite?
   Avez-vous cette même habitude, vous aussi, quand vous mangez dans un
   restaurant? À votre avis, M. Taupin a-t-il raison ou a-t-il tort?
7. Pourquoi M. Taupin cherche-t-il un médicament avant de prendre le train?
   Pourquoi veut-il acheter ce médicament avant de partir?
8. Selon le major, pourquoi le taxi dépasse-t-il plusieurs pharmacies?
9. Que pensez-vous de l'inscription : «En vente dans toutes les bonnes pharmacies»? À votre avis, à quoi sert cette inscription? Quel en est le mot le plus
   important?

APPRÉCIATION DU TEXTE

1. Étudiez le rôle de l'humour dans ce texte. Quels sont les endroits où l'humour
   se manifeste le mieux et en quoi, au juste, consiste-t-il?
2. Le major Thompson présente ses observations sous forme de contrastes entre
   les Anglais et les Français. Anglais marié d'abord à une Anglaise, puis à
   une Française, il prétend bien connaître les deux peuples. Avez-vous l'impression qu'il a un faible *(weakness)* pour l'un plutôt que pour l'autre? Si
   oui, pour lequel?
3. D'après vous, à quelle classe sociale appartient M. Taupin? Quels sont les
   traits de son caractère qui vous amènent à le classer ainsi? Est-ce que M.
   Taupin représente parfaitement le Français typique? Si non, citez d'autres
   caractéristiques du tempérament français que M. Taupin ne possède pas.

Vocabulaire satellite

l' **auto** (f)	*car*
la **voiture**	*car*
une **voiture** (neuve, d'occasion)	*a (new, used) car*

En vente *On sale*

le véhicule — *vehicle*

le camion — *truck*

le conducteur ⎫
la conductrice ⎭ — *driver*

l' automobiliste (m,f) — *motorist*

le permis de conduire — *driver's license*

l' as (m) du volant — *expert driver*

le chauffeur (de taxi, de camion) — *(taxi, truck) driver*

le chauffeur du dimanche — *Sunday driver*

le chauffard — *road hog*

la circulation — *traffic*

la route — *road*

l' autoroute (f) — *highway*

l' autoroute à péage — *toll road*

le carrefour — *crossroads*

le croisement — *intersection*

le coin de la rue — *street corner*

la panne — *breakdown*

la voiture est en panne — *the car isn't running*

être au volant, prendre le volant — *to be at the wheel, to take the wheel, to drive*

conduire une voiture — *to drive a car*

conduire quelqu'un quelque part — *to drive someone somewhere*

accélérer — *to go faster*

ralentir — *to slow down*

freiner — *to put on the brakes*

perdre le contrôle — *to lose control*

—*Ma voiture? La police me l'a enlevée.*

entrer en collision — *to collide*

brûler un feu rouge — *to go through a red light*

dépasser, doubler une voiture — *to pass a car*

dépasser la vitesse limite — *to surpass the speed limit*

avoir la priorité — *to have the right of way*

être méfiant — *to be distrustful*

être confiant — *to be trusting*

se méfier (de) — *to distrust*

se fier (à) — *to trust*

être, se tenir sur ses gardes — *to be on one's guard*

faire confiance à quelqu'un — *to trust someone*

en vouloir à quelqu'un — *to have it in for someone*

PRATIQUE DE LA LANGUE

1. Présentations orales
   a. Êtes-vous méfiant(e) ou confiant(e) par nature? Racontez un incident qui illustre cet aspect de votre caractère.
   b. Est-il possible d'être trop méfiant ou trop confiant? Qu'est-ce qui arrive alors? Décrivez ce qui serait une norme de conduite idéale.
   c. Les Français sont-ils les seuls à conduire follement? Quels sont les meilleurs conducteurs du monde? Et les plus mauvais?

      d. Racontez un incident où vous-même, ou quelqu'un que vous connaissez, avez manqué de prudence en conduisant une voiture.

      e. Êtes-vous bon conducteur (bonne conductrice)? Conduisez-vous vite ou lentement? prudemment ou imprudemment? Respectez-vous toujours le code de la route *(driving regulations)?* Avez-vous jamais dépassé la vitesse limite? Dans quelles circonstances?

2. Créez et jouez une petite scène où un automobiliste impatient a essayé de doubler la voiture d'un chauffeur du dimanche et est entré en collision avec une autre voiture venant en sens inverse *(in the opposite direction).* Les personnages sont :

      a. le chauffeur du dimanche

      b. l'automobiliste impatient

      c. le conducteur de l'autre auto

      d. la femme du chauffeur du dimanche

      e. un jeune couple qui faisait un pique-nique au bord de la route

      f. le gendarme qui s'occupe de l'enquête *(investigation)*

SUJETS DE DISCUSSION OU DE COMPOSITION

1. Le sous-titre de *Candide* est *L'Optimisme.* Étant donné la situation actuelle dans le monde, quelle est votre attitude philosophique fondamentale? Êtes-vous optimiste ou pessimiste?

2. La marquise a donné une leçon de galanterie à Candide. Y a-t-il une part de vérité dans le cliché qui veut que les Français soient de grands amoureux? D'où vient cette image stéréotypée, à votre avis?

3. Quelle image vous faites-vous de la France et des Français? Dressez une liste de caractéristiques prépondérantes et comparez votre liste à celles des autres étudiants. Sur quels points tombez-vous d'accord? Y a-t-il des contradictions? Discutez ces désaccords et tâchez *(try)* de faire valoir votre point de vue.

4. Comment se forme-t-on une image d'un pays et de ses habitants? Quelles sont les sources d'information? Est-ce que toutes ces sources ont la même valeur? Comment avez-vous formé votre image de la France et des Français? Y a-t-il une part de stéréotype dans votre conception?

5. Jouez une petite scène qui illustre (de façon comique?) un ou plusieurs aspects de l'esprit français. Pour donner plus de relief à votre personnage principal, introduisez un ou deux autres personnages qui sont juste le contraire de votre héros (héroïne) français(e).

6. Préparez deux ou trois paragraphes qui tracent le portrait d'un(e) Américain(e). Procédez par contraste, comme l'a fait Pierre Daninos dans *Les Carnets du major Thompson,* en comparant l'Américain(e) à un(e) Français(e). Racontez une petite anecdote qui illustre parfaitement la différence entre les deux.

La francophonie

read for Monday

The term *francophonie* designates the countries of the world where French is spoken regularly. Through the centuries, the expansion of French influence beyond the immediate territorial limits of France has not been confined by any means to the political arena. In an effort to develop lasting ties with their colonies, the French introduced their language and culture wherever they settled. As a result, French is spoken today on five continents, and literary works written in French appear outside of France not only in Belgium, Switzerland, and Luxembourg but also in Canada (Quebec), the West Indies (Martinique, Guadeloupe, Haiti), Africa (Algeria, Morocco, Tunisia, and many sub-Saharan countries), and Asia (Lebanon, Vietnam). While many francophone writers may have been nurtured in Paris, they evolved and established an identity separate from other French writers by elaborating their own themes in their own chosen artistic manner. It is apparent that, in the future, important developments in literature of French expression will no longer emanate exclusively from France.

The selections in this chapter are from the works of a Canadian and an African author. They illustrate, in the first case, a mature literature able to deal significantly with universal human preoccupations and, in the second, a discerning treatment of the tensions arising from the confrontation of two different cultures.

Un Canadien : Michel Tremblay

Canadian literature of French expression emerged very slowly after the English army under Wolfe defeated the French under Montcalm in 1759. The first French Canadian novel worthy of the name did not appear until nearly a century later. It naturally took many more years for able writers to begin expressing a collective consciousness through purely Canadian themes.

The initial masterpiece of the French Canadian novel, *Maria Chapdelaine,* was written by Louis Hémon, who had come to Canada from France in 1911. Published in Montreal in 1916 and in Paris in 1922, it told the story of a people eking out a primitive living in the wilderness. The first major generation of French Canadian novelists appeared in the 1940s. Gabrielle Roy's *Bonheur d'occasion* (1945) marked the emancipation of the novel, henceforth free of the limited traditional themes of the past and able to concentrate on an objective depiction of modern life (see Chapter 2, pp. 18–21). As the French Canadian novel continues to grow, it is reflecting more and more the moral crises of an increasingly pluralistic society and is thus proving its own viability independent of the novel in France. Today in French Canada the novel and poetry constitute the most vital forms, while the theater, which came into its own only after 1945, is gaining an ever wider audience.

One of the most prominent of contemporary French Canadian playwrights is Michel Tremblay, who was born in 1942 in a working-class neighborhood on Montreal's east side. Even as a boy he dabbled in poetry and the theater. In 1966 he produced a collection of short stories entitled *Contes pour buveurs attardés.* Two years later in Montreal, he achieved his first important theatrical success with *Les Belles-sœurs,* a play that received subsequent high acclaim in Paris. From that point on, he continued to create original works on a regular basis, while occasionally adapting the works of other writers such as Aristophanes, Tennessee Williams, and Paul Zindel. Perhaps his best-known play, after *Les Belles-sœurs,* is *À toi, pour toujours, ta Marie-Lou* (1971).

Michel Tremblay's theater focuses sharply on the working-class neighborhoods of Montreal that he knows so well. It depicts the helplessness and frustration weighing heavily upon the people, nearly breaking their spirit as they find themselves unable even to communicate their plight effectively. The playwright assumes this task for them, aided in great part by the common, coarse quality of the everyday vernacular. Tremblay has in fact become a very controversial writer because of the language of his characters. In seeking to assure their linguistic authenticity, he has them speak the French Canadian dialect known as «le joual» rather than conventional French. This technique lends a particular poignancy to their expression, but at the same time tends to alienate an audience or critics who might approach the works with conditioned, standard expectations.

The following selection, in conventional French, is one of the short stories in the collection *Contes pour buveurs attardés*. It illustrates the extent to which French Canadian literature has embraced universal themes and gained a broad appeal by dealing with recurring human problems.

Le diable° et le champignon° I

C'était un grand diable de diable. Comme tous les diables, il avait une queue.° Une drôle de queue. Une queue de diable, toute longue, et qui traînait° par terre. Et qui se terminait en pointe de flèche.° Bref, c'était un grand diable de diable avec une queue.

5 Il marchait sur la route et toutes les filles qu'il rencontrait s'enfuyaient° en tenant leurs jupes.° Lorsqu'elles étaient rendues chez elles, elles criaient : «J'ai vu le diable! Le diable est là, je l'ai vu! C'est vrai, je vous le dis!»

Et le diable continuait sa route. Les regardait s'enfuir en souriant.

Il arriva à une auberge.° «À boire!» cria le diable. On lui servit à boire. 10 L'aubergiste avait peur. «Tu as peur du diable?» demanda le diable. «Oui»,

le diable *devil* / **le champignon** *mushroom* / **la queue** *tail* / **traîner** *to drag* / **la pointe de flèche** *arrowhead* / **s'enfuir** *to run away* / **la jupe** *skirt* / **une auberge** *inn*

répondit timidement l'aubergiste et le diable rit. «Ton vin est bon, aubergiste, je reviendrai! »L'aubergiste baissa la tête en s'essuyant° les mains sur
son tablier° d'aubergiste. Blanc. Mais sale.° Avec dessus° des traces de sauces,
de viandes, de légumes qu'on vient d'arracher° de terre, de charbon° aussi
15 parce qu'il faut bien allumer les fourneaux,° le matin. «Pour une fois, pensait
l'aubergiste, j'eusse préféré° que mon vin fût moins bon!» Et le diable qui
lisait dans les pensées comme tous les diables rit plus fort et même se tapa°
sur les cuisses.°

Mais quelqu'un était entré dans l'auberge et le diable se tut.° C'était un
20 garçon. Un garçon jeune avec une figure° belle. «D'où vient ce roulement
de tambour° que j'entends?» demanda le diable. «Je ne sais pas, répondit le
garçon. Ce roulement de tambour m'accompagne partout depuis que je suis
né sans que je sache d'où il vient. C'est toujours comme ça. Il est toujours
avec moi.» Le diable s'approcha du garçon et s'assit à côté de lui sur un
25 banc.° «Tu es soldat?» demanda le diable. Et à l'instant même le tambour
s'arrêta. «Soldat? Qu'est-ce que c'est?» demanda à son tour le garçon.
«Comment, s'écria le diable, tu ne sais pas ce que c'est qu'un soldat? Aubergiste, voilà un garçon qui ne sait pas ce que c'est qu'un soldat!» L'aubergiste,
qui était retourné à sa cuisine, revint dans la salle et dit : «Moi non plus je
30 ne sais pas ce que c'est qu'un soldat.

—Mais voyons,° cria le diable, voyons, voyons! Un soldat, c'est quelqu'un
qui fait la guerre!

—La guerre? dit le garçon. Qu'est-ce que c'est?

—Tu ne sais pas ce que c'est que la guerre? demanda le diable.

35 —Non. C'est là un mot que je ne connais pas, répondit le garçon.

—C'est un mot tout nouveau pour nous», ajouta° l'aubergiste.

Alors le diable en furie hurla° en se tenant la tête à deux mains : «Aurais-
je oublié° d'inventer la guerre?»

Sur la route, près de l'auberge, une petite fille chantait :

40   Une femme a ouvert la porte.
                    Le diable a crié : «Mourez»
                    La femme à l'instant est morte
                    Et dans les enfers° est allée.

—Je veux un morceau de charbon, cria le diable. L'aubergiste lui en ap-
45 porta un. «Il n'est pas assez gros. Il me faut un gros morceau de charbon. Il
me faut le plus gros morceau de charbon!» L'aubergiste lui donna alors le
plus gros morceau de charbon qu'il possédait. «Il n'est pas encore assez

---

essuyer *to wipe* / **le tablier** *apron* / **sale** *dirty* / **dessus** *on it* / **arracher** *to pull up* / **le charbon** *coal* / **le fourneau** *stove* / **j'eusse préféré** = *j'aurais préféré* / **taper** *to slap* / **la cuisse** *thigh* / **se tut** = *se taire (passé simple)* / **la figure** = *le visage* / **le roulement de tambour** *drum roll* / **le banc** *bench* / **Mais voyons!** *Come now!* / **ajouter** *to add* / **hurler** *to howl, to scream* / **aurais-je oublié** *could I have forgotten* / **l'enfer** (m) *hell*

gros!» dit le diable. L'aubergiste répondit : «Il n'y en a pas de plus gros. C'est lui, le plus gros. Le plus gros que j'ai.

50 —C'est bon, fit le diable,° contrarié,° puisque c'est le plus gros que tu as... »

Alors le diable monta sur la table et fit ce discours : «Vous qui ignorez° ce que c'est que la guerre, ouvrez bien grandes vos oreilles!» La salle de l'auberge était pleine à craquer.° Même que° l'aubergiste s'était vu obligé de faire 55 asseoir des gens au plafond.° «Regardez sur ce mur, continua le diable. Avec ce mauvais morceau de charbon, je vais vous montrer ce que c'est que la guerre!» Se précipitant alors sur le mur, le diable se mit à dessiner farouchement.° Le dessin qu'il fit était le dessin d'un champignon. Un immense champignon qui emplissait° le mur de l'auberge. Quand il eut fini, le diable 60 revint d'un bond sur la table et déclara : «Voilà. Je vous ai dessiné une guerre. Une petite guerre, mon morceau de charbon étant trop petit pour que je puisse vous en dessiner une grosse, une vraie.» Tout le monde disparut en applaudissant et il ne resta plus dans l'auberge que le diable, le garçon et l'aubergiste. «Mais c'est un champignon! dit le garçon en riant. Un 65 vulgaire° champignon! Et un soldat, c'est quelqu'un qui cultive les champignons?

—Tu ne comprends rien, dit le diable en faisant tourner sa queue, rien de rien.° Ce champignon-là n'est pas un champignon ordinaire! Tu sais ce que c'est qu'un fusil°?

70 —Oui, répondit le garçon.

—Ah! voilà au moins une chose que je n'ai pas oublié d'inventer, c'est déjà ça. Tu as un fusil?

—Oui.

—Va me le chercher tout de suite. La guerre ne peut attendre. Elle a assez 75 tardé°!»

Le garçon s'en fut° chercher son fusil cependant que le diable buvait une autre bouteille de vin (c'était un diable un peu ivrogne°).

L'aubergiste regardait le champignon qui était sur le mur et se grattait la tête° en pensant : «Quand même,° un si gros champignon... quelle écono-80 mie!» Et il retourna à sa cuisine.

Le diable, lui, n'était pas content. «Imbécile, se disait-il, espèce d'imbécile,° de triple buse,° de stupide, d'abruti° que je suis! Voilà pourquoi nos affaires allaient si mal! J'avais oublié d'inventer la guerre! Ah! mais ils ne perdent rien pour attendre! Je vais leur en tripoter une sucrée, de guerre!° Une vraie

---

fit le diable = dit le diable / **contrarié** = vexé / **ignorer** = ne pas savoir / **plein à craquer** = complètement plein / **Même que** = Si (pleine) que / **le plafond** *ceiling* / **farouchement** = avec violence / **emplir** *to fill* / **vulgaire** = ordinaire / **rien de rien** *nothing whatever* / **le fusil** *gun, rifle* / **tarder** *to delay* / **s'en fut** = s'en alla / **ivrogne** *drunkard* / **se gratter la tête** *to scratch one's head* / **Quand même** *Nevertheless* / **espèce d'imbécile** = quel imbécile! / **la buse** *blockhead* / **abruti** = stupide / **Je vais leur en tripoter une sucrée, de guerre!** *I'll cook them up one beauty of a war!*

85 de vraie! Ah! ils ne savent pas ce que c'est que la guerre! Foi de diable,° ils
ne seront pas longs à l'apprendre! Il va leur péter à la figure° la plus belle
petite... »

INTELLIGENCE DU TEXTE

1. Quel portrait du diable l'auteur nous trace-t-il dans les deux premiers paragraphes?
2. Racontez l'incident où le diable rit de l'aubergiste et se tape les cuisses.
3. Qu'est-ce qui accompagne le jeune garçon depuis sa naissance et qu'est-ce qui fait disparaître cet élément? Quelle est, d'après vous, l'importance de ce détail?
4. Quelles sont les deux notions que le garçon et l'aubergiste ignorent?
5. Racontez comment le diable explique aux gens ce qu'est la guerre. Quelle est leur réaction?
6. Qu'est-ce que le diable demande au garçon d'aller chercher?
7. À qui parle le diable en l'absence du garçon? Que dit-il? Qu'est-ce qu'il promet de faire?

Le diable et le champignon II

Déjà, le garçon était de retour° avec son fusil. Quand le diable vit le fusil du
garçon, sa colère° redoubla. Comment, c'était là un fusil? On le prenait pour
un idiot, ou quoi? Tout rouillé°! Tout crotté°! Même qu'il y manquait° des
morceaux! Le diable s'empara du° fusil et le tordit.° Le garçon ouvrit grand
5 les yeux et dit : «Oh!»
   Le diable s'approcha du foyer,° prit le tisonnier° et en soufflant° dessus en
fit le plus beau fusil qu'on avait jamais vu. Le garçon dit au diable : «Je peux
le toucher?
   —Mais comment donc,° répondit le diable. Il est à toi. Je te le donne!» Le
10 garçon le remercia. «Ne me remercie pas, cela me déçoit° toujours!»
   Le garçon serrait° le fusil contre lui, et l'embrassait. Il se mit à danser en
le tenant dans ses bras comme s'il se fût agi d'une femme.° «Tu l'aimes bien,
le fusil, hein?» fit le diable. «Oh! oui», répondit le garçon en dansant. Le
diable l'arrêta d'un geste et le fit reculer° jusqu'au banc. «Comment appelle-
15 t-on le pays voisin? Le pays qui touche au tien?» demanda-t-il au garçon. Ce

---

Foi de diable *By the devil!* / **leur péter à la figure** *to explode in their face* / **être de retour** *to be back* / **la colère** *anger* / **rouillé** *rusty* / **crotté** = *sale* / **Même qu'il y manquait** = Il y manquait même / **s'emparer de** = saisir / **tordre** *to wring, to twist* / **le foyer** *fireplace* / **le tisonnier** *poker* / **souffler** *to blow* / **comment donc** = bien sûr / **décevoir** = désappointer / **serrer** = presser / **comme s'il se fût agi d'une femme** = comme si c'était une femme / **reculer** *to move back*

dernier parut° fort° surpris. «Le pays voisin? Mais il n'y a pas de pays voisin! Il n'y a qu'un pays, le monde. Le monde est un pays. Le mien.» Le diable flanqua deux gifles au garçon° qui tourna deux fois sur lui-même.

—A-t-on déjà vu gens aussi ignorants! rugit° le diable. Le monde, un
20 pays? Mais vous êtes tous fous! Voyons... pour faire une guerre, il faut au moins deux pays. Disons que le village qui se trouve de l'autre côté de la rivière est un autre pays. Un pays ennemi. Surtout, ne me dis pas que tu ignores ce que signifie le mot ennemi ou je te flanque deux autres claques°! Tu hais° les gens de l'autre village... tu les hais de tout ton cœur, tu entends?
25 —Mais ma fiancée...

—Et ta fiancée aussi! Elle, plus que les autres! Tu les hais tous et tu veux les tuer!»

Le garçon bondit° sur ses pieds. «Avec mon fusil? cria-t-il. Mais c'est impossible! Nous ne nous servons de° nos fusils que pour tuer les oiseaux ou
30 les animaux...

—Tu veux les tuer avec ton fusil parce que c'est comme ça que doit commencer la première guerre! Tu seras le premier soldat!

—Il faut donc tuer des gens pour faire la guerre? dit le garçon en regardant le champignon.
35 —Oui, c'est ça. Faire la guerre, c'est tuer des gens. Des tas° de gens! Tu verras comme c'est amusant!

—Et le champignon? demanda le garçon.

—Le champignon? Il viendra plus tard. Beaucoup plus tard. Tu seras peut-être mort, alors.
40 —Tué?

—Probablement.

—Dans la guerre?

—Oui.

—Alors, je ne veux pas être soldat. Ni faire la guerre.»
45 Le diable monta sur la table et poussa un terrible hurlement° de diable. «Tu feras ce que je te dirai de faire!» cria-t-il ensuite au garçon.

L'aubergiste sortit de sa cuisine. Il tirait° derrière lui un immense chaudron.° «Je voudrais que vous me disiez où je pourrais trouver un champignon aussi gros que celui-là qui est sur le mur» dit-il en montrant le cham-
50 pignon. «Retourne à ta cuisine, homme ignorant! hurla le diable. Ce n'est pas toi qui mangeras ce champignon, c'est lui qui te dévorera!»

Le diable descendit de la table, prit le garçon par les épaules,° le fit asseoir et lui dit : «Tu es un homme, je suppose que tu aimes te battre°... Non, ne m'interromps pas, j'ai compris. Tu ne t'es jamais battu, n'est-ce pas? Si je ne
55 l'étais pas déjà, tu me ferais sûrement damner... Écoute... Tu n'aimerais pas voir surgir° devant toi quelqu'un qui t'est antipathique depuis toujours...

---

parut = paraître (passé simple) / **fort** = très / **flanqua deux gifles au garçon** *boxed the boy's ears twice* / **rugir** *to roar* / **la claque** *slap* / **haïr** = détester / **bondir** *to spring* / **se servir de** = employer / **des tas** = une quantité, une multitude / **le hurlement** *shriek* / **tirer** *to pull* / **le chaudron** *cauldron, kettle* / **l'épaule** (f) *shoulder* / **se battre** *to fight* / **surgir** *to rise up, to appear*

Il doit bien y avoir° quelqu'un que tu n'aimes pas particulièrement... quelqu'un que tu pourrais haïr franchement° et avec qui tu pourrais te battre... Il ne t'est jamais arrivé° de sentir le besoin de haïr? Le besoin de te battre?»

60 Le garçon répondit tout bas° : «Oui, j'ai déjà ressenti° ce besoin et j'aimerais me battre avec...

—Oui, qui? cria le diable.

—Le frère de ma fiancée qui s'oppose à notre mariage.

La porte de l'auberge s'ouvrit aussitôt et le frère de la fiancée parut. «Vas-
65 y,° souffla° le diable à l'oreille du garçon, profite de l'occasion°! Personne ne vous verra ni ne vous entendra. Provoque-le... dis-lui des choses désagréables... la bataille viendra toute seule.»

Le garçon se leva, s'approcha du frère de sa fiancée et lui dit quelque chose à l'oreille. Le frère sursauta° et regarda le garçon avec de grands yeux
70 interrogateurs. Alors le garçon lui cracha° à la figure. Les deux hommes sortirent de l'auberge pendant que le diable s'installait à la fenêtre.

Au bout de deux minutes à peine, le garçon rentra dans l'auberge. Il était couvert de poussière° et ses vêtements étaient éclaboussés de sang.° Il avait une lueur° au fond des yeux° et il souriait. «Je l'ai tué, cria-t-il, je l'ai tué et
75 j'ai joui de° le voir mourir!»

Une fanfare° envahit° la cour° de l'auberge. Une fanfare de diables qui jouait des airs que les soldats aiment.

—Suivons la fanfare, dit le diable au garçon. Allons au village voisin apprendre° aux paysans que tu as tué leur fils... Ils sortiront leurs fusils... vou-
80 dront t'attaquer... les tiens viendront te défendre... Allons-y,° soldat, la guerre nous attend!

La fanfare, le diable et le soldat partirent dans la direction du village d'à côté. Et la fanfare jouait de beaux airs, et le diable dansait, et le garçon riait...

Alors le soldat se multiplia : deux soldats, puis quatre soldats, puis huit, puis
85 seize, puis trente-deux, puis soixante-quatre, puis cent vingt-huit, puis deux cent cinquante-six, puis cinq cent douze, puis mille vingt-quatre, puis deux mille quarante-huit, puis quatre mille quatre-vingt-seize... Il y eut des injures,° des insultes, puis des coups,° puis des coups de fusil : on courait, on se cachait,° on attaquait, on se défendait, on se tuait, on tombait, on se rele-
90 vait, on retombait... Arrivèrent les fusils; toutes sortes de fusils, des petits, des moyens,° des gros, des moins petits et des plus gros, des plus petits et des moins gros; puis des canons, des mitraillettes,° des avions munis°

---

il doit bien y avoir *there must indeed be* / **franchement** = sans hésitation / **arriver** *to happen* / **tout bas** *in a low voice* / **ressentir** *to feel* / **Vas-y** *Go ahead* / **souffler** *to whisper* / **profite de l'occasion** *make the most of the opportunity* / **sursauter** *to start up* / **cracher** *to spit* / **la poussière** *dust* / **éclaboussé de sang** *spattered with blood* / **la lueur** *glimmer, gleam* / **au fond des yeux** *deep in his eyes* / **jouir de** = prendre plaisir à / **la fanfare** *band* / **envahir** *to invade* / **la cour** *yard* / **apprendre** = informer / **Allons-y** *Let's go* / **l'injure** (f) *insult* / **le coup** *blow* (coup de fusil = *shot*) / **se cacher** *to hide* / **moyen** *medium, average* / **la mitraillette** *submachine gun* / **muni** *equipped*

d'armes, des navires° munis d'armes, des autos, des trains, des tracteurs, des
autobus, des voitures de pompier,° des bicyclettes, des trottinettes,° des voi-
95 tures de bébés munis d'armes... La lutte° augmentait toujours, toujours, sans
jamais s'arrêter. Cela durait,° et durait, et durait, et durait...

Puis, un jour où le ciel était clair, le diable fit un petit signe de la main et
le champignon parut.

Michel Tremblay, Contes pour buveurs attardés

INTELLIGENCE DU TEXTE

1. Pourquoi le diable refuse-t-il d'accepter le fusil du garçon? Qu'est-ce qu'il
    en fait?
2. Comment le diable fabrique-t-il un autre fusil? Quelle est la réaction du gar-
    çon lorsque le diable le lui donne?
3. Quelle parole du garçon met le diable en colère?
4. Comment le garçon finit-il par comprendre ce qu'est la guerre? Quelle dé-
    finition en donne-t-il?
5. Le garçon a-t-il envie d'être soldat et de faire la guerre? Racontez comment
    le diable réussit à le convaincre de tuer quelqu'un.
6. Qu'est-ce qui arrive lorsque la fanfare, le diable et le garçon devenu soldat
    se dirigent vers le village d'à côté?
7. Qu'est-ce qui se passe, finalement, un jour où le ciel est clair?

le **navire** *ship* / la **voiture de pompier** *fire engine* / la **trottinette** *scooter* / **la lutte** = la
bataille / **durer** *to last*

APPRÉCIATION DU TEXTE

1. D'après vous, quel thème est illustré dans ce petit récit? Résumez, en trois ou quatre phrases, ce dont il s'agit dans «Le Diable et le Champignon».
2. Étudiez le symbolisme du champignon. Qu'est-ce qu'il représente pour l'aubergiste? pour les autres gens dans l'auberge? et pour vous? Est-ce que ce symbolisme est évident dès le début du récit ou est-ce qu'il frappe le lecteur seulement à la fin? Citez les nombreux endroits dans le texte où l'auteur mentionne le champignon, préparant ainsi le dénouement de son histoire.
3. Quel est le ton dominant de ce récit? Est-ce que ce ton existe à travers toute l'histoire ou est-ce qu'il change au fur et à mesure *(as the tale proceeds)*? Y a-t-il de l'humour dans le texte? Si oui, citez-en quelques exemples.
4. À votre avis, pourquoi l'auteur a-t-il introduit une fanfare dans le récit? Est-ce que cette introduction vous a étonné? Pourquoi ou pourquoi pas? Quel lien y a-t-il entre la musique et la guerre?

Vocabulaire satellite

—*Lui? C'est le nouveau marchand de champignons. Il n'arrive pas à vendre sa marchandise.*

la **paix**	*peace*
la **guerre**	*war*
l' **ennemi** (m)	*enemy*
le **conflit**	*conflict*
la **bataille**	*battle*
la **victoire**	*victory*
la **défaite**	*defeat*
l' **armée** (f)	*army*
les **troupes** (f)	*troops*
le **service militaire**	*military service*
le **soldat**	*soldier*
le **militaire**	*military man, soldier*
l' **arme** (f)	*weapon*
le **fusil**	*gun, rifle*
le **pistolet**	*handgun*
le **couteau**	*knife*
le **désarmement**	*disarmament*
la **dispute**	*quarrel*
la **querelle**	*quarrel*
aimer	*to love*
détester	*to hate*
(ne pas) être d'ac-cord	*(not) to agree*
s' **entendre (avec)**	*to get along (with)*
se **disputer**	*to quarrel*
se **fâcher (contre)**	*to get angry (with)*
empêcher la guerre	*to prevent war*
insulter	*to insult*
menacer	*to threaten*

se **battre (avec)**	*to fight, to come to blows (with)*
attaquer	*to attack*
protéger	*to protect*
(se) **défendre**	*to defend (oneself)*
faire mal à	*to hurt*
blesser	*to wound*
tuer	*to kill*
faire la guerre	*to wage war*
gagner, perdre	*to win, to lose*
vaincre	*to conquer*
résoudre un pro-blème, une difficulté	*to solve a problem, to resolve a difficulty*
se **réconcilier**	*to make up, to become friends again*
vivre en paix	*to live in peace*

PRATIQUE DE LA LANGUE

1. Présentations orales :
   a. «Il n'y a pas de pays voisin. Il n'y a qu'un pays, le monde.» Est-ce vrai? Si oui, jusqu'à quel point? Si non, pourquoi pas?
   b. La guerre est-elle une invention du diable? Expliquez.
   c. Racontez un incident où vous vous êtes disputé(e) avec quelqu'un. Dites comment vous et l'autre personne êtes entré(e)s en conflit et comment vous l'avez résolu.
2. À débattre :
   a. Le seul moyen d'empêcher la guerre, c'est d'être bien préparé à se défendre. Il faut donc augmenter les armements.
   b. Chacun devrait avoir chez soi une arme quelconque pour défendre sa maison et sa famille.
   c. Tout le monde, y compris *(including)* les femmes, devrait faire son service militaire.
3. Écrivez et présentez un dialogue (amusant? sérieux? étrange?) entre vous et le diable.

Un Africain : Francis Bebey

Africa is a land of many languages. There are said to be over four hundred different local vernaculars in use today, the vast majority of which are primarily oral. One can speak legitimately of an oral literature transmitted by troubadour[L]-historians called *griots*. A *griot* sings, tells stories, hands on myths and legends, and generally preserves historical and literary oral traditions. He serves as a chronicler and genealogist and plays a prominent artistic and cultural role in community events. The *griot* commands the respect of everyone and, in West Africa, is commissioned by governments to teach and conserve the artistic heritage of the people.

Francis Bebey is an author who belongs to the great tradition of African story-tellers. Born in the west central African country of Cameroon in 1929, he received his formal training first in his native country and then in France, majoring in musicology. He quickly became interested in journalism and began a career as a radio journalist and program producer in Africa. In 1961 he joined UNESCO in Paris as a specialist in charge of music development. Subsequently he wrote two works on traditional African music, excellent introductions to the subject.

His first novel, *Le Fils d'Agatha Moudio*, published in 1967, so charmed readers with its combination of humor and narrative interest that it won the Grand Prix Littéraire de l'Afrique Noire. Bebey has since written poetry, fiction, and music and has given guitar recitals in Africa, Europe, and the United

States. His great interest in communication has led him to investigate many forms of artistic expression.

The following excerpt from *Le Fils d'Agatha Moudio* describes a meeting of the village elders at the home of the tribal chief, Mbaka. They have come together to choose a wife for the young Mbenda, whose father has died. The selection process brings to light the conflict between hallowed tribal customs and the ways of other cultures, the dichotomy between the civilizations of Africa and Europe.

Un grand conseil de mariage

Lorsque j'y arrivai, je le trouvai assis, parmi les autres. Tous les anciens étaient là : il y avait Moudiki, Bilé, Ekoko, Mpondo-les-deux-bouts, le roi Salomon, et même Eya. Avec le chef Mbaka, cela faisait sept personnes... sept anciens du village, pour me parler de mon cas. J'avoue° que leur mine° et
5   leur attitude ne laissèrent pas de° m'impressionner vivement.

Les sept visages noirs prirent leur air des grandes occasions, renforcé par la pénombre° de la pièce où se tenait° la réunion.° On me fit asseoir au milieu du groupe, et l'on me parla. Ce fut, comme il se devait,° le chef lui-même qui parla le premier.
10   —Écoute, fils, me dit-il, je dois t'annoncer tout d'abord° que l'esprit de ton père est présent ici, avec nous, en ce moment même. Sache donc que nous ne faisons rien qui aille contre sa volonté. D'ailleurs,° même s'il était encore vivant, il nous laisserait faire, car il avait confiance aux anciens, et il les respectait beaucoup...
15   Mbaka prit un temps, puis continua :
—Nous allons te marier. C'est notre devoir de te marier, comme cela a toujours été le devoir de la communauté de marier ses enfants. Mais, si, à l'exemple de certains jeunes gens d'aujourd'hui, tu crois que tu peux mener à bien,° tout seul, les affaires de ton propre mariage, nous sommes prêts à
20   te laisser les mains libres, et à ne plus nous occuper de toi dans ce domaine-là. La seule chose que nous allons te demander, c'est si tu consens à ce que ton mariage soit pris en mains° par les anciens du village, ou si, au contraire, tu estimes que c'est une affaire qui ne regarde° que toi, et dont nous aurions tort de nous occuper. Réponds-nous, fils, sans peur; réponds franchement :
25   tu es libre de choisir ton propre chemin.

Je compris : j'étais au carrefour° des temps anciens et modernes. Je devais

---

avouer *to admit* / **la mine** = l'apparence du visage / **ne pas laisser de** = ne pas manquer de / **la pénombre** *semidarkness* / **se tenir** = avoir lieu / **la réunion** *meeting* / **comme il se devait** *as was fitting* / **tout d'abord** *at the outset* / **D'ailleurs** *Besides, Moreover* / **mener à bien** *manage successfully* / **prendre en mains** = s'occuper de / **regarder** = concerner / **le carrefour** *crossroads*

choisir en toute liberté ce que je voulais faire, ou laisser faire. Liberté toute
théorique, d'ailleurs, car les anciens savaient que je ne pouvais pas choisir de
me passer d'°eux, à moins de décider ipso facto d'aller vivre ailleurs, hors de
30 ce village où tout marchait selon des règles séculaires,° malgré l'entrée d'une
autre forme de civilisation qui s'était manifestée, notamment,° par l'installa-
tion de cette borne-fontaine°¹ que vous connaissez. Et puis, comment oser°
dire à ces gens graves et décidés, que je voulais me passer d'eux? Je vous dis
qu'il y avait là, entre autres personnes, Eya, le terrible sorcier,° le mari de la
35 mère Mauvais-Regard. Dire à tout le monde présent que je refusais leur mé-
diation, c'était presque sûrement signer mon arrêt° de mort. Tout le monde,
chez nous, avait une peur terrible d'Eya, cet homme aux yeux rouges comme
des piments mûrs,° dont on disait qu'il avait déjà supprimé° un certain
nombre de personnes. Et malgré ma force qui entrait peu à peu dans la
40 légende des lutteurs° doualas,° moi aussi j'avais peur d'Eya. Il était là, il me
regardait d'un air qu'il essayait de rendre indifférent et paternel à la fois.°
Ses petits yeux brillaient au fond d'orbites profondes, en harmonie avec les

---

se passer de = vivre sans / **séculaire** = qui existe depuis des siècles / **notamment** =
particulièrement / **la borne-fontaine** *public fountain, in the shape of a marker* / **oser** *to dare* /
le sorcier *sorcerer* / **un arrêt** *warrant* / **les piments mûrs** *ripe pimentos* / **supprimer** =
exterminer / **le lutteur** *wrestler* / **douala** *The Douala are a coastal people after whom the
modern city of Douala (Bebey's birthplace) is named.* / **à la fois** = en même temps

---

¹On avait installé une fontaine dans le village du narrateur, ce qui le distinguait des villages
voisins.

joues° maigres. Il n'avait pas dû° manger beaucoup quand il était jeune. Il
était là, devant moi, véritable allégorie de la mort habillée d'un pagne° im-
45 mense, et d'une chemise de popeline° moisie.° Je n'osai pas le regarder en
face. Je pensai, dans mon for intérieur,° que de tous ces hommes groupés
autour de moi, seul le roi Salomon pouvait m'inspirer une certaine
confiance. Lui au moins, était un homme sincère. À part les moments où il
désirait vraiment inventer des histoires, ce qu'il réussissait d'ailleurs fort bien,
50 à part ces moments-là, il disait les choses qu'il pensait, avec des pointes de
sagesse dignes du nom célèbre qu'il portait. C'était, du reste,° à cause de cette
sagesse que notre village l'avait sacré° roi, bien que de toute sa vie, Salomon
n'eût connu que son métier de maçon. Je tournai les yeux vers lui, comme
pour lui demander conseil. Il secoua° affirmativement la tête, assez légère-
55 ment pour que les autres ne voient pas, assez cependant pour que je
comprenne. Oui, le roi Salomon était de l'avis° du groupe, et moi je devais
me ranger à son avis,° à leur avis à tous.

—Chef Mbaka, et vous autres, mes pères, dis-je, je ne puis vous désobéir.
Je suis l'enfant de ce village-ci, et je suivrai la tradition jusqu'au bout. Je vous
60 déclare que je laisse à votre expérience et à votre sagesse le soin° de me
guider dans la vie, jusqu'au jour lointain° où moi-même je serai appelé à
guider d'autres enfants de chez nous.

Chacun des hommes manifesta sa satisfaction à sa manière, qui° tousso-
tant,° qui souriant, qui reprenant un peu de poudre de tabac à priser.°
65 —C'est bien, fils, dit le chef Mbaka. Voilà la réponse que nous attendions
de notre fils le plus digne, et nous te remercions de la confiance que tu nous
accordes, de ton plein gré.° Maintenant, tu vas tout savoir : dès° demain,
nous irons «frapper à la porte» de Tanga, pour sa fille Fanny... Esprit, toi
qui nous vois et qui nous écoutes, entends-tu ce que je dis? Je répète que
70 nous irons demain frapper à la porte de Tanga, pour lui demander la main
de sa fille pour notre fils La Loi,° comme tu l'as ordonné toi-même avant de
nous quitter. Si tu n'es pas d'accord avec nous, manifeste-toi d'une manière
ou d'une autre, et nous modifierons aussitôt nos plans...

Il parla ainsi à l'esprit de mon père, qui était présent dans cette pièce, et
75 nous attendîmes une manifestation éventuelle,° pendant quelques secondes.
Elle ne vint° point; rien ne bougea° dans la pièce, ni le battant° de la porte,
ni l'unique fenêtre avare° de lumière, et qui s'ouvrait par une petite natte°

---

la joue *cheek* / Il n'avait pas dû *He musn't have* / le pagne *loincloth* / la popeline *poplin
(cloth)* / moisi *musty, moldy* / dans mon for intérieur = au fond de moi-même / du
reste = d'ailleurs / sacrer *to crown* / secouer *to shake* / l'avis (m) = l'opinion /
se ranger à l'avis de quelqu'un = se déclarer de son avis / le soin *care* / lointain =
distant / qui... qui *the one . . . the other* / toussoter *to cough mildly* / le tabac à priser
snuff / de ton plein gré *of your own free will* / dès *from, starting* / La Loi = traduction en
français du nom du narrateur (Mbenda) / éventuel = possible / vint = venir (passé
simple) / bouger = faire un mouvement / le battant *leaf* / avare *sparing* / la natte *mat*

rectangulaire de raphia tressé°; nous n'entendîmes rien, même pas de pas°
sur le sol° frais de terre battue.° Rien : mon père nous donnait carte
80 blanche.°

Francis Bebey, Le Fils d'Agatha Moudio

INTELLIGENCE DU TEXTE

1. Quelle est l'attitude de Mbenda lorsqu'il entre chez le chef Mbaka? Qu'est-ce qui provoque cette attitude?
2. Pourquoi les anciens se sont-ils réunis en conseil?
3. Quelle question pose-t-on au jeune homme?
4. Comprend-il l'importance de cette question? Expliquez.
5. Quelles seront les conséquences s'il décide de se passer des anciens?
6. Lequel des anciens craint-il surtout? Pourquoi?
7. Lequel lui inspire confiance? Pourquoi?
8. Quel est l'avis du roi Salomon? Comment fait-il connaître cet avis?
9. Quelle décision annonce le jeune homme? Comment les anciens montrent-ils leur satisfaction?
10. À qui demande-t-on un dernier avis? Comment cet avis se fait-il connaître?

APPRÉCIATION DU TEXTE

1. Résumez, à votre manière, le conflit principal dans ce texte. S'agit-il du fossé entre les générations? S'agit-il d'un autre conflit?
2. Le narrateur dit qu'il est au carrefour des temps anciens et modernes. Quels sont les éléments dans le texte qui représentent ces deux époques?
3. Ce récit est à la première personne, ce qui permet au lecteur de mieux connaître la pensée du narrateur. Retracez la manière de penser de celui-ci. Quels sont les arguments qu'il considère avant de prendre sa décision? Est-ce que tous les arguments sont d'ordre intellectuel? Expliquez.

Vocabulaire satellite

le **mariage**	*marriage, wedding*
la **noce**	*wedding*
le **célibat**	*celibacy*
le **mari**	*husband*
la **femme**	*wife*
l' **époux** ⎫ l' **épouse** ⎭	*spouse*

le raphia tressé *braided raffia (a type of palm)* / **le pas** *step* / **le sol** *ground, soil* / **battu** *beaten* / **donner carte blanche à quelqu'un** = laisser quelqu'un libre de choisir

le, la célibataire	single person
le vieux garçon	older bachelor
la vieille fille	old maid
les fiançailles (f)	engagement
le fiancé	fiancé
la fiancée	fiancée
le mariage civil	civil ceremony
le mariage religieux	religious ceremony
la lune de miel	honeymoon
le divorce	divorce
le veuf	widower
la veuve	widow
la noce d'argent, d'or	silver, golden wedding anniversary
les goûts (intérêts) communs	tastes (interests) in common
les valeurs (morales, sociales, esthétiques)	(moral, social, aesthetic) values
l' argent (m)	money
la beauté physique	physical beauty
marié,e	married
divorcé,e	divorced

—*Je te présente ma fille, ta fiancée.*

se fiancer	to become engaged
se marier (avec)	to get married, to marry
épouser	to marry
se séparer (de)	to separate
être séparé(e) de	to be separated from
divorcer (d'avec)	to get a divorce, to divorce

PRATIQUE DE LA LANGUE

1. Préparez un colloque sur le mariage. Parmi les participants il y aura :
   a. un partisan de la monogamie
   b. un partisan de la bigamie
   c. un partisan de la polygamie
   d. un partisan du célibat
   e. un partisan de l'union libre
   Les autres membres de la classe donneront leur opinion personnelle après avoir entendu les arguments des conférenciers.
2. Préparez un dialogue entre un parent traditionaliste qui croit en la sagesse de l'âge adulte et son enfant qui tient à vivre sa vie à sa manière, quitte à *(at the risk of)* répéter les mêmes erreurs que ses parents.
3. Présentations orales :
   a. Les parents ont-ils le droit de choisir la personne que leur enfant va épouser? Pourquoi ou pourquoi pas?
   b. Quelles sont les considérations les plus importantes dans le choix d'un époux ou d'une épouse?
   c. Le mariage est-il pour la vie ou devrait-on se marier plus d'une fois?
   d. Citez des exemples de bons mariages. Qu'est-ce qui en fait le succès?

SUJETS DE DISCUSSION OU DE COMPOSITION

1. Le mariage ne regarde que les deux époux, qui sont libres de vivre comme ils le veulent. Êtes-vous d'accord ou non? Pourquoi?
2. Le mariage doit-il être basé sur l'amour? Si oui, pourquoi? Si non, sur quoi doit-il être basé?
3. Y a-t-il un âge idéal pour se marier?
4. La guerre est inévitable; elle existe depuis que l'homme est sur la terre et elle continuera d'exister tant qu'il y aura des hommes. Êtes-vous d'accord ou non? Pourquoi?
5. Est-ce que le pacifisme est une attitude raisonnable? Comment pourrait-on se défendre si tout le monde était pacifiste?
6. Vrai ou faux : Pour supprimer la guerre pour toujours, on n'a qu'à détruire *(destroy)* toutes les armés du monde.

Vie culturelle

La communication

Charles Baudelaire

Communications have been refined to an unprecedented degree in this twentieth century. The invention of the telephone has allowed people to communicate directly and simultaneously, no matter how widely separated. The airplane not only carries people rapidly to a remote destination, but permits the exchange of written correspondence over vast distances within a matter of days. On a broader basis, the general communication of information has been amazingly enhanced first by radio and then by television, which can bring to immediate universal attention happenings on the other side of the world and even in outer space. The globe has shrunk considerably, which tends to diminish the strangeness of foreign cultures and thus promote—potentially, at least—a better understanding among all peoples.

Although our access to factual information is increasing daily, communication—or the lack of it—continues to affect the relationships of individuals. People are the same yet different in their abilities, perceptions, and emotional outlook. The inability of two human beings to adequately convey their innermost thoughts to each other is still the greatest cause of breakdowns in personal relationships. This difficulty of communication is keenly illustrated in the following selection from Baudelaire's *Petits Poèmes en prose* (1869).[1]

[1]See Chapter 4, pp. 60–61, for a general introduction to the works of Baudelaire.

Les yeux des pauvres

Ah! vous voulez savoir pourquoi je vous hais° aujourd'hui. Il vous sera sans
doute moins facile de le comprendre qu'à moi de vous l'expliquer; car vous
êtes, je crois, le plus bel exemple d'imperméabilité° féminine qui se puisse
rencontrer.

5   Nous avions passé ensemble une longue journée, qui m'avait paru courte.
Nous nous étions bien promis que toutes nos pensées nous seraient
communes à l'un et à l'autre, et que nos deux âmes désormais° n'en feraient
plus qu'une;—un rêve qui n'a rien d'original, après tout, si ce n'est que,° rêvé
par tous les hommes, il n'a été réalisé par aucun.

10   Le soir, un peu fatiguée, vous voulûtes° vous asseoir devant un café neuf
qui formait le coin d'un boulevard neuf, encore tout plein de gravois° et
montrant déjà glorieusement ses splendeurs inachevées.° Le café étince-
lait°....

Droit devant nous, sur la chaussée,° était planté un brave homme° d'une
15 quarantaine d'années, au visage fatigué, à la barbe grisonnante,° tenant
d'une main un petit garçon et portant sur l'autre bras un petit être trop
faible pour marcher. Il remplissait l'office° de bonne° et faisait prendre à ses

haïr = détester   /   l'imperméabilité (f) *impermeability, insensitivity*   /   désormais *henceforth*   /
si ce n'est que *except for the fact that*   /   voulûtes = vouloir (passé simple)   /   les gravois (m)
plaster   /   inachevé = non terminé   /   étinceler *to sparkle*   /   la chaussée *pavement*   /   un
brave homme = un homme bon et sympathique   /   grisonnant = qui devient gris   /
remplir l'office = jouer le rôle   /   la bonne *nursemaid*

enfants l'air du soir. Tous en guenilles.° Ces trois visages étaient extraordi-
nairement sérieux, et ces six yeux contemplaient fixement le café nouveau
20 avec une admiration égale, mais nuancée° diversement par l'âge.

Les yeux du père disaient : «Que c'est beau! que c'est beau! on dirait que
tout l'or du pauvre monde° est venu se porter sur ces murs.»—Les yeux du
petit garçon : «Que c'est beau! que c'est beau! mais c'est une maison où
peuvent seuls entrer les gens qui ne sont pas comme nous.»—Quant aux°
25 yeux du plus petit, ils étaient trop fascinés pour exprimer autre chose qu'une
joie stupide° et profonde.

Les chansonniers° disent que le plaisir rend l'âme bonne et amollit° le
cœur. La chanson avait raison ce soir-là, relativement à moi. Non seulement
j'étais attendri° par cette famille d'yeux, mais je me sentais un peu honteux
30 de nos verres et de nos carafes, plus grands que notre soif. Je tournais mes
regards vers les vôtres, cher amour, pour y lire ma pensée; je plongeais dans
vos yeux si beaux et si bizarrement doux, dans vos yeux verts, habités par le
Caprice et inspirés par la Lune, quand vous me dîtes : «Ces gens-là me sont
insupportables avec leurs yeux ouverts comme des portes cochères°! Ne
35 pourriez-vous pas prier le maître du café de les éloigner° d'ici?»

Tant il est difficile de s'entendre, mon cher ange, et tant la pensée est
incommunicable, même entre gens qui s'aiment!

Charles Baudelaire, Petits Poèmes en prose

INTELLIGENCE DU TEXTE

1. Le narrateur déteste son amie aujourd'hui; pourquoi celle-ci aura-t-elle de
   la peine à comprendre cette haine?
2. Quelle sorte de journée avaient-ils passée ensemble? Comment expliquez-
   vous que la journée avait paru courte au narrateur?
3. Quel rêve avaient-ils promis de partager? Ce rêve est-il original?
4. Décrivez ce qu'ils ont vu devant eux sur la chaussée. Qu'est-ce que ces trois
   personnes faisaient là? Quelle est votre impression de ces trois personnes?
5. Racontez la réaction du père et celle des deux enfants devant le café neuf.
   Réagissent-ils tous trois de la même façon? Si non, interprétez leurs différentes réactions.
6. Racontez la réaction du narrateur devant les trois personnes. Quel est ce
   plaisir dont il parle?
7. Pourquoi se tourne-t-il vers son amie? Quelle est la réaction de celle-ci?
8. Qu'est-ce qui explique, d'après vous, le manque de communication? Est-ce
   que la différence entre les sexes ou les classes sociales joue un rôle?
9. Racontez cette histoire à votre façon.

---

les guenilles (f) *rags* / **nuancé** = varié / **le pauvre monde** *this poor world* / **quant à** *as
for* / **stupide** = étonné / **le chansonnier** *songwriter* / **amollir** = toucher,
émouvoir / **attendri** = ému, touché / **la porte cochère** *carriage entrance* / **éloigner** =
envoyer loin

APPRÉCIATION DU TEXTE

1. Étudiez le rôle des yeux comme moyen de communication dans ce texte. Que voit-on dans les yeux de chacun des cinq personnages? Que veut dire le narrateur quand il dit que les yeux de sa bien-aimée sont «habités par le Caprice et inspirés par la Lune»? Par quoi le narrateur est-il attendri? L'amie du narrateur trouve-t-elle que les yeux des trois personnes sont grands? Quel autre élément du texte est «grand»—même trop grand—selon le narrateur?

2. Dans la description des trois membres de la famille (4ème paragraphe), quels sont les mots qui nous les rendent sympathiques? Pourquoi le narrateur dit-il que l'homme était «planté» sur la chaussée? Expliquez l'ironie du mot *bonne*.

3. Dans la première phrase du texte, le narrateur emploie le verbe *hair* tandis que le dernier mot du texte est le verbe *aimer*. Quels sont en fin de compte *(in the end)* les rapports entre le narrateur et son amie?

Vocabulaire satellite

la **pensée**	*thought*
le **sentiment**	*feeling*
le **tempérament**	*temperament*
le **caractère**	*character*
la **personnalité**	*personality*
l' **état d'esprit** (m)	*state of mind*
compréhensif, -ive	*understanding, sympathetic*
incompréhensif, -ive	*unsympathetic*
introverti,e	*introvert*
extraverti,e (extro- **verti,e)**	*extrovert*
communicatif, -ive	*communicative*
expansif, -ive	*expansive*
ouvert,e	*open*
renfermé,e; taci- turne	*closed, taciturn*

communiquer	*to communicate, to impart*
éprouver	*to feel, to experience*
exprimer	*to express*
être de bonne (mauvaise) humeur	*to be in a good (bad) mood*
avoir le cafard	*to feel blue*

PRATIQUE DE LA LANGUE

1. Est-il important de communiquer ses pensées et ses sentiments à une autre personne? Ou vaut-il mieux les garder pour soi-même? Expliquez votre réponse.

2. De quelle façon communiquez-vous le plus efficacement : face à face, au téléphone, par correspondance, etc.? Expliquez vos préférences.

3. «Si vous aimez quelqu'un, dites-le-lui!» Est-ce que tous les sentiments qu'on éprouve sont bons à exprimer? Si oui, de quelle manière doit-on exprimer un sentiment hostile?

4. Décrivez votre tempérament. Êtes-vous d'humeur égale? Êtes-vous généra-
   lement de bonne ou de mauvaise humeur? Avez-vous souvent le cafard?
   Que faites-vous lorsque vous êtes déprimé(e)?
5. Créez et présentez un dialogue montrant la communication ou le manque
   de communication entre:
   a. une jeune fille et son petit ami
   b. deux jeunes mariés
   c. un(e) étudiant(e) et un professeur
   d. deux camarades de chambre
   e. des parents (compréhensifs? incompréhensifs?) et leur enfant (sage?
      désobéissant?)
   f. n'importe quels autres personnages
6. Si vous étiez le poète, quelle serait votre réponse aux dernières paroles de
   la dame dans le poème de Baudelaire («Ces gens-là me sont insupportables... »)?

Eugène Ionesco : le théâtre de l'absurde

The difficulty of meaningful communication is illustrated nowhere better than
in the twentieth-century phenomenon known as the theater of the absurd, and
particularly in the plays of Eugène Ionesco.

The theater of the absurd is the work of an avant-garde group of
playwrights who came into prominence in the 1950s. They did not constitute a
formal, unified school; they shared no common goals. Writers like Eugène
Ionesco, Samuel Beckett, Jean Genet, and Arthur Adamov were all
preoccupied, however, with fundamental human problems and were struck by
the absurdity of our condition. In their view contemporary life made no sense,
was devoid of meaning, could not be examined rationally. The basic
assumptions and eternal truths of previous generations no longer related to
man's unique plight and thus offered nothing by way of explanation and
solace. Nor did this new generation of authors propose any solutions of their
own. Their plays contained no moral, no esoteric message, but instead asked
the questions and formulated the problems as they alone proved capable of
defining them.

The playwrights of the absurd are not terribly avant-garde with respect to
their subject matter. The human condition has served as the subject of many a
literary investigation in the past, and in its rich potential will undoubtedly
inspire many a future consideration, too. Even the notion of the absurd had
been explored by Albert Camus in his novel *L'Étranger* in 1942. The originality
of the theater of the absurd lies rather in its use of nonconventional means, in
its creation of new dramatic forms. The audience may no longer complacently

Eugène Ionesco

rely on ordinary formats, it cannot "expect" anything. It will find no traditional plot line to follow, no extensive character development to appreciate, no realistic portrayal of everyday life. The goal of the theater of the absurd is to convey the senselessness of the human condition by keeping the audience off balance, disoriented, uneasy. The spectators must never be allowed inside the play, must never be able to identify with the characters. They must be made to feel the discomfort of absurdity.

Eugène Ionesco (b. 1912), the Romanian-born immigrant who writes in French, is the first to come to mind when one thinks of playwrights of the absurd. The recognition he enjoys today did not come instantaneously. The premiere of *La Cantatrice chauve* in Paris in 1950 was less than a roaring success: the actors played to small houses, and after six weeks, the play folded. The same fate befell *La Leçon* (1950) and *Les Chaises* (1952). It was not until the mid-1950s that the public accepted Ionesco's theater. By the time *Rhinocéros* was performed in 1960, however, Ionesco had achieved an international reputation.

The following excerpt is from Ionesco's *La Cantatrice chauve,* which at first glance appears to portray a typical English middle-class family, the Smiths, spending a quiet evening in their living room. Ionesco describes the setting thus:

Intérieur bourgeois anglais, avec des fauteuils anglais. Soirée anglaise. M. Smith, Anglais, dans son fauteuil anglais et ses pantoufles[1]

[1]la pantoufle *slipper*

anglaises, fume sa pipe anglaise et lit un journal anglais, près d'un feu anglais. Il a des lunettes anglaises, une petite moustache grise, anglaise. À côté de lui, dans un autre fauteuil anglais, Mme Smith, Anglaise, raccommode² des chaussettes anglaises. Un long moment de silence anglais. La pendule³ anglaise frappe dix-sept coups anglais.

The play's whimsical tone is established from the outset as Mrs. Smith reacts to the clock's striking seventeen by saying: "Tiens, il est neuf heures." *La Cantatrice chauve* demonstrates the absurdity of an everyday life dominated by thoughtless routine. The characters don't really say anything when they speak, because they are no longer capable of genuine thought or feeling. There is no inner vitality to give meaning to their existence. This lack of personal expression, this failure to communicate, leads to an eventual identity crisis. In fact, the play ends as the power of speech disintegrates and another couple, the Martins, begin the play all over again by assuming the Smiths' role and repeating the same lines that the Smiths had uttered in the first scene.

> *M. et Mme Martin ont été invités à dîner chez les Smith. Mais ceux-ci ne sont pas prêts à les recevoir. Au moment où les Martin arrivent, les Smith sortent pour aller s'habiller.*

Les Martin

Mme et M. Martin s'assoient l'un en face de l'autre, sans se parler. Ils se sourient, avec timidité.

M. MARTIN, *le dialogue qui suit doit être dit d'une voix traînante,° monotone, un peu chantante, nullement° nuancée* Mes excuses, Madame, mais il me semble, si je ne me trompe, que je vous ai déjà rencontrée quelque part.°

MME MARTIN À moi aussi, Monsieur, il me semble que je vous ai déjà ren-
5 contré quelque part.

M. MARTIN Ne vous aurais-je pas déjà aperçue, Madame, à Manchester, par hasard?

MME MARTIN C'est très possible. Moi, je suis originaire° de la ville de Manchester! Mais je ne me souviens pas très bien, Monsieur, je ne pourrais
10 pas dire si je vous y ai aperçu ou non!

M. MARTIN Mon Dieu, comme c'est curieux! Moi aussi je suis originaire de la ville de Manchester, Madame!

---

²**raccommoder** *to darn*
³**la pendule** *clock*

traînant *droning* / **nullement** = pas du tout / **quelque part** = en quelque lieu / **être originaire de** = être né à

MME MARTIN   Comme c'est curieux!

M. MARTIN   Comme c'est curieux!... Seulement, moi, Madame, j'ai quitté la
15   ville de Manchester, il y a cinq semaines, environ.

MME MARTIN   Comme c'est curieux! quelle bizarre coïncidence! Moi aussi,
Monsieur, j'ai quitté la ville de Manchester, il y a cinq semaines environ.

M. MARTIN   J'ai pris le train d'une demie après huit° le matin, qui arrive à
Londres à un quart avant cinq,° Madame.

20   MME MARTIN   Comme c'est curieux! comme c'est bizarre! et quelle coïncidence! J'ai pris le même train, Monsieur, moi aussi!

M. MARTIN   Mon Dieu, comme c'est curieux! Peut-être bien alors, Madame,
que je vous ai vue dans le train?

MME MARTIN   C'est bien possible, ce n'est pas exclu, c'est plausible et après
25   tout, pourquoi pas!... Mais je n'en ai aucun souvenir, Monsieur!

M. MARTIN   Je voyageais en deuxième classe, Madame. Il n'y a pas de
deuxième classe en Angleterre, mais je voyage quand même° en deuxième
classe.

MME MARTIN   Comme c'est bizarre, que c'est curieux, et quelle coïncidence!
30   moi aussi, Monsieur, je voyageais en deuxième classe!

M. MARTIN   Comme c'est curieux! Nous nous sommes peut-être bien rencontrés en deuxième classe, chère Madame!

MME MARTIN   La chose est bien possible et ce n'est pas du tout exclu. Mais
je ne m'en souviens pas très bien, cher Monsieur!

35 M. MARTIN   Ma place était dans le wagon n° 8, sixième compartiment, Madame!

MME MARTIN   Comme c'est curieux! ma place aussi était dans le wagon n° 8,
sixième compartiment, cher Monsieur!

M. MARTIN   Comme c'est curieux et quelle coïncidence bizarre! Peut-être
40   nous sommes-nous rencontrés dans le sixième compartiment, chère Madame?

MME MARTIN   C'est bien possible, après tout! Mais je ne m'en souviens pas,
cher Monsieur!

M. MARTIN   À vrai dire, chère Madame, moi non plus je ne m'en souviens
45   pas, mais il est possible que nous nous soyons aperçus là, et, si j'y pense
bien, la chose me semble même très possible!

MME MARTIN   Oh! vraiment, bien sûr, vraiment, Monsieur!

M. MARTIN   Comme c'est curieux!... J'avais la place n° 3, près de la fenêtre,
chère Madame.

50 MME MARTIN   Oh, mon Dieu, comme c'est curieux et comme c'est bizarre,
j'avais la place n° 6, près de la fenêtre, en face de vous, cher Monsieur.

M. MARTIN   Oh, mon Dieu, comme c'est curieux et quelle coïncidence!...
Nous étions donc vis-à-vis, chère Madame! C'est là que nous avons dû
nous voir!

---

d'une demie après huit... à un quart avant cinq *These expressions are literal translations from
English and, of course, incorrect in French.*   /   **quand même** *still, nevertheless*

55 MME MARTIN Comme c'est curieux! C'est possible mais je ne m'en souviens
    pas, Monsieur!

    M. MARTIN À vrai dire, chère Madame, moi non plus je ne m'en souviens
    pas. Cependant, il est très possible que nous nous soyons vus à cette oc-
    casion.

60 MME MARTIN C'est vrai, mais je n'en suis pas sûre du tout, Monsieur.

    M. MARTIN Ce n'était pas vous, chère Madame, la dame qui m'avait prié de
    mettre sa valise dans le filet° et qui ensuite m'a remercié et m'a permis de
    fumer?

    MME MARTIN Mais si, ça devait être moi, Monsieur! Comme c'est curieux,
65 comme c'est curieux, et quelle coïncidence!

    M. MARTIN Comme c'est curieux, comme c'est bizarre, quelle coïncidence!
    Eh bien alors, alors nous nous sommes peut-être connus à ce moment-là,
    Madame?

    MME MARTIN Comme c'est curieux et quelle coïncidence! c'est bien possible,
70 cher Monsieur! Cependant, je ne crois pas m'en souvenir.

    M. MARTIN Moi non plus, Madame.

                    Un moment de silence. La pendule sonne 2, 1.

    M. MARTIN Depuis que je suis arrivé à Londres j'habite rue Bromfield, chère
    Madame.

75 MME MARTIN Comme c'est curieux, comme c'est bizarre! moi aussi, depuis
    mon arrivée à Londres j'habite rue Bromfield, cher Monsieur.

    M. MARTIN Comme c'est curieux, mais alors, mais alors, nous nous sommes
    peut-être rencontrés rue Bromfield, chère Madame.

    MME MARTIN Comme c'est curieux; comme c'est bizarre! c'est bien possible,
80 après tout! Mais je ne m'en souviens pas, cher Monsieur.

    M. MARTIN Je demeure au n° 19, chère Madame.

    MME MARTIN Comme c'est curieux, moi aussi j'habite au n° 19, cher Mon-
    sieur.

    M. MARTIN Mais alors, mais alors, mais alors, mais alors, mais alors, nous
85 nous sommes peut-être vus dans cette maison, chère Madame?

    MME MARTIN C'est bien possible, mais je ne m'en souviens pas, cher Mon-
    sieur.

    M. MARTIN Mon appartement est au cinquième étage, c'est le n° 8, chère
    Madame.

90 MME MARTIN Comme c'est curieux, mon Dieu, comme c'est bizarre! et
    quelle coïncidence! moi aussi j'habite au cinquième étage, dans l'apparte-
    ment n° 8, cher Monsieur!

    M. MARTIN, *songeur* Comme c'est curieux, comme c'est curieux, comme c'est
    curieux et quelle coïncidence! vous savez, dans ma chambre à coucher j'ai
95 un lit. Mon lit est couvert d'un édredon° vert. Cette chambre, avec ce lit

---

le filet *luggage net*   /   **l'édredon (m)** *quilt (lit., an eiderdown quilt)*

et son édredon vert, se trouve au fond du corridor, entre les waters° et la bibliothèque, chère Madame!

MME MARTIN   Quelle coïncidence, ah mon Dieu, quelle coïncidence! Ma chambre à coucher a, elle aussi, un lit avec un édredon vert et se trouve
100   au fond du corridor, entre les waters, cher Monsieur, et la bibliothèque!

M. MARTIN   Comme c'est bizarre, curieux, étrange! alors, Madame, nous habitons dans la même chambre et nous dormons dans le même lit, chère Madame. C'est peut-être là que nous nous sommes rencontrés!

MME MARTIN   Comme c'est curieux et quelle coïncidence! C'est bien possible
105   que nous nous y soyons rencontrés, et peut-être même la nuit dernière. Mais je ne m'en souviens pas, cher Monsieur!

M. MARTIN   J'ai une petite fille, ma petite fille, elle habite avec moi, chère Madame. Elle a deux ans, elle est blonde, elle a un œil blanc et un œil rouge, elle est très jolie et s'appelle Alice, chère Madame.

110   MME MARTIN   Quelle bizarre coïncidence! moi aussi j'ai une petite fille, elle a deux ans, un œil blanc et un œil rouge, elle est très jolie et s'appelle aussi Alice, cher Monsieur!

M. MARTIN, *même voix traînante, monotone*   Comme c'est curieux et quelle coïncidence! et bizarre! c'est peut-être la même, chère Madame!

115   MME MARTIN   Comme c'est curieux! c'est bien possible, cher Monsieur.

Un assez long moment de silence... La pendule sonne vingt-neuf fois.

M. MARTIN, *après avoir longuement réfléchi, se lève lentement et, sans se presser, se dirige vers Mme Martin qui, surprise par l'air solennel de M. Martin, s'est levée, elle aussi, tout doucement; M. Martin a la même voix rare, monotone, vaguement*
120   *chantante*   Alors, chère Madame, je crois qu'il n'y a pas de doute, nous nous sommes déjà vus et vous êtes ma propre épouse... Élisabeth, je t'ai retrouvée!

MME MARTIN, *s'approche de M. Martin sans se presser. Ils s'embrassent sans expression. La pendule sonne une fois, très fort. Le coup de la pendule doit être si*
125   *fort qu'il doit faire sursauter° les spectateurs. Les époux Martin ne l'entendent pas.*
MME MARTIN   Donald, c'est toi, darling!

Ils s'assoient dans le même fauteuil, se tiennent embrassés et s'endorment. La pendule sonne encore plusieurs fois. Mary,[1] sur la pointe des pieds, un doigt sur ses lèvres, entre doucement en scène et s'adresse au public.

130   MARY   Élisabeth et Donald sont, maintenant, trop heureux pour pouvoir m'entendre. Je puis donc vous révéler un secret. Élisabeth n'est pas Élisabeth, Donald n'est pas Donald. En voici la preuve : l'enfant dont parle Donald n'est pas la fille d'Élisabeth, ce n'est pas la même personne. La fillette de Donald a un œil blanc et un autre rouge tout comme la fillette

---

les waters (m) = les water closets (les toilettes)   /   **sursauter** *to start, to jump*

[1]Mary est la bonne de la famille Smith.

135   d'Elisabeth. Mais tandis que° l'enfant de Donald a l'oeil blanc à droite et
l'œil rouge à gauche, l'enfant d'Élisabeth, lui, a l'œil rouge à droite et
le blanc à gauche! Ainsi tout le système d'argumentation de Donald
s'écroule° en se heurtant à° ce dernier obstacle qui anéantit° toute sa théorie. Malgré les coïncidences extraordinaires qui semblent être des preuves
140   définitives, Donald et Élisabeth n'étant pas les parents du même enfant ne
sont pas Donald et Élisabeth. Il a beau croire° qu'il est Donald, elle a beau
se croire Élisabeth. Il a beau croire qu'elle est Élisabeth. Elle a beau croire
qu'il est Donald : ils se trompent amèrement.° Mais qui est le véritable
Donald? Quelle est la véritable Élisabeth? Qui donc a intérêt° à faire durer
145   cette confusion? Je n'en sais rien. Ne tâchons° pas de le savoir. Laissons
les choses comme elles sont. *(Elle fait quelques pas vers la porte, puis revient
et s'adresse au public.)* Mon vrai nom est Sherlock Holmès.

Eugène Ionesco, La Cantatrice chauve

INTELLIGENCE DU TEXTE

1. Que font M. et Mme Martin au début de la scène et quelle est leur attitude?
2. Quelle impression M. Martin a-t-il dès le début? et Mme Martin?
3. Pour quelle raison M. et Mme Martin auraient-ils pu s'apercevoir à Manchester?
4. Quel train ont-ils pris tous les deux? En quelle classe ont-ils voyagé tous les deux? Est-ce étrange?
5. Situez les Martin dans le train aussi précisément que possible. Que s'est-il passé entre lui et elle dans le train?
6. Où habitent les Martin depuis leur arrivée à Londres? Décrivez l'intérieur de leur appartement, y compris la chambre à coucher.
7. Faites la description de leur petite fille.
8. Qu'est-ce qui se passe après que les Martin ont échangé tous ces renseignements?
9. Y a-t-il moyen de savoir l'heure qu'il est pendant cette scène? Expliquez.
10. Comment Mary entre-t-elle en scène? Quel secret révèle-t-elle? Quelle preuve présente-t-elle?
11. Quelle est la dernière chose que Mary révèle au public?

APPRÉCIATION DU TEXTE

1. Répondez à la dernière question de Mary : «Qui donc a intérêt à faire durer cette confusion?»

---

tandis que *whereas* / **s'écrouler** *to crumble* / **se heurter à** = rencontrer (un obstacle) /
anéantir = abolir, détruire / **il a beau croire** = il croit en vain / **amèrement** =
cruellement / **Qui donc a intérêt** *So to whose interest is it* / **tâcher** = essayer

2. Dites comment chacun des éléments suivants contribue à développer le thème essentiel de la pièce :
    a. la répétition, les formules, les refrains dans les propos *(remarks)* des Martin (quels sont-ils?)
    b. le fait que, suivant les indications scéniques, le dialogue doit être dit d'une voix traînante, monotone, etc.
    c. le monologue de Mary après le dialogue des Martin
3. À la première représentation de sa pièce, Ionesco fut presque étonné d'entendre rire les spectateurs. À votre avis, *La Cantatrice chauve* est-elle une comédie ou une tragédie? Expliquez.

Vocabulaire satellite

—*Tiens! Je crois connaître ce type.*

l' **impression** (f)	*impression*
l' **opinion** (f)	*opinion*
l' **apparence** (f)	*appearance*
la **caractéristique**	*characteristic*
faire la connaissance de	*to make the acquaintance of*
trouver quelqu'un (+ adj.)	*to find someone (+ adj.)*
donner l'impression	*to give the impression*
sembler, paraître, avoir l'air	*to seem, to appear*
habiter, vivre (ensemble, seul)	*to live (together, alone)*
n'avoir besoin de personne	*to need no one*
être dépendant, indépendant de	*to be dependent on, independent of*
être libre	*to be free*
dépendre de ses parents	*to depend on one's parents*
mener sa propre vie	*to lead one's own life*
faire partie d'une famille	*to be part of a family*
appartenir à	*to belong to*
prendre part à	*to take part in*
garder un secret	*to keep a secret*
révéler un secret	*to reveal a secret*
ne rien cacher	*to hide nothing*
faire une confession complète	*to make a complete confession*
faire une confidence à quelqu'un	*to take someone into one's confidence*

PRATIQUE DE LA LANGUE

1. Jusqu'à quel point faut-il que deux époux se révèlent l'un à l'autre? Faut-il tout savoir pour bien se connaître?
2. Écrivez et jouez une scène (comique? tragique?) qui dépeint la vie familiale chez les Mousseau, famille où il n'y a pas de communication, où on habite ensemble mais où chacun mène sa propre vie, presque à l'insu des *(un-*

known to) autres membres de la famille. Parmi les personnages il y aura les parents, les enfants, le vieux grand-père et une vieille tante.

3. Racontez un incident où une personne que vous pensiez connaître très bien a fait quelque chose qui vous a étonné. Dites comment vous avez formé votre première impression de cette personne et pourquoi son action vous a tellement surprise. Que pensez-vous de cette personne maintenant?

4. «Pour bien connaître quelqu'un, il faut vivre avec lui ou avec elle.» Êtes-vous d'accord ou non? Pourquoi?

5. Pouvez-vous vous fier à la première impression que vous avez d'une personne? Sur quoi se base cette impression le plus souvent? Quels sont les autres éléments qui, plus tard, vous aident à mieux connaître cette personne?

Un roman médiéval : Tristan et Iseut

One of the world's best-known love tales, the story of Tristan and Isolde has inspired numerous literary treatments in several languages and a well-known opera by Wagner. The story was created as a *roman*[L] or medieval romance and has come down to us in a series of episodes, with various writers at different times and places contributing incidents and thus gradually forming

Tristan et Iseut : l'opéra de Wagner

the total masterpiece. The French prose version presented here was written at the end of the nineteenth century by the medieval scholar Joseph Bédier (1864–1938). He actually created yet another version by reconstructing the entire legend from all the major French and foreign fragments.

The plot is well known: Mark, King of Cornwall, commissions his nephew Tristan to bring back from Ireland the fair Isolde, whom he has chosen as his queen. Tristan accomplishes his mission, but as the ship heads back to Cornwall he and Isolde mistakenly partake of a magic potion, destined for Mark and his bride, that unites in eternal love the two who consume it together. Isolde marries Mark, but she and Tristan cannot deny their love. In the following excerpt, Tristan and Isolde have decided to live apart in an effort to preserve Isolde's marriage to Mark. This separation, however, leads only to anguish and sorrow. Tristan finally discovers a way to communicate his love to Isolde despite their physical separation.

Un geste d'amour

Tristan se réfugia en Galles,° sur la terre du noble duc Gilain. Le duc était jeune, puissant, débonnaire; il l'accueillit° comme un hôte° bienvenu.° Pour lui faire honneur et joie, il n'épargna° nulle peine; mais ni les aventures ni les fêtes ne purent° apaiser l'angoisse de Tristan.

5   Un jour qu'il était assis aux côtés du jeune duc, son cœur était si doulou- reux qu'il soupirait° sans même s'en apercevoir.° Le duc, pour adoucir° sa peine, commanda d'apporter dans sa chambre privée son jeu favori qui, par sortilège,° aux heures tristes, charmait ses yeux et son cœur. Sur une table recouverte d'une pourpre° noble et riche, on plaça son chien Petit-Crû.°

10 C'était un chien enchanté : il venait au duc de l'île d'Avallon°; une fée° le lui avait envoyé comme un présent d'amour. Nul ne saurait° par des paroles assez habiles décrire sa nature et sa beauté. Son poil° était coloré de nuances si merveilleusement disposées que l'on ne savait nommer sa couleur; son encolure° semblait d'abord plus blanche que neige, sa croupe° plus verte que

15 feuille de trèfle,° l'un des ses flancs rouge comme l'écarlate,° l'autre jaune comme le safran,° son ventre bleu comme le lapis-lazuli,° son dos rosé; mais quand on le regardait plus longtemps, toutes ces couleurs dansaient aux

---

Galles = le pays de Galles : *Wales* / **accueillir** = recevoir / **l'hôte** (m) *guest* (hôte = *host or guest, depending on the context*) / **bienvenu** *welcome* / **épargner** *to spare* / **purent** = pouvoir (passé simple) / **soupirer** *to sigh* / **s'apercevoir de** *to notice, to be aware of* / **adoucir** = rendre doux, supportable / **le sortilège** *magic spell* / **la pourpre** *crimson cloth* / **Petit-Crû** *lit., little-grown* / **Avallon** = le paradis terrestre où sont passés le roi Arthur et d'autres après la mort / **la fée** *fairy* / **Nul ne saurait décrire** = Personne ne serait capable de décrire / **le poil** *hair, coat* / **l'encolure** (f) *neck and shoulders* / **la croupe** *hindquarters* / **le trèfle** *clover* / **l'écarlate** (f) *scarlet* / **le safran** *saffron (saffron yellow = yellow orange)* / **le lapis-lazuli** *lapis lazuli: a deep-blue stone*

yeux et muaient,° tour à tour° blanches et vertes, jaunes, bleues, pourprées, sombres ou fraîches. Il portait au cou, suspendu à une chaînette d'or, un
20 grelot° au tintement° si gai, si clair, si doux, qu'à l'ouïr° le cœur de Tristan s'attendrit, s'apaisa, et que sa peine se fondit.° Il ne lui souvint plus de° tant de misères endurées pour la reine; car telle était la merveilleuse vertu du grelot : le cœur, à l'entendre sonner si doux, si gai, si clair, oubliait toute peine. Et tandis que Tristan, ému° par le sortilège, caressait la petite bête
25 enchantée qui lui prenait tout son chagrin et dont la robe,° au toucher de sa main, semblait plus douce qu'une étoffe° de samit,° il songeait° que ce serait là un beau présent pour Iseut. Mais que faire? Le duc Gilain aimait Petit-Crû par-dessus toute chose, et nul n'aurait pu l'obtenir de lui, ni par ruse, ni par prière.

30 Un jour, Tristan dit au duc :

«Sire, que donneriez-vous à qui délivrerait votre terre du géant Urgan le Velu,° qui réclame° de vous de si lourds tributs?

—En vérité, je donnerais à choisir à son vainqueur,° parmi mes richesses, celle qu'il tiendrait pour la plus précieuse; mais nul n'osera s'attaquer au
35 géant.

—Voilà merveilleuses paroles, reprit° Tristan. Mais le bien ne vient jamais dans un pays que° par les aventures, et, pour tout l'or de Pavie,° je ne renoncerais à mon désir de combattre le géant.

—Alors, dit le duc Gilain, que le Dieu né d'une Vierge vous accompagne
40 et vous défende de la mort!»

Tristan atteignit° Urgan le Velu dans son repaire.° Longtemps ils combattirent furieusement. Enfin la prouesse triompha de° la force, l'épée° agile de la lourde massue,° et Tristan, ayant tranché° le poing° droit du géant, le rapporta au duc :

45 —«Sire, en récompense, ainsi que vous l'avez promis, donnez-moi Petit-Crû, votre chien enchanté!

—Ami, qu'as-tu demandé? Laisse-le moi et prends plutôt ma sœur et la moitié° de ma terre.

—Sire, votre sœur est belle, et belle est votre terre; mais c'est pour gagner
50 votre chien-fée que j'ai attaqué Urgan le Velu. Souvenez-vous de votre promesse!

—Prends-le donc; mais sache que tu m'as enlevé° la joie de mes yeux et la gaieté de mon cœur!»

---

muer *to molt, to cast off one's skin* / **tour à tour** = alternativement / **le grelot** *bell* / **le tintement** *jingling* / **à l'ouïr** *upon hearing it* / **se fondre** *to melt away* / **Il ne lui souvint plus de** = Il ne se rappela plus / **ému** = touché / **la robe** *the coat (of an animal)* / **l'étoffe** (f) *fabric* / **le samit** *samite: a heavy silk fabric worn in the Middle Ages* / **songer** = penser / **le Velu** *the Hairy* / **réclamer** = demander avec insistance / **le vainqueur** *conqueror* / **reprendre** = répondre / **que** = excepté / **Pavie** = ville en Italie / **atteindre** *to reach* / **le repaire** *den* / **triompher de** = conquérir / **l'épée** (f) *sword* / **la massue** *club, bludgeon* / **trancher** = couper / **le poing** *fist* / **la moitié** *half* / **enlever** = prendre

Tristan confia° le chien à un jongleur° de Galles, sage et rusé,° qui le porta
55 de sa part en Cornouailles.° Le jongleur parvint° à Tintagel° et le remit se-
crètement à Brangien.° La reine s'en réjouit° grandement, donna en récompense dix marcs d'or au jongleur et dit au roi que la reine d'Irlande, sa mère,
envoyait ce cher présent. Elle fit ouvrer° pour le chien, par un orfèvre,° une
niche° précieusement incrustée d'or et de pierreries° et, partout où elle allait,
60 le portait avec elle, en souvenir de son ami. Et chaque fois qu'elle le regardait, tristesse, angoisse, regrets s'effaçaient de son cœur.

Elle ne comprit pas d'abord la merveille : si elle trouvait une telle douceur
à le contempler, c'était, pensait-elle, parce qu'il lui venait de Tristan; c'était,
sans doute, la pensée de son ami qui endormait° ainsi sa peine. Mais un jour
65 elle connut° que c'était un sortilège, et que seul le tintement du grelot charmait son cœur.

«Ah! pensa-t-elle, convient-il° que je connaisse le réconfort,° tandis que
Tristan est malheureux? Il aurait pu garder ce chien enchanté et oublier
ainsi toute douleur; par belle courtoisie, il a mieux aimé me l'envoyer, me
70 donner sa joie et reprendre sa misère. Mais il ne sied pas° qu'il en soit ainsi;
Tristan, je veux souffrir aussi longtemps que tu souffriras.»

Elle prit le grelot magique, le fit tinter une dernière fois, le détacha doucement; puis, par la fenêtre ouverte, elle le lança° dans la mer.

Joseph Bédier, *Le Roman de Tristan et Iseut*

INTELLIGENCE DU TEXTE

1. Comment le duc Gilain a-t-il accueilli Tristan?
2. Qu'est-ce que le duc a commandé un jour pour adoucir la peine de Tristan?
3. Qui était ce Petit-Crû et d'où venait-il? De quelle couleur était son poil?
4. Quelle était la merveilleuse vertu du grelot que Petit-Crû portait au cou?
5. À quoi songeait Tristan pendant qu'il caressait la petite bête enchantée?
6. Qu'a-t-il proposé de faire pour obtenir le petit chien?
7. Comment explique-t-on le triomphe de Tristan? Quelle preuve de sa victoire Tristan a-t-il rapportée au duc Gilain?
8. Qu'est-ce que la reine Iseut a dit au roi pour justifier le présent qu'elle
venait de recevoir?
9. Qu'est-ce qui arrivait à Iseut chaque fois qu'elle regardait le petit chien?
Comment s'est-elle d'abord expliqué cette merveille?

confier = donner / **le jongleur** *itinerant minstrel or entertainer* / **rusé** *cunning* /
Cornouailles *Cornwall* / **parvenir** = arriver / **Tintagel** = château légendaire où est né le
roi Arthur / **Brangien** = compagne et confidente de la reine Iseut / **se réjouir de** =
prendre plaisir à / **Elle fit ouvrer... par un orfèvre** *She had a goldsmith make* / **la niche**
doghouse / **les pierreries** (f) = les bijoux / **endormir** = faire dormir / **connut** =
apprit / **convient-il** = est-il juste / **le réconfort** = la consolation / **il ne sied pas** = il
ne convient pas / **lancer** = jeter

10. Qu'est-ce qu'Iseut a fait du grelot quand elle a su que c'était un sortilège? Que pensez-vous de ce geste? Est-ce qu'Iseut a bien fait?

APPRÉCIATION DU TEXTE

1. Ce drame d'amour se situe dans un pays de conte de fées. Citez quelques éléments merveilleux dans le texte.
2. Relevez dans le texte les éléments purement médiévaux.
3. Pour communiquer une pensée, on l'exprime d'habitude directement en employant les mots qui la désignent. On peut aussi l'exprimer moins directement ou la suggérer en employant un symbole. Le chien enchanté, Petit-Crû, par exemple, est un symbole qui représente l'amour de Tristan et Iseut. Quel avantage y a-t-il, en général, à s'exprimer par symboles? Qu'est-ce que le symbole ajoute à la richesse de la pensée?

Vocabulaire satellite

la **séparation**	*separation*
l' **union** (f)	*union*
le **rapport**	*relationship*
l' **expression** (f) du visage	*facial expression*
la **physionomie**	*appearance, look*
l' **attitude** (f)	*attitude*
le **geste**	*gesture*
se **quitter**, se **séparer**	*to separate, to part company*
se **réunir**	*to reunite*
se **mettre en contact**, **prendre contact**	*to get in touch*
rester en contact	*to stay in touch*
se **rencontrer**	*to meet (one another)*
avoir des nouvelles de quelqu'un	*to get news from someone, to hear from someone*
s' **écrire**	*to write to one another*
se **parler au téléphone**	*to speak to one another over the phone*
téléphoner (à quelqu'un)	*to call (someone)*
donner, recevoir un coup de téléphone, un coup de fil	*to give, to receive a phone call, a buzz*

—*Voici votre courrier du cœur pour aujourd'hui, Mademoiselle!*

écrire une lettre, un mot	*to write a letter, a note*
mettre une lettre à la poste, dans la boîte aux lettres	*to mail a letter, to put a letter in the mailbox*
envoyer une carte	*to send a card*
le facteur apporte le courrier	*the mail carrier delivers the mail*

PRATIQUE DE LA LANGUE

1. L'amour de Tristan et Iseut a pu se manifester malgré leur séparation. Il y a, cependant, dans la vie certaines circonstances où la non-communication est préférable (comme, par exemple, lorsque ce que l'on dit va provoquer la colère d'une autre personne). Racontez un incident où vous avez été obligé(e) d'annoncer une nouvelle désagréable à quelqu'un et où vous auriez préféré ne pas vous trouver en présence de cette personne.
2. Que veut dire le proverbe «Loin des yeux, loin du cœur»? Est-ce un proverbe valable? Est-il possible de rester en contact avec quelqu'un même lorsqu'on en est séparé?
3. Est-ce que vous, ou quelqu'un que vous connaissez, avez jamais fait, comme Tristan, quelque «grand» geste pour communiquer vos sentiments à une autre personne? Racontez votre action.
4. Jouez aux charades avec les autres membres de la classe. Chaque étudiant(e) choisira le titre d'une œuvre française qu'il(elle) essaiera de faire deviner aux autres en mimant ce que les mots expriment. Choisissez parmi les titres qui ont déjà été mentionnés dans ce livre.

SUJETS DE DISCUSSION OU DE COMPOSITION

1. Pour que la communication soit bonne entre deux personnes, que faut-il qu'elles fassent? Que ne faut-il pas qu'elles fassent?
2. Discutez le rôle de la communication
    a. au cœur de la famille
    b. entre les deux sexes
    c. entre les classes sociales
    d. à l'égard des étrangers
    Connaissez-vous quelques petits trucs *(tricks, gimmicks)* qui facilitent la communication dans un groupe?
3. Outre *(besides)* la communication verbale, est-ce que deux personnes qui s'aiment ont d'autres manières de manifester leurs sentiments? Lesquelles? Est-ce que la communication verbale est indispensable?
4. Est-il vrai de dire que la plupart des problèmes qui existent entre les gens sont des problèmes de communication? Racontez un incident qui vous est arrivé, ou qui est arrivé à quelqu'un de votre connaissance, et qui illustre un manque de communication.
5. Pour avoir de bons rapports avec un peuple étranger, est-il important de bien connaître la langue de l'autre peuple? Pourquoi ou pourquoi pas?

La scène et les lettres

La Farce de Maître Pathelin

French theater, like the theater of ancient Greece, evolved from the people's worship. As early as the tenth century, dramatic presentations in church illustrated scenes from major liturgical celebrations such as Easter and Christmas. As the scope of these presentations was extended to include more characters and to illustrate not only biblical scenes but also segments from the lives of saints, the church setting eventually became too confining, so that by the mid-twelfth century the productions had shifted to the open space outside, in front of the church. By this time the liturgical dramas were no longer written in Latin but in French. Moreover, comic scenes began to alternate regularly with religious scenes, leading ultimately—by the mid-thirteenth century—to the birth of an independent French comic theater.

The heyday of French comedy in the Middle Ages was the fifteenth century. While the religious theater was flourishing with presentations of miracle plays and mystery plays, comic theater took many different forms. One comic genre that quickly gained preeminence was also the only one to survive: the farce, written primarily to make people laugh. The most famous farce and the best-known comic work of the Middle Ages is *La Farce de Maître Pathelin*, written around 1464. Among the play's salient qualities are its complex but well-defined plot, its great comic quality, and its realistic portrayal of everyday life. There are but five characters in the play, all of whom are deceitful in their own

way: the lawyer Pierre Pathelin, his wife, a cloth merchant, a shepherd, and a
judge.

As the play opens, Pathelin and his wife are quarreling. She complains that
he has lost all his clients and, by his laziness, has forced them to live in an
intolerable state of poverty. Spurred by her taunting, Pathelin determines to
show his wife that he is still quite capable of providing for her. The first thing he
will do is obtain some cloth for new clothes for the two of them, even though he
has no money. He goes to the cloth merchant's.

La Farce de Maître Pathelin, to which this entire chapter is devoted, was
written originally in eight-syllable verse in old French. The following is a
twentieth-century modern French prose translation.

La Farce de Maître Pathelin I

La boutique du drapier.°

PATHELIN *(saluant le drapier)*   Dieu soit avec vous!

GUILLAUME JOCEAULME, *drapier*   Et Dieu vous donne joie!

PATHELIN   Dieu m'en soit témoin,° j'avais grand désir de vous voir.
   Comment se porte la santé? Êtes-vous bien portant et gaillard,° Guil-
5   laume?

LE DRAPIER   Oui, par Dieu!

PATHELIN   Alors, la main°! Comment allez-vous?

LE DRAPIER   Eh! bien, vraiment, tout à votre service. Et vous?

PATHELIN   Par saint Pierre l'apôtre, comme un homme qui est tout vôtre.
10   Ainsi vous êtes heureux?

LE DRAPIER   Eh oui! mais les marchands, vous devez m'en croire, n'agissent°
   pas toujours à leur guise.°

PATHELIN   Comment marche le commerce? Peut-on s'en tirer°? Y trouve-t-
   on de quoi vivre°?

15   LE DRAPIER   Eh! Dieu m'aide! mon doux maître,° je ne sais. C'est toujours :
   hue! en avant°!

PATHELIN   Ah! que c'était un homme intelligent, votre père. Je prie Dieu
   qu'il en ait l'âme. Douce Dame°! Il me semble tout simplement que vous,
   c'est lui, absolument. Que c'était un bon, un habile marchand! Vous lui
20   ressemblez de visage, par Dieu, comme son vrai portrait! Si Dieu a jamais
   eu pitié d'une de ses créatures, qu'il lui pardonne vraiment, à son âme...

LE DRAPIER   Amen! par sa grâce; et de nous° quand il lui plaira. Asseyez-

---

le drapier *cloth merchant* / le témoin *witness* / gaillard = en bonne santé, vigoureux / la
main = donnez-moi la main *(i.e., shake hands)* / agir *to act* / à leur guise (f) = comme ils
voudraient / s'en tirer *to manage* / de quoi vivre *enough to live on* / le maître *official title
given to lawyers* / hue! en avant! *giddyap! forward, march!* / Dame = Sainte Vierge / de
nous i.e., qu'il ait pitié de nous

vous, cher monsieur: il est bien temps de vous le dire, mais voilà ma façon
d'être poli.

25 PATHELIN Je suis'bien. Par le corps précieux°! il avait...

LE DRAPIER Vraiment, asseyez-vous donc!

PATHELIN Volontiers. *(Il s'assied.)* «Ah! que vous verrez, me disait-il, des
choses extraordinaires!» Par Dieu! Je vous assure que des oreilles, du nez,
de la bouche et des yeux, jamais enfant ne ressembla mieux à son père.

30 Quel menton fourchu°! C'est vraiment vous tout croqué!° Pour dire à
votre mère que vous n'êtes pas le fils de votre père, il faudrait avoir
grande envie de quereller. Sans mentir, je ne puis comprendre comment
la Nature, en ses ouvrages, forma deux visages si pareils, et marqués l'un
comme l'autre. Quoi! si l'on vous avait crachés° tous deux contre le mur,

35 absolument de la même façon, vous seriez ainsi, sans différence. En ce
pays, il n'y a, ce me semble, de famille où la ressemblance soit plus frap-
pante. Plus je vous vois... Par Dieu le père, vous voilà : voilà votre père.
Vous lui ressemblez mieux qu'une goutte° d'eau, je n'en fais aucun doute.
Quel garçon de valeur c'était! Le bon brave homme, et aussi il vendait à

40 crédit ses marchandises à qui les voulait. Dieu lui pardonne! Avec moi—
c'était son habitude—il riait toujours de si bon cœur. Plût à Jésus-Christ°
que le pire de ce monde lui ressemblât! On ne se volerait° pas, on ne se
déroberait° pas l'un l'autre comme l'on fait. *(Il se lève et touche une pièce
d'étoffe.°)* Que ce drap°-ci est bien fait! Qu'il est souple, doux et joli!

45 LE DRAPIER Je l'ai fait faire tout exprès° ainsi, de la laine° de mes bêtes.

PATHELIN Ah! Ah! Comme vous savez diriger votre maison! Autrement
vous ne seriez pas le fils de votre père. Vous ne cessez jamais, jamais, de
travailler.

LE DRAPIER Que voulez-vous? Il faut faire effort si l'on veut vivre, et se
50 donner de la peine.°

PATHELIN *touchant une autre pièce* Mais vraiment j'en suis séduit, car je
n'avais pas l'intention d'acheter du drap, par la Passion de Notre Seigneur, quand je suis venu. Quel drap est-ce là? Vraiment, plus je le vois
et plus j'en raffole.° Il faut que j'en aie une cotte,° et vite, et ma femme
55 de même.

LE DRAPIER Certes, le drap est cher comme crème. Vous en aurez, si vous
voulez : dix ou vingt francs y ont bien vite filé°!

PATHELIN Peu m'importe; bon prix, mais de la qualité. Bref, j'ai une envie
folle de cette pièce, il faut que j'en aie.

60 LE DRAPIER Eh bien, il faut d'abord voir combien vous en voulez. Tout est

---

Par le corps précieux = Par le corps précieux de Jésus! / **le menton fourchu** *cleft chin* /
C'est vraiment vous tout croqué! *You're the spitting image of your father!* / **cracher** *to spit* /
la goutte *drop* / **Plût à Jésus-Christ** *Would to Jesus Christ* (plaire, imparfait du subjonctif) /
voler *to rob, to steal* / **dérober** = voler / **l'étoffe** (f) *material, fabric* / **le drap** *cloth* /
exprès = avec intention / **la laine** *wool* / **se donner de la peine** = faire un effort /
raffoler *to be crazy about* / **la cotte** = robe / **filer** *to slip away*

à votre service, autant qu'il y en a dans la pile, et n'eussiez-vous pas° un
sou.

PATHELIN Je le sais bien, et vous en remercie.

LE DRAPIER Voulez-vous de ce bleu clair?

65 PATHELIN Auparavant,° combien me coûtera la première aune°? Dieu sera
payé le premier, c'est juste. Voici un denier,° ne faisons rien sans invoquer
Dieu.

LE DRAPIER Par Dieu, vous parlez en brave homme, et vous m'avez bien fait
plaisir. Voulez-vous mon dernier prix?

70 PATHELIN Oui.

LE DRAPIER Chaque aune vous coûtera vingt-quatre sous.

PATHELIN Jamais de la vie! Vingt-quatre sous? Sainte Dame!

LE DRAPIER C'est ce qu'il m'a coûté, sur mon âme! Il faut que j'en retire°
autant, si vous l'achetez.

75 PATHELIN Diable! c'est trop.

LE DRAPIER Ah! vous ne savez pas comment le drap est enchéri.° Tout le
bétail° a péri, cet hiver, à cause du grand froid.

PATHELIN Vingt sous! vingt sous!

---

n'eussiez-vous pas = *même si vous n'aviez pas*   /   **auparavant** *first of all*   /   **l'aune** (f) *a former
measure of length*   /   **le denier (à Dieu)** *coin usually offered at the conclusion of a deal as a charitable
contribution*   /   **retirer** = *obtenir*   /   **enchérir** = *devenir plus cher*   /   **le bétail** *livestock*

LE DRAPIER   Et je vous jure° que j'en aurai ce que je dis.

80 PATHELIN   Par le sang bieu,° sans discuter davantage,° puisqu'il en va ainsi,° j'achète. Allons! aunez.°

LE DRAPIER   Et, je vous demande, combien vous en faut-il?

PATHELIN   C'est bien facile à savoir : quelle largeur a-t-il?

LE DRAPIER   Largeur de Bruxelles.°

85 PATHELIN   Trois aunes pour moi, et pour elle (elle est grande) deux et demie. Cela fait six aunes. N'est-ce pas? Eh! non, que je suis bête!

LE DRAPIER   Il ne manque' qu'une demi-aune pour faire juste les six.

PATHELIN   J'en prendrai six, cela fera un compte rond°; il me faut aussi le chaperon.°

90 LE DRAPIER   Prenez là, nous allons les mesurer. *(Ils mesurent ensemble.)* Une, et deux, et trois, et quatre, et cinq, et six.

PATHELIN   Ventre saint Pierre, tout juste! À combien monte le tout?

LE DRAPIER   Nous allons le savoir : à vingt-quatre sous l'une, les six aunes, neuf francs.

95 PATHELIN   Cela fait six écus°?

LE DRAPIER   Mon Dieu! oui.

PATHELIN   Alors, monsieur, voulez-vous me les donner à crédit jusqu'à tout-à-l'heure, quand vous viendrez? Donner à crédit, non; vous les prendrez à ma porte, en or ou en monnaie.

100 LE DRAPIER   Notre Dame! Je ferai un grand détour, à aller par là.

PATHELIN   C'est fort bien dit : vous feriez un détour! C'est cela : vous ne voudriez jamais trouver une occasion de venir boire chez moi : eh bien, vous y boirez cette fois. Et ainsi vous mangerez de mon oie,° par Dieu, que ma femme est en train de rôtir.

105 LE DRAPIER   Vraiment, cet homme m'abrutit.° Allez devant, marchez! j'irai donc et je le porterai.

PATHELIN   Pas du tout! En quoi me gênera°-t-il? En rien, sous le bras.

LE DRAPIER   Ne vous dérangez pas; il vaut mieux, pour les convenances,° que je le porte.

110 PATHELIN   Malchance m'envoie sainte Madeleine, si vous en prenez jamais la peine! C'est très bien dit : sous le bras. Cela me fera une belle bosse°! Ah! Cela va très bien. On aura bien bu et bien fait bombance° chez moi avant que vous vous en alliez.

LE DRAPIER   Je vous prie de me donner mon argent dès que j'y serai.

115 PATHELIN   Mais oui. Ou plutôt non. Par Dieu! pas avant que vous n'ayez confortablement mangé. Je voudrais, je vous assure, ne pas avoir sur moi de quoi payer : au moins, vous viendriez goûter mon vin. Feu votre père,°

---

jurer *to swear* / **bieu** = Dieu (euphémisme) / **davantage** *further* / **puisqu'il en va ainsi** *since that's the way it is* / **auner** = mesurer / **Bruxelles** *Brussels (i.e., the width used by Brussels weavers)* / **le compte rond** *round sum* / **le chaperon** *hood* / **l'écu** (m) *old French coin* / **l'oie** (f) *goose* / **abrutir** *to stupefy* / **gêner** *to inconvenience* / **pour les convenances** *for the sake of propriety* / **la bosse** *hump* / **faire bombance** (f) *to feast, to revel* / **feu votre père** *your late father*

quand il passait, appelait bien : «Compère°!» ou «Que dis-tu?» ou «Que fais-tu?» Mais vous n'avez pas la moindre° estime, vous autres riches, pour
120 les pauvres.

LE DRAPIER   Eh! par le saint Sang, nous sommes encore plus pauvres.

PATHELIN   Ouais°! Adieu! adieu! Rendez-vous tout-à-l'heure à l'endroit convenu,° et nous boirons bien, je m'en vante.°

LE DRAPIER   Entendu. Allez devant, et payez-moi en or.

125 **PATHELIN**   En or? Comment donc°! En or? diable! je n'y ai jamais manqué.° *(À part)* Non, en or! qu'il soit pendu°! Hum! diable! il ne m'a pas vendu à mon prix; ç'a été au sien, mais il sera payé au mien. Plût à Dieu qu'il n'arrêtât pas de courir, jusqu'à paiement complet! Saint Jean! Il ferait plus de chemin° qu'il n'y a jusqu'à Pampelune.°

130 **LE DRAPIER**, *seul*   Ils ne verront soleil ni lune, de toute l'année, les écus qu'il me donnera, à moins qu'on ne me les rafle.° Il n'est pas de si gros malin° qui ne trouve vendeur plus malin. Ce filou°-là n'est qu'un blanc-bec,° lui qui, à vingt-quatre sous l'aune, achète, du drap qui n'en vaut pas vingt!

INTELLIGENCE DU TEXTE

1. D'après Pathelin, à qui le drapier ressemble-t-il beaucoup? Quelles qualités de cette personne possède-t-il?

2. Comparez le physique du drapier à celui de cette personne. Quels sont les traits qui sont identiques?

3. Qu'est-ce que Pathelin décide d'acheter? D'après lui, qu'est-ce qui est plus important, le prix du drap ou la qualité?

4. Juste avant de commencer à marchander *(to bargain)*, à qui Pathelin pense-t-il d'abord?

5. Citez deux raisons pour lesquelles le drapier demande vingt-quatre sous l'aune.

6. Est-ce que Pathelin paye le drap sur place? Qu'est-ce qu'il demande au drapier de faire?

7. Qu'est-ce que Pathelin promet au drapier si celui-ci vient chez lui?

8. Pourquoi le drapier ne veut-il pas que Pathelin emporte le drap? Qui est-ce qui finit par l'emporter?

9. Quelle différence Pathelin fait-il remarquer entre la conduite du drapier et celle de son père? À quoi est-ce qu'il attribue cette différence?

10. Quels sont les sentiments de Pathelin au moment où il quitte la boutique du drapier? Et que pense le drapier?

le compère *fellow, friend* / moindre *slightest* / Ouais = Oui (ironique ou sceptique) / convenu *agreed upon* / se vanter (de) *to boast, to pride oneself on* / Comment donc! = Bien sûr! / manquer à *to fail* / pendu *hanged* / Il ferait plus de chemin *He would cover more ground* / Pampelune *Pamplona, in Spain (a major stop on the pilgrimage road to Compostela)* / rafler *to carry off* / le malin *sly, shrewd person* / le filou *crook, swindler* / le blanc-bec *greenhorn, novice*

APPRÉCIATION DU TEXTE

1. Étudiez la tromperie des deux hommes. Indiquez les endroits où ils feignent la sincérité et l'amitié et où ils essaient de cacher leur ruse. (Que pensez-vous, par exemple, des sentiments religieux auxquels tous deux font appel?) En quoi consiste la satisfaction qu'ils expriment tous les deux à la fin de la scène?
2. Montrez comment Pathelin procède par flatterie. Dites précisément quels aspects du caractère de Guillaume sont flattés par Pathelin.
3. Faites voir le réalisme de cette scène à travers les éléments suivants :
   a. le langage des personnages
   b. le marchandage : le client qui trouve le prix excessif et le marchand qui vend au prix coûtant *(cost price)* et qui prétend être pauvre

Vocabulaire satellite

—*Ah! Que j'ai fait une bonne affaire!*

le **marchandage**	*bargaining*
l' **argent** (m)	*money*
le **billet**	*bill (currency)*
la **pièce**	*coin*
le **magasin**	*store, shop*
le **grand magasin**	*department store*
la **boutique**	*shop*
le, la **propriétaire**	*owner*
le **vendeur**	*salesman*
la **vendeuse**	*saleswoman*
le, la **client,e**	*customer, client*
la **vente**	*sale (of an item)*
la **dépense**	*expense*
les **soldes** (m)	*sale items, bargains*
la **carte de crédit**	*credit card*
le **reçu**	*receipt*
marchander	*to bargain, to haggle over*
acheter à crédit, au comptant	*to buy on credit, with cash*
payer comptant	*to pay cash*
toucher un chèque	*to cash a check*
avoir la monnaie de	*to have change for*
mettre sur le compte (de)	*to charge (a purchase) (to)*
dépenser une grosse somme d'argent	*to spend a large amount of money*

faire une bonne (mauvaise) affaire	*to make a good (bad) deal*
économiser (faire une économie de) 300 francs	*to save 300 francs*
faire des achats, des courses	*to go shopping*
coûter cher	*to cost a lot*
payer quelque chose cher	*to pay a lot for something*
emprunter, prêter de l'argent	*to borrow, to lend money*
acheter en solde	*to buy on sale*
vendre à bon marché	*to sell cheap*

faire une réduc- tion, un ra- bais	*to give a discount*	verser un acompte	*to place a deposit*
commander quelque chose	*to order something*	mettre en vente	*to put up for sale*

PRATIQUE DE LA LANGUE

1. Préparez et présentez un des dialogues suivants, où une personne essaie de persuader l'autre (par la flatterie, peut-être) :
   a. un vendeur d'automobiles et un(e) client(e)
   b. une femme et son mari qui fume trop
   c. un(e) étudiant(e) universitaire et un de ses parents qui ne s'intéresse plus à la politique et refuse de voter
   d. un jeune homme qui veut sortir ce soir et sa petite amie qui préfère rester à la maison
   e. un(e) étudiant(e) qui compte passer la soirée à la bibliothèque et son (sa) camarade de chambre qui a deux billets pour un concert
   f. une vendeuse dans un grand magasin et une femme qui, accompagnée de son mari, essaie des robes
   g. un jeune homme qui veut acheter une chaîne stéréo à crédit et son ami(e) qui a une carte de crédit
2. Avez-vous jamais eu l'envie subite d'acheter quelque chose sans y avoir pensé à l'avance? Dites ce que vous avez acheté ainsi et dans quelles circonstances.
3. La vente à crédit est devenue une pratique courante. Quels sont les avantages et les inconvénients de cette pratique? Personnellement, êtes-vous plutôt porté(e) à acheter à crédit ou au comptant?
4. Aimez-vous marchander lorsque vous faites un achat ou est-ce que ce procédé vous gêne? Donnez un exemple de marchandage.
5. Préférez-vous payer cher et acheter quelque chose qui durera longtemps ou payer moins cher et être obligé(e) de renouveler votre achat? Citez des exemples concrets.
6. Aimez-vous acheter quelque chose par correspondance? Quel intérêt avez-vous à faire vos achats ainsi? Qu'est-ce qu'on peut se procurer commodément de cette façon?

La Farce de Maître Pathelin II

After obtaining the fabric from the cloth merchant, Pathelin returns home to relate his triumph to his wife, Guillemette. Together they plan to trick Guillaume when he comes to collect his money.

Devant, puis dans la maison de Pathelin.

LE DRAPIER   Ho! Maître Pierre!

GUILLEMETTE, *entrouvrant° la porte*   Hélas! monsieur, pour Dieu! si vous avez quelque chose à dire, parlez plus bas.

LE DRAPIER   Dieu vous garde, Madame.

5   **GUILLEMETTE**   Oh! plus bas.

LE DRAPIER   Où est-il?

GUILLEMETTE   Hélas! Où doit-il être? Il reste où il est, le pauvre martyr, depuis onze semaines, sans bouger.

LE DRAPIER   De qui?...

10   **GUILLEMETTE**   Excusez-moi, je n'ose° parler haut. Je crois qu'il repose, il s'est un peu assoupi.° Hélas! il est si abattu,° le pauvre homme!

LE DRAPIER   Qui?

GUILLEMETTE   Maître Pierre.

LE DRAPIER   Ouais! n'est-il pas venu chercher six aunes de drap à l'instant°?

15   **GUILLEMETTE**   Qui? lui?

LE DRAPIER   Il en vient de ce pas,° il n'y a pas la moitié d'un quart d'heure. Ne me retenez° pas. Diable! Je m'attarde° trop. Ça, sans plus de musique,° mon argent!

GUILLEMETTE   Hé! Sans rire! Ce n'est pas le moment de rire.

20   **LE DRAPIER**   Ça, mon argent! Êtes-vous folle? Il me faut neuf francs.

GUILLEMETTE   Ah! Guillaume. Est-ce à moi que vous lancez ces brocards°? Allez débiter vos sornettes° aux imbéciles comme vous, de qui vous voudriez vous moquer.

LE DRAPIER   Que je puisse renier° Dieu, si je n'ai mes neuf francs!

25   **GUILLEMETTE**   Hélas, monsieur, tout le monde n'a pas si envie de rire que vous, ni de bavarder.°

LE DRAPIER   Je vous en prie, ne me racontez pas de sornettes. De grâce,° faites-moi venir Maître Pierre.

GUILLEMETTE   Malheur à vous! Cela va durer toute la journée?

30   **LE DRAPIER**   Ici je suis bien chez Maître Pierre?

GUILLEMETTE   Bas! si vous ne voulez pas qu'il s'éveille.

LE DRAPIER   Quoi? Bas?

GUILLEMETTE   Hé Dieu! quel bavard! Enfin, ce sont toujours vos manières.

LE DRAPIER   Le diable y soit! Maintenant que j'y pense, si vous voulez que je
35   parle bas... Dites donc! Des disputes de ce genre, je n'en ai pas l'habitude. La vérité, c'est que Maître Pierre a pris six aunes de drap aujourd'hui.

GUILLEMETTE, *élevant la voix*   Mais qu'est ceci? Est-ce pour toute la journée? Le diable m'emporte°! Voyons! Quoi! prendre? Ah! monsieur, que l'on puisse pendre° celui qui ment. Il est en un tel état, le pauvre homme, qu'il

---

entrouvrir = ouvrir un peu / **oser** *to dare* / **s'assoupir** = s'endormir à demi / **abattu** = faible / **à l'instant** *just now* / **de ce pas** *directly, just now* / **retenir** *to detain* / **s'attarder** *to linger* / **la musique** *song and dance, delay* / **lancer des brocards** (m) *to hurl insults* / **débiter des sornettes** (f) *to spout nonsense* / **renier** *to deny* / **bavarder** *to babble* / **de grâce** *for mercy's sake* / **emporter** *to take* / **pendre** *to hang*

40   n'a pas quitté son lit depuis onze semaines. Et vous nous lancez de vos
balivernes°? Maintenant est-ce raisonnable? Vous sortirez de ma maison,
par la Passion de Notre-Seigneur, malheureuse que je suis.

LE DRAPIER   Vous me disiez de parler si bas... Sainte Vierge Bénie,° vous
criez!

45 GUILLEMETTE, *bas*   C'est vous, sur mon âme, qui ne faites que chercher querelle.

LE DRAPIER   Dites, pour que je m'en aille, donnez-moi...

GUILLEMETTE, *criant*   Parlez bas, compris?

LE DRAPIER   Mais c'est vous qui allez l'éveiller : vous parlez quatre fois plus

50   haut, par le sang bieu, que je ne fais. Je vous prie de ne pas me retenir
davantage.

GUILLEMETTE   Que signifie? Êtes-vous ivre,° ou insensé°? Dieu notre père!

LE DRAPIER   Ivre? Saint Pierre vous en punisse! Voici une belle demande!

GUILLEMETTE   Hélas! plus bas.

55 LE DRAPIER   Je vous demande pour six aunes, n'en déplaise à Saint Georges,
de drap, madame...

GUILLEMETTE   Ce drap, à qui l'avez-vous donné?

LE DRAPIER   À lui-même.

GUILLEMETTE   Il est taillé° à avoir du drap! Hélas! il ne peut pas bouger. Il

60   n'a nul besoin d'une robe; il ne sera plus jamais vêtu que de blanc°; il ne
partira d'où il est que les pieds devant.

LE DRAPIER   C'est donc depuis le lever du soleil, car je lui ai parlé, sans erreur.

GUILLEMETTE, *d'une voix perçante*   Vous avez la voix tellement haute. Parlez

65   plus bas, par charité!

LE DRAPIER   C'est vous, en vérité, vous-même, sacré bon sang! Par la sam-
bleu°! C'est bien difficile! Si l'on me payait, je m'en irais. *(À part)* Chaque
fois que j'ai donné à crédit, je n'en ai pas récolté° autre chose.

PATHELIN, *couché*   Guillemette! Haussez°-moi, mettez-moi des oreillers° der-

70   rière le dos. À qui est-ce que je parle? Le pot à eau! À boire! Frottez°-moi
la plante° des pieds.

LE DRAPIER   Je l'entends là.

GUILLEMETTE   Bien sûr.

PATHELIN   Ah! méchante, viens ici. T'ai-je dit d'ouvrir ces fenêtres? Viens

75   me couvrir. Chasse ces gens noirs.° Marmara, carimari, carimara.° Amenez-les-moi,° amenez!

---

lancer des balivernes = débiter des sornettes / **béni** *blessed* / **ivre** *drunk* / **insensé** = qui
a perdu la raison, fou / **taillé** *cut out* / **vêtu de blanc** = habillé de blanc *(i.e., dressed in a
shroud)* / **par la sambleu** = par le sang de Dieu (euphémisme) / **récolter** *to reap* /
hausser *to raise, to lift* / **l'oreiller** (m) *pillow* / **frotter** *to rub* / **la plante** *sole* / **gens noirs**
Pathelin pretends to see devils in his delirium / **Marmara, etc.** *magic formula devised by Pathelin to
exorcise his devils* / **Amenez-les-moi** *Pathelin in his "delirium" says, "Bring them to me"* (amener),
when he more appropriately should say, "Take them away" (emmener)

GUILLEMETTE, *à l'intérieur*   Qu'y a-t-il? Comme vous vous démenez°! Avez-vous perdu la raison?

PATHELIN   Tu ne vois pas ce que je sens. Voilà un moine noir° qui vole.°
80   Attrape-le, mets-lui une étole.° Au chat,° au chat! Comme il monte!

GUILLEMETTE   Mais qu'est ceci? N'avez-vous pas honte? Eh! par Dieu, c'est trop se remuer.°

PATHELIN   Ces médecins m'ont tué avec ces drogues qu'ils m'ont fait boire. Et toutefois° il faut les croire, ils nous manient° comme de la cire.°

85   GUILLEMETTE, *au drapier*   Hélas! venez le voir, cher monsieur, il est au plus mal.°

LE DRAPIER *entre*   Sérieusement, il est malade, depuis qu'il vient de revenir de la foire°?

GUILLEMETTE   De la foire?

90   LE DRAPIER   Oui, par saint Jean. Je crois qu'il y est allé. Du drap que je vous ai donné à crédit, il me faut l'argent, Maître Pierre.

PATHELIN, *feignant de prendre le drapier pour un médecin*   Ah! Maître Jean... Prendrai-je un autre clystère°?

LE DRAPIER   Eh! Que sais-je? Il me faut neuf francs, ou six écus.

95   PATHELIN   Ces trois morceaux noirs et pointus, vous m'appelez cela des pilules? Ils m'ont abîmé les mâchoires.° Pour Dieu, ne m'en faites plus prendre, Maître Jean. Ils m'ont tout fait rendre.° Ah! il n'y a rien de plus amer.°

LE DRAPIER   Ma foi non, par l'âme de mon père : mes neuf francs ne me
100   sont point rendus.°

GUILLEMETTE   Qu'on pende par le cou de pareils importuns°! Allez-vous en, de par les diables, puisque cela ne peut être de par Dieu!

LE DRAPIER   Par le Dieu qui me fit naître, je ne finirai pas avant d'avoir mon drap, ou mes neuf francs.

105   GUILLEMETTE, *au drapier*   Allez-vous en! N'est-ce pas mal agir de lui casser la tête°?

LE DRAPIER   Que Notre-Seigneur en soit fâché! Six aunes de drap maintenant, dites, est-il convenable,° en bonne foi, que je les perde? Il me faut neuf francs tout ronds,° que, par la faveur de saint Pierre de Rome...

110   GUILLEMETTE   Hélas! Quels tourments vous lui infligez°! Comment pouvez-vous être si rude? Vous voyez bien qu'il croit que vous êtes médecin. Hélas! le pauvre chrétien a beaucoup de malchance. Voilà onze semaines, sans répit,° qu'il est ici, le pauvre homme!

---

se démener *to stir* / **un moine noir** *sorcerer* / **voler** *to fly* / **l'étole** (f) *a stole, which was placed around the neck of the person to be exorcised* / **Au chat!** *Seize the cat! Cats were viewed as diabolical animals* / **se remuer** = se démener / **toutefois** *yet* / **manier** *to handle, manipulate* / **la cire** *wax* / **être au plus mal** *to be past recovery* / **la foire** *fair* / **le clystère** *enema* / **Ils m'ont abîmé les mâchoires** *They ruined my jaws* / **rendre** = vomir / **amer** *bitter* / **rendus** *rendered, paid back. A play on the two meanings of* rendre / **de pareils importuns** *such intruders* / **casser la tête** = importuner / **convenable** *fitting, proper* / **tout rond** *in round figures* / **infliger** = imposer / **le répit** *respite*

LE DRAPIER Par la sambleu, je ne sais comment cette mésaventure lui est
115   arrivée, car il est venu aujourd'hui, nous avons fait affaire ensemble, tout
au moins il me semble, ou je ne sais ce que cela peut être.

GUILLEMETTE Par Notre Dame, mon cher monsieur, vous avez l'esprit
troublé. Réellement, si vous voulez m'en croire, vous irez un peu vous
reposer. Bien des gens pourraient donner à entendre° que vous venez
120   pour moi ici. Sortez : les médecins vont venir ici même.

LE DRAPIER Je ne me soucie pas° qu'on y pense à mal, puisque moi, je n'y
pense pas. *(À part)* Eh! maugrebleu°! en suis-je là°? *(À Guillemette)* Tête
Dieu! je croyais...

GUILLEMETTE Encore?

125   **LE DRAPIER** Vous n'avez pas une oie au feu?

GUILLEMETTE Belle demande! Ah! monsieur, ce n'est pas une nourriture
pour malades. Mangez vos oies à vous sans venir nous faire des singeries.°
Ma foi! vous êtes vraiment sans-gêne°!

LE DRAPIER Je vous prie de m'excuser, car je croyais ferme...

130   **GUILLEMETTE** Encore?

LE DRAPIER Par le Saint Sacrement! Adieu! *(Devant la maison, à part)* Diable!
Maintenant je vais savoir. Je sais bien que je dois en avoir six aunes, tout
d'une pièce, mais cette femme m'embrouille° l'esprit sur tous les points...
Il les a eues vraiment. Il ne les a pas. Diable! Cela ne peut pas coller.° J'ai
135   vu la Mort qui vient le transpercer, ou du moins il fait semblant.° Ah!
pourtant il les a. En fait il les a prises et mises sous son aisselle.° Par sainte
Marie la belle! Il ne les a pas. Je ne sais si je rêve. Je n'ai pas l'habitude
de donner mes draps, que° je dorme ou non. À personne, quelle que soit
son amitié pour moi, je ne les aurais donnés à crédit. Par la sambleu, il les
140   a eues! Morbleu,° il ne les a pas. J'en suis sûr. Il ne les a pas. Mais où en
suis-je? Mais si, il les a. Par le sang de Notre-Dame, malheur à moi, corps
et âme, si je sais qui pourrait dire qui a raison, d'eux ou de moi. Je n'y
vois goutte.° *(Il part.)*

INTELLIGENCE DU TEXTE

1. Qu'est-ce que Guillemette demande au drapier de faire dès son arrivée?
    Pourquoi?
2. Pourquoi le drapier est-il venu chez Pathelin?
3. Depuis combien de temps Pathelin est-il au lit, selon Guillemette?
4. D'après Guillemette, pourquoi Pathelin n'a-t-il pas besoin de drap?
5. Décrivez le délire de Pathelin.

donner à entendre = suggérer, insinuer / **se soucier** *to worry* / **maugrebleu** = malgré
Dieu (another euphemism to avoid the name of God) / **en suis-je là?** *has it come to this?* /
la singerie *antic* / **sans-gêne** = impoli, indélicat / **embrouiller** = rendre confus / **coller**
to hold together / **faire semblant** *to pretend* / **l'aisselle** (f) *armpit* / **que** *whether* /
Morbleu = Mort de Dieu (euphémisme) / **Je n'y vois goutte** = Je n'y comprends rien

6. Selon Guillemette, qu'est-ce que les gens vont dire si le drapier reste chez elle plus longtemps?
7. Décrivez l'état d'esprit du drapier au moment où il quitte la demeure de Pathelin.

APPRÉCIATION DU TEXTE

1. Dans cette partie de la *Farce de Maître Pathelin*, le réalisme cède la place à la comédie. Relevez les aspects comiques de cette scène : comédie de situation, comédie de langage (répétition, jeux de mots), comédie de gestes, comédie de caractère.
2. Tracez le caractère de Guillemette. Qu'est-ce que ses paroles révèlent? Comment ressemble-t-elle à son mari?
3. Jouez cette scène, ou une partie de cette scène, avec un(e) autre étudiant(e). Tâchez de bien animer vos personnages. Ne négligez pas les gestes et les expressions du visage.

Vocabulaire satellite

—*Maman! J'ai de la température.*

la **bonne (mauvaise) santé**	*good (bad) health*
la **médecine**	*medicine (science, profession)*
la **maladie**	*illness*
le, la **malade**	*sick person, patient*
le, la **patient,e**	*patient*
le **médecin**	*doctor*
l' **infirmier** (m) l' **infirmière** (f)	*nurse*
l' **hôpital** (m)	*hospital*
le **chirurgien**	*surgeon*
le **médicament**	*medication, medicine*
le **remède**	*remedy, cure, medicine*
la **pharmacie**	*drugstore*
l' **ordonnance** (f)	*prescription*
la **vitamine**	*vitamin*
la **douleur**	*pain*
le **rhume**	*cold*
la **grippe**	*flu*
le **somme**	*nap*
malade	*ill, sick*
souffrant,e	*indisposed*
grave	*serious*
se porter bien, mal	*to feel good, bad*

se sentir bien, mal	*to feel good, bad*
tomber malade	*to fall sick*
avoir mal (à la tête)	*to have an ache (a headache)*
(se) **faire mal**	*to hurt (oneself)*
souffrir	*to suffer*
soigner	*to care for*
se soigner	*to take care of oneself*
négliger sa santé	*to neglect one's health*
se rendre malade	*to make oneself sick*
attraper (un rhume)	*to catch (a cold)*
se mettre au lit	*to go to bed*

faire venir le médecin	*to send for the doctor*	guérir	*to get better*
prescrire un traitement	*to prescribe a treatment*	guérir une personne, une maladie	*to cure a person, an illness*
faire une piqûre	*to give an injection*		
opérer un malade	*to operate on a patient*		

PRATIQUE DE LA LANGUE

1. Êtes-vous en bonne santé? Tombez-vous souvent malade? Y a-t-il certaines situations qui vous prédisposent à tomber malade? Vous soignez-vous comme il faut?
2. Faites-vous parfois un somme? Est-ce une bonne habitude? A-t-on besoin d'un somme?
3. Les Américains pensent qu'il est bon de prendre des vitamines chaque jour. En prenez-vous? Si oui, pourquoi? Si non, pourquoi pas?
4. Que faites-vous lorsque vous attrapez un rhume? Avez-vous un remède secret? Guérissez-vous vite? Vous mettez-vous au lit ou essayez-vous de suivre votre horaire normal?
5. Avez-vous jamais fait quelque chose de bizarre lorsque vous étiez malade? Racontez.
6. Que pensez-vous de la médecine contemporaine? Avez-vous confiance en elle? Est-ce qu'on a trop confiance en elle en général?
7. Préparez une scène comique au sujet d'un malade imaginaire. Comme personnages il y aura :
    a. le (la) patient(e)
    b. le médecin
    c. l'infirmier(ère)
    d. les autres membres de la famille

La Farce de Maître Pathelin III

The cloth merchant has learned that his shepherd has been killing the sheep in his flock and attributing their death to sheep pox. He resolves to sue the shepherd to recoup his losses. The shepherd hires Maître Pathelin to defend him. Pathelin decides to plead insanity. He advises the shepherd to answer nothing but "Baa" to any question that is put to him. Pathelin himself will appear in court as if by chance and offer to defend the unfortunate man.

Au tribunal.

PATHELIN   Monsieur, Dieu vous donne bonne chance et ce que votre cœur désire.

LE JUGE   Soyez le bienvenu, Monsieur. Couvrez-vous° donc. Prenez place, là.

PATHELIN   Oh! je suis bien. Excusez-moi : je suis ici plus à l'aise.°

5   **LE JUGE**   S'il y a une affaire, qu'on se dépêche, tout de suite, pour que je
lève l'audience.°

LE DRAPIER   Mon avocat arrive. Il achève° un petit travail, Monseigneur, et,
s'il vous plaît, vous seriez bien aimable de l'attendre.

LE JUGE   Ah diable! J'ai d'autres affaires à entendre ailleurs. Si votre partie°

10   est présente, dépêchez-vous, sans plus attendre. N'êtes-vous pas le deman-
deur°?

LE DRAPIER   Oui.

LE JUGE   Où est le défendeur°? Est-il ici présent en personne?

LE DRAPIER *montrant le berger*°   Oui. Le voilà qui ne dit mot, mais Dieu sait

15   ce qu'il en pense.

LE JUGE   Puisque vous êtes présents tous les deux, exposez votre plainte.

LE DRAPIER   Voici donc ma plainte contre lui. Monseigneur, c'est la vérité
que, pour l'amour de Dieu et par charité, je l'ai élevé° quand il était enfant. Quand je vis qu'il était en âge d'aller aux champs, bref, j'en fis mon

20   berger et je le mis à garder mes bêtes. Mais, aussi vrai que vous êtes assis
là, Monseigneur le Juge, il a fait un tel carnage de mes brebis° et de mes
moutons° que vraiment...

LE JUGE   Mais voyons : n'était-il pas votre salarié°?

PATHELIN   Oui, car s'il s'était amusé à le garder sans salaire...

25   **LE DRAPIER** *reconnaissant Pathelin*   Que je renie Dieu si ce n'est vous! Oui,
vous! Parfaitement!

LE JUGE   Comme vous tenez votre main en l'air! Avez-vous mal aux dents,
Maître Pierre?

PATHELIN   Oui, elles me font une telle guerre que je n'ai jamais senti une

30   pareille rage.° Je n'ose lever le visage. Pour Dieu, faites-le continuer.

LE JUGE *au drapier*   Dépêchez! Achevez de plaider. Allez! concluez claire-
ment.

LE DRAPIER *à part*   C'est lui, ce n'est pas un autre, vraiment. Par la croix sur
laquelle Dieu s'est étendu°! C'est à vous que j'ai vendu six aunes de drap,

35   Maître Pierre!

LE JUGE *à Pathelin*   Que veut-il dire, avec son drap?

PATHELIN   Il divague.° Il croit revenir à son sujet et il ne peut plus s'y retrouver, parce qu'il n'a pas l'habitude.

LE DRAPIER *au juge*   Que je sois pendu si un autre que lui l'a pris, mon drap,

40   malheur de malheur!

PATHELIN   Comme ce méchant homme va chercher bien loin ses inventions

---

Couvrez-vous = Remettez votre chapeau   /   à l'aise *comfortable*   /   **lever l'audience** *to adjourn
the session*   /   **achever** = terminer   /   **la partie** = l'adversaire   /   **le demandeur** *plaintiff*   /
le défendeur *defendant*   /   **le berger** *shepherd*   /   **élever** *to raise*   /   **la brebis** *female sheep, ewe*   /
le mouton *(male) sheep, ram*   /   **le salarié** *hireling*   /   **la rage** *unbearable toothache*   /   **s'étendre**
= se coucher   /   **divaguer** *to ramble*

pour enrichir son accusation! Il veut dire (est-il têtu°!) que son berger avait vendu la laine (voilà : j'ai compris) dont on a fait le drap de ma robe. Ça revient à dire° qu'il le vole° et qu'il lui a soulevé° la laine de ses brebis.

45   LE DRAPIER   Dieu me frappe de malheur si vous ne l'avez!

    LE JUGE   Paix! par le diable! espèce de bavard.° Ne pouvez-vous revenir à votre sujet, sans retenir la Cour avec ces bavardages?

    PATHELIN   J'ai mal,° et il faut que je rie. Il se sent déjà si pressé qu'il ne sait plus où il a laissé son propos°; il faut que nous l'y ramenions.°

50   LE JUGE   Allons! revenons à ces moutons.° Qu'en est-il arrivé?

    LE DRAPIER   Il en prit six aunes, de neuf francs.

    LE JUGE   Sommes-nous des imbéciles, ou des bouffons? Où vous croyez-vous?

    PATHELIN   Morbleu! il vous fait paître°! A-t-il la mine° d'un honnête

55   homme! Mais je conseille de questionner un peu sa partie adverse.°

    LE JUGE   Vous avez raison. *(Au berger)* Approche; parle.

    LE BERGER   Bée.°

    LE JUGE   Voici un autre cassement de tête. Que veut dire ce «Bée?» Suis-je une chèvre°? Réponds.

60   LE BERGER   Bée.

    LE JUGE   Que Dieu te donne sanglante fièvre°! Te moques-tu?

    PATHELIN   Croyez qu'il est fou ou stupide, et qu'il se croit au milieu de ses bêtes.

    LE DRAPIER *à Pathelin*   Eh bien, je renie bieu si ce n'est vous, et non un

65   autre, qui l'avez eu, mon drap. *(Au juge)* Ah! vous ne savez pas, Monseigneur, par quelle fourberie°...

    LE JUGE   Eh! taisez-vous! Êtes-vous idiot? Laissez tranquille ce détail accessoire,° et venons-en au principal.

    LE DRAPIER   Sans doute, Monseigneur, mais l'affaire me touche.° Toutefois,

70   je vous le jure,° je n'en dirai pas un mot aujourd'hui. Une autre fois, ça ira comme ça pourra. Il faut que je l'avale° sans mâcher°... Donc je disais, dans mon exposé, comment j'avais donné six aunes... je dois dire : mes brebis. Je vous en prie, Monsieur, excusez-moi. Ce gracieux maître... Mon berger, quand il devait être aux champs... Il m'a dit que j'aurais six écus

75   d'or quand je viendrais... Je veux dire : il y a trois ans, mon berger me promit de me garder loyalement mes brebis, et de ne m'y faire ni dommage ni canaillerie,° et puis... Maintenant il nie° absolument tout, drap et

---

têtu = obstiné / **Ça revient à dire** = C'est comme si on disait / **voler** *to rob* / **soulever** *to lift* / **espèce de bavard** *you babbling idiot* / **J'ai mal** *I'm hurting* / **où il a laissé son propos** *where he left off* / **ramener** *to bring back* / **revenons à ces moutons** *This expression is now used proverbially, in the form "Revenons à nos moutons," to convey: "Let's get back to the subject at hand"* / **il vous fait paître** *he's not taking you seriously; he's scoffing at you* (paître = *to graze*) / **la mine** = l'apparence / **sa partie adverse** = son adversaire / **Bée** *Baa (the bleat of a sheep)* / **la chèvre** *goat* / **sanglante fièvre** *a terrible fever* / **la fourberie** *deceit* / **accessoire** = moins important, secondaire / **toucher** = concerner / **jurer** *to swear* / **avaler** *to swallow* / **mâcher** *to chew* / **la canaillerie** = action malhonnête / **nier** *to deny*

argent. Ah! Maître Pierre, vraiment... Ce scélérat° me soulevait la laine de
mes bêtes, et, alors qu'°elles étaient en pleine santé, il les faisait mourir et
80   crever° en les assommant,° en les frappant à coups de gourdin° sur la tête.
Mon drap sous son aisselle, il se mit en chemin à toute allure,° et me dit
d'aller chercher six écus d'or chez lui.

LE JUGE   Il n'y a ni rime ni raisons dans tout ce que vous rabâchez.° Qu'est-
ce que c'est? Vous entrelardez° tantôt° de l'un, tantôt de l'autre. Somme
85   toute,° par la sambleu, je n'y vois goutte. Il nous embrouille avec son drap,
puis il pérore sur les brebis, à tort et à travers.° Rien de ce qu'il dit ne
tient debout.

PATHELIN   Ce berger ne peut absolument pas répondre aux accusations por-
tées contre lui s'il n'a un avocat, et il n'ose ou il ne peut en demander un.
90   S'il vous plaisait de m'ordonner d'être son conseil, je le serais.

LE JUGE   Son conseil? Je croirais bien qu'avec lui le profit est gelé.°

PATHELIN   Moi, je vous jure qu'aussi bien je n'en veux rien avoir. Que ce
soit pour l'amour de Dieu! Je vais donc apprendre du pauvret° ce qu'il
voudra me dire, et s'il ne saura° point me renseigner° pour que je réponde
95   aux accusations de sa partie. Il s'en tirerait° mal, si on ne venait pas à son
secours.° *(Au berger)* Approche, mon ami. Entends-tu?

LE BURGER   Bée!

PATHELIN   Quoi, bée? Diable! Par le saint Sang que Dieu répandit,° es-tu
fou? Dis-moi ton affaire.

100 LE BERGER   Bée!

PATHELIN   Comment, Bée? Entends-tu braire° les brebis? C'est pour ton
bien, comprends-le.

LE BERGER   Bée!

PATHELIN   Eh! dis oui ou non. *(Bas)* Cela va bien. Continue. *(Haut)* Alors,
105   tu t'expliques?

LE BERGER *doucement*   Bée!

PATHELIN   Plus haut! ou cela te coûtera cher, je m'en doute.°

LE BERGER   Bée!

PATHELIN   Mais il faut être encore plus fou pour intenter un procès° à un
110   fou de naissance comme celui-ci! *(Au juge)* Ah! monsieur, renvoyez-le à ses
brebis! Il est fou de naissance.

LE DRAPIER   Il est fou? Il est plus sain° d'esprit que vous.

PATHELIN *au juge*   Renvoyez-le garder ses bêtes, sans ajournement, et qu'il
n'ait jamais à revenir. Maudit° soit qui assigne en justice° de tels fous, ou
115   les fait assigner.

---

le scélérat *scoundrel* / **alors que** *while* / **crever** = mourir / **assommer** *to knock on the*
head / **à coup de gourdin** *with a club* / **à toute allure** *at full speed* / **rabâcher** = répéter
sans cesse / **entrelarder** *to intersperse* / **tantôt... tantôt** *now . . . now* / **Somme toute** *In*
short / **à tort et à travers** = sans raison ni justesse / **gelé** *frozen (i.e., there is no profit to be*
made) / **le pauvret** = le pauvre homme / **saura** = pourra / **renseigner** = informer /
s'en tirer *to manage* / **le secours** = aide / **répandre** *to shed* / **braire** *to bray (as a*
donkey) / **se douter (de)** *to suspect* / **intenter un procès** *to bring legal action* / **sain** *sound* /
maudit *cursed* / **assigner en justice** *to summon to court*

Pathelin plaide pour le berger devant le juge.

LE DRAPIER   Et on le fera s'en retourner, avant de m'entendre?

LE JUGE   Ma foi oui, puisqu'il est fou. Pourquoi pas?

LE DRAPIER   Ah diable! Monsieur, au moins laissez-moi parler avant et présenter mes conclusions. Ce ne sont pas des tromperies que je vous dis, ni
120   des plaisanteries.

LE JUGE   Quel tracas,° juger des fous et des folles! Écoutez, pour réduire ces
bavardages, je vais lever la séance.°

La Farce de Maître Pathelin IV

Devant le tribunal après le procès.

PATHELIN *au berger*   Dis, Agnelet.°

LE BERGER   Bée!

PATHELIN   Viens ici, viens. Ton affaire est-elle bien réglée°?

LE BERGER   Bée!

5   **PATHELIN**   Ta partie s'est retirée. Ne dis plus : Bée! Ce n'est plus nécessaire.
Lui ai-je passé un beau croc-en-jambe°? Mon conseil n'était-il pas juste?

le tracas *annoyance*   /   **lever la séance** *to adjourn the session*   /   **Agnelet** *The shepherd's name is
Thibault l'Agnelet (Agnelet = small lamb)*   /   **réglé** *settled*   /   **passer un beau croc-en-jambe** *to
trip someone up nicely*

LE BERGER   Bée!

PATHELIN   Eh! diable, on ne t'entendra pas. Parle hardiment°; ne t'inquiète°
pas.

10 LE BERGER   Bée!

PATHELIN   Il est temps que je m'en aille : paie-moi.

LE BERGER   Bée!

PATHELIN   À vrai dire, tu as très bien tenu ton rôle, et tu as gardé bonne
contenance. Ce qui l'a fait tomber dans le traquenard,° c'est que tu t'es
15   retenu de rire.

LE BERGER   Bée!

PATHELIN   Quoi, bée? Il ne faut plus le dire. Paie-moi et gentiment.°

LE BERGER   Bée!

PATHELIN   Comment, bée? Parle raisonnablement et paie-moi; alors je m'en
20   irai.

LE BERGER   Bée!

PATHELIN   Sais-tu quoi? Je vais te le dire. Je te prie, sans plus me bêler°
après, de penser à me payer. Je ne veux plus de tes bêlements. Paie, et
vite!

25 LE BERGER   Bée!

PATHELIN   C'est une plaisanterie? Est-ce tout ce que tu en feras? Je le jure,
tu me paieras, entends-tu? à moins que tu ne t'envoles.° Allez! de l'argent.

LE BERGER   Bée!

PATHELIN   Tu t'amuses de moi. Comment? n'en aurai-je autre chose?

30 LE BERGER   Bée!

PATHELIN   N'en aurai-je pas d'autre monnaie? À qui crois-tu te jouer°? Je
devais tant me louer de° toi. Eh bien! fais que je puisse me louer de toi.

LE BERGER   Bée!

PATHELIN   Me fais-tu manger de l'oie?° Ai-je tant vécu pour qu'un berger,
35   un mouton habillé, un méprisable gueux,° me tourne en ridicule?

LE BERGER   Bée!

PATHELIN   N'en tirerai-je pas un autre mot? Si c'est pour t'amuser, dis-le, ne
me laisse plus disputer avec toi. Viens souper chez moi.

LE BERGER   Bée!

40 PATHELIN   Par saint Jean, tu as raison : les oisons mènent paître les oies.° *(À
part)* Eh oui! Je croyais être le maître de tous, des trompeurs d'ici et d'ailleurs, des aigrefins° et des donneurs de paroles en paiement, à rendre° au
jour du Jugement, et un simple berger me surpasse! *(Au berger)* Par saint
Jacques, si je trouvais un sergent,° je te ferais pendre!

---

hardiment *boldly* / **s'inquiéter** *to worry* / **le traquenard** *trap* / **gentiment** *nicely, like a good
boy* / **bêler** *to bleat* / **s'envoler** *to fly away* / **se jouer** = se moquer / **se louer de** = être
content de / **Me fais-tu manger de l'oie?** = Te moques-tu de moi? / **le gueux** *wretch* /
les oisons mènent paître les oies *the young geese are leading the older ones to pasture (i.e., the
innocent are teaching the shrewd)* / **l'aigrefin** (m) *swindler* / **à rendre** *to be repaid* /
sergent = agent de police

45 **LE BERGER**   Bée!

PATHELIN   Heu! Bée! Qu'on me pende si je ne fais pas venir un bon sergent! Malheur à lui, s'il ne te met pas en prison!

LE BERGER, *s'enfuyant*   S'il me trouve, je lui pardonne!

La Farce de Maître Pathelin

INTELLIGENCE DU TEXTE

1. Pourquoi le drapier est-il obligé de plaider lui-même?
2. En quoi consiste sa plainte contre le berger?
3. Pourquoi Maître Pierre tient-il sa main en l'air?
4. Pourquoi le juge est-il obligé de commander au drapier de «revenir à ces moutons»?
5. Qu'est-ce que le berger répond aux questions du juge? Pourquoi répond-il ainsi?
6. Quel motif pousse Pathelin à s'offrir d'aider le berger?
7. À quelle conclusion Pathelin arrive-t-il? Qu'est-ce qu'il demande au juge de faire?
8. Après le procès, qu'est-ce que le berger répond aux questions de Maître Pathelin? Quelle est la réaction de Pathelin? Que dit-il au berger?
9. Quelle leçon Maître Pathelin tire-t-il de cette aventure?
10. À qui fait-il appel finalement? Trouvez-vous ce dénouement ironique? Pourquoi?

APPRÉCIATION DU TEXTE

1. Le procédé comique ici consiste à confondre deux récits qui, s'ils sont racontés séparément, sont bien cohérents. Résumez à votre façon les deux plaintes du drapier, d'abord celle contre Pathelin, puis celle contre le berger.
2. «À trompeur, trompeur et demi.» Voilà comment on résume souvent la morale de cette farce. Expliquez ce qu'on veut dire par cette expression et dites comment elle s'applique à la pièce.
3. Les personnages de cette farce vous sont-ils sympathiques ou antipathiques? Dites votre réaction devant chacun des cinq personnages.

Vocabulaire satellite

la **loi**	*law (rule, statute)*
le **droit**	*law (profession, study); right (moral, legal)*
l' **avocat,e**	*lawyer*
le, la **client,e**	*client*
l' **inculpé,e**	*accused*

l' accusé,e	*accused*
le, la plaignant,e	*plaintiff*
la victime	*victim*
le juge	*judge*
le jury	*jury*
le, la juré,e	*juror*
l' avocat général	*public prosecutor*
le procureur	*public prosecutor*
le témoin (à charge)	*(prosecution) witness*
le témoin (à dé- charge)	*(defense) witness*
le procès	*trial*
le tribunal	*court*
l' affaire (f)	*(legal) case*
la plainte	*(legal) case*
l' audience (f)	*session*
le témoignage	*testimony*
le mobile	*motive*
la preuve	*proof*
les circonstances at- ténuantes (f)	*extenuating circum- stances*
le crime (prémé- dité)	*(premeditated) crime*
le criminel ⎫ la criminelle ⎭	*criminal*
le verdict	*verdict*
la culpabilité	*guilt*
l' innocence (f)	*innocence*

—*Donc, vous dites que vous êtes un avocat et que le mouton est votre client.*

l' acquittement (m)	*acquittal*
accuser	*to accuse*
défendre	*to defend*
poursuivre (en justice)	*to sue*
plaider	*to plead*
jurer	*to swear*
avouer	*to admit*
nier	*to deny*
trouver cou- pable, inno- cent	*to find guilty, innocent*
punir	*to punish*
être condamné à	*to be sentenced to*
lever l'audience (f)	*to adjourn the session*

PRATIQUE DE LA LANGUE

1. «Les avocats sont trop bien payés de nos jours.» Êtes-vous d'accord ou non? Pourquoi?
2. La justice s'inquiète-t-elle trop des droits des criminels et pas assez de ceux des victimes? Donnez un exemple pour illustrer votre réponse.
3. Citez un procès qui vous a fasciné. Résumez pour les autres membres de la classe la question que ce procès a réglée. Pourquoi avez-vous trouvé ce procès si fascinant? Avez-vous été d'accord avec la décision du juge ou du jury?
4. Un avocat doit-il défendre un criminel qu'il sait coupable? Pourquoi ou pourquoi pas?
5. Si vous aviez l'occasion d'être avocat(e), voudriez-vous être le procureur qui représente l'État ou l'avocat qui défend un client? Pourquoi?
6. Si on vous accusait d'un crime, voudriez-vous que votre culpabilité ou votre innocence soit décidée par un juge seul ou par un jury? Pourquoi?
7. Créez ou recréez une affaire célèbre où il s'agit d'une question de justice à

régler. Présentez les faits devant le tribunal où vous trouverez les personnages suivants :

a. un juge
b. un procureur
c. un(e) avocat(e)
d. un(e) accusé(e)
e. un(e) plaignant(e)

Ceux qui ne font pas partie du procès serviront de jurés.

SUJETS DE DISCUSSION OU DE COMPOSITION

1. Imaginez que vous êtes critique pour une revue littéraire. Faites la critique soit de *La Farce de Maître Pathelin,* soit de la derniere pièce de théâtre que vous avez vue.

2. Le livre et la scène se voient concurrencés (*rivaled*) aujourd'hui par la télévision. Divisez la classe en trois groupes de partisans qui, dans un débat, se chargeront de démontrer les avantages de leur choix ainsi que les inconvénients des deux autres.

3. Si vous aviez le loisir d'écrire le livre de votre choix, quel genre de livre écririez-vous et pourquoi? Voudriez-vous, par exemple, faire de la littérature de la plus haute qualité, ou accepteriez-vous de vous compromettre ignoblement (faire des livres de mauvais goût, même choquants et obscènes) pour obtenir de l'argent? Expliquez votre choix.

Chanson et cinéma

Georges Brassens

French song is as old as French literature itself, tracing its origins to the medieval troubadours[L] who composed the first poems to be sung to the accompaniment of a simple stringed instrument. In their time, poetry and song constituted one and the same form, without distinction. These artful expressions covered a broad range of themes from the lyrical to the satirical, from celebrations of love and *joie de vivre* to mild and not so mild attacks on both Church and State.

The poet-singer Georges Brassens[1] (1921–1981) recalled that era of the early troubadours. In concert he simply strolled out onto the stage, guitar in hand, seemingly oblivious of the audience, put his foot up on a chair, and with no formal introduction began to communicate in song. The deep, rich tones emanating from this physically imposing man, combined with the unique interpretation of his own expressive lyrics, soon captured his listeners. Like the troubadours, Brassens was as much poet as songwriter; the Académie Française awarded him the poetry prize in 1967. His choice of subjects showed a predilection for rebellion against the established order. He particularly enjoyed portraying society's underprivileged, or outcasts, but with no apologetic intent, and without attempting to gloss over their apparent shortcomings. He delighted in disturbing, shocking, or even scandalizing the comfortable middle classes. He used sarcasm, irony,[L] disrespect, ribaldry, and

[1]The final *s* is pronounced: /brasɛ̃s/.

laughter, though he could be quite tender and moving when the subject called for it.

Brassen's colorful language affords a fascinating study in contrasts. Ever preoccupied with the honest, lucid, natural phrasing of thought, the poet does not recoil from popular, even obscene, words. In his lyrics it is not unusual to find crude and refined language side by side.

Dans l'eau de la claire fontaine

Dans l'eau de la claire fontaine
Elle se baignait° toute nue
Une saute de vent° soudaine
Jeta ses habits° dans les nues.°

5 En détresse elle me fit signe
Pour la vêtir° d'aller chercher
Des monceaux° de feuilles de vigne
Fleurs de lis° et fleurs d'oranger.

Avec des pétales de roses
10 Un bout de corsage° lui fis°
La belle n'était pas bien grosse
Une seule rose a suffi.

Avec le pampre° de la vigne
Un bout de cotillon° lui fis
15 Mais la belle était si petite
Qu'une seule feuille a suffi.

Ell'[1] me tendit ses bras, ses lèvres
Comme pour me remercier
Je les pris avec tant de fièvre
20 Qu'ell' fut toute déshabillée.

Le jeu dut plaire à l'ingénue
Car à la fontaine souvent
Ell' s'alla baigner° toute nue
En priant Dieu qu'il fît du vent
25   Qu'il fît du vent.

se baigner *to bathe* / **une saute de vent** *a sudden gust of wind* / **les habits** (m) *clothes* / **la nue** *cloud* / **vêtir** = habiller / **le monceau** *pile* / **le lis** *lily* / **un bout de corsage** *a bit of a blouse* / **lui fis** = je lui fis / **le pampre** *vine branch* / **le cotillon** *petticoat* / **ell' s'alla baigner** = elle alla se baigner

[1]Il y a élision du second *e* parce que la prononciation de cette voyelle donnerait une syllabe de trop dans ce vers.

Chanson pour l'Auvergnat

Elle est à toi cette chanson
Toi l'Auvergnat° qui sans façon°
M'as donné quatre bouts° de bois
Quand dans ma vie il faisait froid
5 Toi qui m'as donné du feu quand
Les croquantes° et les croquants
Tous les gens bien intentionnés
M'avaient fermé la porte au nez
Ce n'était rien qu'un feu de bois
10 Mais il m'avait chauffé° le corps
Et dans mon âme il brûle encore
À la manièr' d'un feu de joie.

Toi l'Auvergnat quand tu mourras
Quand le croqu'mort° t'emportera
15 Qu'il te conduise à travers ciel
     Au père éternel.

Elle est à toi cette chanson
Toi l'hôtesse qui sans façon
M'as donné quatre bouts de pain
20 Quand dans ma vie il faisait faim°
Toi qui m'ouvris ta huche° quand
Les croquantes et les croquants
Tous les gens bien intentionnés
S'amusaient à me voir jeûner°
25 Ce n'était rien qu'un peu de pain
Mais il m'avait chauffé le corps
Et dans mon âme il brûle encore
À la manièr' d'un grand festin.°

Toi l'hôtesse quand tu mourras
30 Quand le croqu'mort t'emportera
Qu'il te conduise à travers ciel
     Au père éternel.

Elle est à toi cette chanson
Toi l'étranger qui sans façon
35 D'un air malheureux m'as souri
Lorsque les gendarmes m'ont pris

---

l'Auvergnat = l'habitant de la province d'Auvergne (au centre de la France) / **sans façon** =
sans cérémonie / **le bout** = le morceau / **le croquant, la croquante** = le paysan, la
paysanne *(pejorative)* / **chauffer** = rendre chaud / **le croque-mort** *undertaker* / **il faisait
faim** *This unusual construction parallels* il faisait froid *in the first stanza* / **la huche** *bin* /
jeûner = s'abstenir de nourriture, ne pas manger / **le festin** = le banquet

Toi qui n'as pas applaudi quand
Les croquantes et les croquants
Tous les gens bien intentionnés
40 Riaient de me voir emmener
Ce n'était rien qu'un peu de miel°
Mais il m'avait chauffé le corps
Et dans mon âme il brûle encore
À la manièr' d'un grand soleil.

45 Toi l'étranger quand tu mourras
Quand le croqu'mort t'emportera
Qu'il te conduise à travers ciel
         Au père éternel.

La chasse aux papillons°

Un bon petit diable à la fleur de l'âge,°
La jambe légère et l'œil polisson,°
Et la bouche plein' de joyeux ramages,°
Allait à la chasse aux papillons.

5 Comme il atteignait l'orée° du village,
Filant sa quenouille° il vit Cendrillon.°
Il lui dit : «Bonjour, que Dieu te ménage,°»
J' t'emmène à la chasse aux papillons.

Cendrillon ravie° de quitter sa cage,
10 Met sa robe neuve et ses bottillons°;
Et bras d'ssus bras d'ssous° vers les frais bocages°
Ils vont à la chasse aux papillons.

Ils ne savaient pas que sous les ombrages°
Se cachait° l'amour et son aiguillon°;
15 Et qu'il transperçait les cœurs de leur âge,
Les cœurs des chasseurs de papillons.

Quand il se fit entendre, ell' lui dit j' présage°
Qu' c'est pas dans les plis de mon cotillon°

le miel *honey* / **le papillon** *butterfly* / **Un bon petit diable à la fleur de l'âge** *A fiery lad in the prime of his youth* / **polisson** = trop libre, indécent / **le ramage** *warble, yodel* / **l'orée** (f) = la limite / **filant sa quenouille** *spinning her distaff (note the inversion in this verse)* / **Cendrillon** *Cinderella* / **ménager** = préserver / **ravi** = charmé / **le bottillon** = la petite botte / **bras dessus bras dessous** *arm in arm* / **le bocage** = le petit bois / **l'ombrage** (m) *shade (from trees)* / **se cacher** *to hide* / **l'aiguillon** (m) *goad, prod* / **présager** = prédire / **dans les plis de mon cotillon** *in the pleats of my skirt*

Ni dans l'échancrure° de mon corsage,
20 Qu'on va t'à la chasse° aux papillons.

Sur sa bouche en feu qui criait : «Sois sage!»
Il posa sa bouche en guis' de bâillon.°
Et c' fut l' plus charmant des remue-ménage°
Qu'on ait vu d' mémoir' de° papillons.

25 Un volcan dans l'âme ils r'vinr'nt au village,
En se promettant d'aller des millions
Des milliards° de fois et mêm' davantage,
Ensemble à la chasse aux papillons.

Mais tant qu'ils s'aim'ront, tant que les nuages
30 Porteurs de chagrins les épargneront,°
I' f'ra° bon voler dans les frais bocages
I' n' f'ront pas la chasse aux papillons.

INTELLIGENCE DES TEXTES

Dans l'eau de la claire fontaine
1. Quel problème se présente à la jeune fille?
2. Quelle solution propose-t-elle?
3. Est-ce que tout finit bien? Expliquez votre réponse.

Chanson pour l'Auvergnat
1. En quoi consiste la charité de l'Auvergnat, de l'hôtesse et de l'étranger?
2. Qu'est-ce que les croquantes et les croquants ont fait?
3. Qu'est-ce que le poète souhaite, dans le refrain, à chacun de ses bienfaiteurs?
4. Comment vous représentez-vous le narrateur?

La chasse aux papillons
1. Racontez la rencontre de Cendrillon et de son petit ami.
2. Est-ce que la chasse aux papillons est menacée? Comment?
3. Qu'est-ce que Cendrillon et son petit ami se proposent de faire à la fin?

APPRÉCIATION DES TEXTES

1. Brassens est poète et chansonnier. Ses œuvres se lisent bien, même sans musique. Lisez à haute voix, par exemple, les vers de «la Chanson pour l'Au-

---

l'échancrure (f) = l'ouverture / **qu'on va t'à la chasse** *The* t *is there for euphonic purposes only, to avert the hiatus* va à / **en guise de bâillon** *as a gag* / **le remue-ménage** *bustle, stir* / **de mémoire de** *within memory of* / **le milliard** = mille millions / **épargner** *to spare* / **I' f'ra** = Il fera

vergnat» ou de «Dans l'eau de la claire fontaine.» Appréciez la régularité des octosyllabes et la justesse remarquable de la rime.

2. Un bon nombre de chansons de Georges Brassens semblent ranimer l'ancienne tradition de l'esprit gaulois, c'est-à-dire que le poète s'y exprime avec cette gaieté un peu libre et osée qui caractérisait une partie de la littérature du moyen âge (les fabliaux) et de la Renaissance (François Rabelais). En fait, on appelle Brassens «le polisson *(scamp, rascal)* de la chanson.» Quels éléments de sa polissonnerie avez-vous remarqués dans les trois chansons?

3. Ces trois chansons illustrent plusieurs thèmes favoris de Brassens : l'amour, la nature, les pauvres, l'humour, etc. Citez quelques exemples qui vous ont plus particulièrement frappé dans le texte.

Georges Moustaki

Although Georges Moustaki was to develop along lines somewhat different from Georges Brassens, he was encouraged by Brassens early in his career, and like him refused to accept the dictates of society. Without leading a personal crusade of protest against prevailing social conditions, he rejected any notion of a routine existence that might compromise his freedom: "Je fais les choses parce qu'elles sont dans le présent."

Moustaki did not start out immediately as a performer; at first he wrote songs for others. The most notable of these compositions—one that greatly influenced his own career—was "Milord," written for the legendary Édith Piaf in the late 1950s. He then accompanied Piaf on an extensive one-year tour that included the United States. Moustaki also wrote music for television and the movies *(Le Temps de vivre),* and during the student uprisings of May 1968 was often seen singing his songs in the streets of Paris. The song that launched his recording career in 1969, and brought him to the attention of the public as a singer, was "Le Métèque," whose title is a term used pejoratively to designate someone like Moustaki, a native of a Mediterranean country who resides in France.

Moustaki's poetry strikes the reader by its extreme simplicity. This uncomplicated, informal approach perfectly complements the artist's favorite theme, the sweet life. In many of his songs Moustaki extols a carefree existence where there are no rules or restrictions. A native of Alexandria, Egypt, he seems to have nothing but fond memories of his early life on the Nile delta. He enjoys creating a dream atmosphere where daily cares can be avoided in a nonchalant pursuit of pleasure. In this poet's world one need never worry; everything will work out sooner or later. It is not hard to understand the

attraction of such a theme when phrased poetically, stated simply, and
enhanced by melodies in the artist's own alluring, low-key presentation.

Il est trop tard

Pendant que je dormais
Pendant que je rêvais
Les aiguilles° ont tourné
Il est trop tard
5 Mon enfance est si loin
On est déjà demain°
Passe passe le temps...
Il n'y en a plus pour très longtemps.°

Pendant que je t'aimais
10 Pendant que je t'avais
L'amour s'en est allé
Il est trop tard
Tu étais si jolie
Je suis seul dans mon lit
15 Passe passe le temps...
Il n'y en a plus pour très longtemps.

Pendant que je chantais
Ma chère liberté
D'autres l'ont enchaînée
20 Il est trop tard
Certains se sont battus°
Moi je n'ai jamais su
Passe passe le temps...
Il n'y en a plus pour très longtemps.

25 Pourtant je vis toujours
Pourtant je fais l'amour
M'arrive° même de chanter
Sur ma guitare
Pour l'enfant que j'étais
30 Pour l'enfant que j'ai fait
Passe passe le temps...
Il n'y en a plus pour très longtemps.

---

l'aiguille (f) *hand (on a clock)* / **On est déjà demain** = Il est déjà demain / **Il n'y en a plus
pour très longtemps** *There isn't much (time) left* / **se battre** *to fight* / **M'arrive** = Il m'arrive

Pendant que je chantais
Pendant que je t'aimais
35 Pendant que je rêvais
Il était encore temps.

Le temps de vivre

Nous prendrons le temps de vivre
D'être libre mon amour
Sans projets et sans habitudes
Nous pourrons rêver notre vie.

5 Viens je suis là
Je n'attends que toi
Tout est possible
Tout est permis.

Viens écoute ces mots qui vibrent
10 Sur les murs du mois de mai[1]
Ils nous disent la certitude
Que tout peut changer un jour.

Viens je suis là
Je n'attends que toi
15 Tout est possible
Tout est permis.

Dire qu'il faudra mourir un jour

Dir' qu'il faudra mourir un jour
Quitter sa vie et ses amours
Dir' qu'il faudra laisser tout ça
Pour Dieu sait quel au-delà.°

5 Dir' qu'il faudra mourir un jour
C'est dur à penser il faut bien le dire.

Dir' qu'il faudra rester tout seul
Dans la tristesse d'un linceul°

l'au-delà (m) *other world, beyond* / **le linceul** *shroud*

[1]Pendant les manifestations des étudiants en mai 1968, les murs étaient couverts de graffiti.

Sans une fille pour la nuit
10 Sans une goutte de whisky.

Dir' qu'il faudra mourir un jour
C'est dur à penser il faut bien le dire.

Dir' qu'il faudra bon gré mal gré°
Finir dans d'éternels regrets
15 Moi qui voudrais plus d'une vie
Pour passer toutes mes envies.°

Dir' qu'il faudra mourir un jour
C'est dur à penser il faut bien le dire.

Dir' qu'il faudra mourir d'ennui°
20 En enfer ou en paradis
Passer toute une éternité
Sans jamais pouvoir s'évader.°

Dir' qu'il faudra mourir un jour
C'est dur à penser il faut bien le dire.

25 Dir' qu'il faudra mourir encor
Moi qui suis souvent déjà mort
Oui mort d'amour et de plaisir
De quoi pourrais-je mieux mourir?

Dir' qu'il faudra mourir un jour
30 C'est dur à penser mon amour.

Ma solitude

Pour avoir si souvent dormi
Avec ma solitude
Je m'en suis fait presque une amie
Une douce habitude
5 Elle ne me quitte pas d'un pas°
Fidèle comme une ombre°
Elle m'a suivi çà et là
Aux quatre coins du monde.

Non je ne suis jamais seul
10 Avec ma solitude.

---

bon gré mal gré = volontairement ou non / **l'envie** (f) = le désir / **l'ennui** (m) *boredom* /
s'évader = se libérer, s'échapper / **le pas** *step* / **l'ombre** (f) *shadow*

Quand elle est au creux° de mon lit
Elle prend toute la place
Et nous passons de longues nuits
Tous les deux face à face
15 Je ne sais vraiment pas jusqu'où
Ira cette complice°
Faudra-t-il que j'y prenne goût°
Ou que je réagisse°?

Non je ne suis jamais seul
20 Avec ma solitude

Par elle j'ai autant appris
Que j'ai versé de larmes°
Si parfois je la répudie
Jamais elle ne désarme
25 Et si je préfère l'amour
D'une autre courtisane
Elle sera à mon dernier jour
Ma dernière compagne.

Non je ne suis jamais seul
30 Avec ma solitude

le creux *hollow* / **le, la complice** *accomplice* / **prendre goût à** = commencer à aimer /
réagir = résister / **verser des larmes** = pleurer

INTELLIGENCE DES TEXTES

Il est trop tard
1. Qu'est-ce qui est arrivé pendant que le poète rêvait?
2. Que s'est-il passé pendant qu'il aimait?
3. Qu'est-ce qui a eu lieu pendant qu'il chantait? Expliquez.
4. En quoi consistent les activités actuelles du poète?
5. Quelle est la conclusion sous-entendue du poème?

Le temps de vivre
1. Comment le poète propose-t-il de vivre?
2. Que signifie «sans projets et sans habitudes»?
3. Trouvez-vous optimiste le thème de cette chanson? Pourquoi ou pourquoi pas?

Dire qu'il faudra mourir un jour
1. Quelles sont les choses qu'il faut quitter un jour?
2. Pour quelles raisons est-ce dur à penser?
3. Pourquoi faudra-t-il finir dans d'éternels regrets?
4. De quoi le poète est-il souvent mort?

Ma solitude
1. Pourquoi le poète considère-t-il la solitude comme une amie?
2. A-t-il des sentiments équivoques envers sa solitude? Quels sont ces sentiments?
3. Comment va sûrement se terminer sa liaison avec la solitude?

APPRÉCIATION DES TEXTES

1. Moustaki, pour plusieurs, c'est d'abord le grand insouciant *(the carefree one)*. Dans quelles chansons trouve-t-on des éléments de nonchalance, de disponibilité *(openness to new adventures)*? Quels sont ces éléments?
2. La simplicité extraordinaire des paroles de Moustaki crée une atmosphère de confidence, d'intimité. La majorité des phrases, en effet, sont écrites à la première ou à la deuxième personne. Relisez les chansons à haute voix et remarquez qu'étant donné le style très simple, il y a très peu d'inversions et que, malgré le manque de ponctuation, l'expression de la pensée reste claire.

Vocabulaire satellite

la **musique classique** (sérieuse)	*classical music*
l' **opéra** (m)	*opera*

le jazz	*jazz*
la musique folklo- rique	*folk music*
la musique popu- laire (légère)	*popular music*
le rock	*rock music*
le compositeur ⎫ la compositrice ⎭	*composer*
l' interprète (m,f)	*artist*
l' artiste (m,f)	*artist*
le chanteur ⎫ la chanteuse ⎭	*singer*
l'air (m) ⎫ la mélodie ⎭	*tune, melody*
les paroles (f)	*song lyrics*
l' enregistrement (m)	*recording*
le disque	*phonograph record*
la chaîne stéréo	*stereo system*
le tourne-disque	*record player*
le haut-parleur	*speaker (equipment)*
le magnétophone	*tape recorder*

—Hé! Elle n'est pas si mauvaise ta musique!

PRATIQUE DE LA LANGUE

1. «La jeunesse actuelle est esclave de la musique. Elle ne peut rien faire sans musique.» Êtes-vous d'accord ou non? Pourquoi?
2. Préparez et présentez un dialogue dans lequel une famille se dispute à pro- pos du volume sonore de la chaîne stéréo. Imaginez les arguments des per- sonnes suivantes :
   a. papa (adore les valses de Strauss)
   b. maman (toute musique l'énerve)
   c. Richard, le fils (pour apprécier le rock, il faut le jouer très fort)
   d. grand-papa (n'entend pas très bien)
   e. Lucille, sœur de Richard (travaille la nuit, doit dormir le jour)
   f. Georges, ami et voisin de Richard (adore le rock, n'a pas de chaîne stéréo chez lui).
3. À débattre : «La musique classique est la seule qui mérite notre attention parce qu'elle est internationale et dure d'une époque à l'autre.»
4. Quel rôle la musique joue-t-elle dans votre vie? Influence-t-elle votre hu- meur? Si oui, vous met-elle de bonne ou de mauvaise humeur?
5. Quelle partie d'une chanson trouvez-vous la plus importante, la mélodie ou les paroles? Expliquez.
6. Quel genre de musique préférez-vous? Pourquoi?
7. Que pensez-vous de l'opéra? Quels sont les mérites de ce genre de mu- sique?

François Truffaut

François Truffaut (1932–1984) was destined for the cinema seemingly from birth. He himself estimated that, as an adolescent, in six or seven years he viewed two thousand films. While still in his mid-teens he founded his own ciné-club, which went bankrupt, landing the young entrepreneur in jail for debt. At this point fate intervened in the person of film critic André Bazin, who probably saw in Truffaut a reincarnation of his own enthusiastic youth. Bazin took a personal interest in Truffaut, serving as both his surrogate father and mentor.

Sponsored by Bazin, Truffaut became affiliated with the *Cahiers du cinéma,* an important critical review founded in 1951. In January 1954 Truffaut contributed the review's most important article, "Une certaine tendance du cinéma français." This article, which became the manifesto of the *Nouvelle Vague* (New Wave), assailed the classic French cinema and argued for a *cinéma d'auteur* in which the film director was an author in his own right, creating visually through images just as the writer uses words. Truffaut deplored the then current practice in film making of assembling teams of specialists, each one working in his own narrow area. He likewise opposed the use of studio sets and advocated filming on location. As for scripts, he rejected dialogue supplied by a *littérateur* in favor of natural conversation. The New

François Truffaut

Wave director was to be an artist totally responsible for every facet of his work. All the critical creative decisions were to be his; no longer was he merely to oversee a team of experts.

Truffaut's criticism was elaborated in very specific terms in the many articles that he wrote over the next five or six years. He left no doubt as to which directors he admired and which he disliked, and why. Finally, in the late 1950s, Truffaut took the big step from theory and criticism to film making. His first public film, *Les Mistons* (The Mischief Makers), appeared in 1957. A great career was thus launched, one that would create such films as *Les Quatre Cents Coups, Tirez sur le pianiste, Jules et Jim, Fahrenheit 451, L'Enfant sauvage, La Nuit américaine, Adèle H.,* and *Le Dernier Métro.*

In the course of his career, one of Truffaut's consistent fascinations was with youth. He always enjoyed filming children because "tout ce que fait un enfant sur l'écran, il semble le faire pour la première fois." He at first conceived of *L'Argent de poche* (1976) as a collection of short stories, but then decided instead to use the material as a scenario for a film on the transition from childhood to adolescence.

The following episode exemplifies the type of painful discovery that young people must make during this difficult developmental stage. Yet they always recover from such distressing incidents because, as Truffaut's film illustrates, "l'enfance est souvent en danger... mais elle a la grâce et... elle a aussi la peau dure."

Patrick pousse son pion°

Ce soir, comme souvent, Patrick est venu chez les Riffle° pour faire travailler le petit Laurent : aujourd'hui mathématiques modernes.

Mais, pour une fois, Patrick ne semble pas avoir toute sa tête, ou tout son cœur à l'ouvrage. Et Laurent doit souvent rappeler à la réalité son jeune
5 maître qui rêve en regardant une photo de la belle Mme Riffle.

Dans l'heure qui suit, Patrick passe à l'action. À un carrefour° de la ville, il n'hésite qu'un instant avant de se diriger d'un pas ferme vers la boutique de fleurs située de l'autre côté de la rue.

Une fois dans la boutique, il précise° qu'il veut des fleurs pour offrir,° mais
10 ne sait pas vraiment ce qu'il doit choisir.

La fleuriste vient à son secours :

—C'est pour offrir? Eh bien, écoutez, prenez des roses.

Patrick lève la tête pour lire le panneau° que lui indique la fleuriste et lit : «Rose blanche... amour fragile.»

---

le pion *pawn (in chess)* / **les Riffle** *the family whose son, Laurent, is being tutored by Patrick* / **le carrefour** *intersection* / **préciser** = dire d'une manière précise / **offrir** = donner comme un cadeau / **le panneau** *sign*

15 «Rose rose... amour caché.»

«Rose rouge... amour ardent.»

Sa décision est vite prise :

—Je crois que je vais prendre des roses rouges. Il dépose alors sur la
caisse° deux grosses poignées° de pièces de monnaie qui témoignent de° la
20 patience et du temps qu'il a fallu pour réunir la somme.

Patrick se hâte dans la rue. Il n'est plus très loin du salon de coiffure des
Riffle. Il presse le pas,° jette un regard vers l'intérieur du salon, et recule°
précipitamment pour se dissimuler° dans le couloir d'une maison voisine. De
qui peut-il bien se cacher ainsi? Eh bien, c'est de son camarade Laurent qui
25 sort presque aussitôt° du magasin. Patrick surveille le départ de Laurent et,
dès que celui-ci s'est éloigné, il sort de sa cachette° et avance vers le salon de
coiffure. Sa conduite ressemble à celle d'un malfaiteur° : voilà que, au lieu
d'entrer dans le salon de coiffure, il emprunte° la porte voisine, celle qui
donne sur° le couloir° qui permet de se rendre directement à l'appartement.
30 Dans le couloir, Patrick s'arrête une seconde : le temps de jeter un coup
d'œil° dans le salon et de vérifier que M. Riffle s'y trouve ainsi que les deux
employées et quelques clientes.

À présent, il commence à monter l'escalier en colimaçon° qui mène à l'ap-

---

la caisse *cash register* / **la poignée** *handful* / **témoigner de** *to testify to* / **presser le pas** =
aller plus vite / **reculer** *to step back* / **se dissimuler** = se cacher / **aussitôt** = au moment
même / **la cachette** = lieu où on se cache / **le malfaiteur** = le criminel / **emprunter** =
faire usage de / **donner sur** = avoir accès sur / **le couloir** = le corridor / **jeter un
coup d'œil** *to glance* / **en colimaçon** = en spirale

partement. À mi-hauteur, il stoppe un moment, comme quelqu'un qui hési-
35 terait au bout d'un plongeoir,° il surmonte cette dernière hésitation et re-
prend son ascension.

Dans l'appartement, assise devant une glace,° la belle Mme Riffle est en
train de se passer de la laque° rouge sur les ongles.° Elle est tellement absor-
bée par cette occupation que Patrick doit se gratter la gorge° avant qu'elle
40 s'aperçoive de° sa présence. Lorsque, enfin, elle tourne son visage vers lui,
elle l'accueille° d'un grand sourire :

—Ah, c'est toi, Patrick? Bonjour. Dépêche-toi si tu veux rattraper° Laurent, il vient de partir.

Patrick se jette à l'eau° et, regardant Nadine Riffle bien en face, il répond :
45 —C'est pas Laurent que je veux voir, madame, c'est vous.

—Moi? s'étonne Mme Riffle.

Patrick perd un peu de sa belle assurance et, bafouillant° un peu :

—Oui, j'ai pensé... je veux... enfin voilà (il lui tend° le bouquet), c'est pour
vous.

50 —C'est pour moi! Oh, ce que c'est gentil°! Oh, elles sont superbes! Ça me
fait très plaisir!

Mme Riffle a pris les roses et les regarde, les respire,° avec un réel plaisir.
Tout ému, Patrick attend tout,° sauf la phrase qui vient :

—Tu remercieras bien ton papa!

François Truffaut, L'Argent de poche

INTELLIGENCE DU TEXTE

1. Qu'est-ce que Patrick est venu faire chez les Riffle? Pourquoi ne peut-il pas le faire?
2. Comment Patrick passe-t-il du rêve à l'action? Vers quelle boutique se dirige-t-il? Qu'est-ce qu'il y cherche?
3. Qu'est-ce que Patrick choisit chez la fleuriste? Comment prend-il sa décision?
4. Comment Patrick paye-t-il son achat? Qu'est-ce que cela prouve?
5. Pourquoi Patrick n'entre-t-il pas tout de suite chez les Riffle?
6. Expliquez comment sa conduite ressemble à celle d'un malfaiteur. Qu'est-ce qu'il doit vérifier avant de commencer à monter l'escalier?
7. A-t-il un dernier moment d'hésitation? À qui ressemble-t-il alors?
8. Où est Mme Riffle et que fait-elle? Que doit faire Patrick pour se faire apercevoir?
9. Qu'est-ce que Mme Riffle présume dès qu'elle aperçoit Patrick? Que lui suggère-t-elle?

le plongeoir *diving board* / **la glace** = le miroir / **la laque** *lacquer* / **l'ongle** (m)
fingernail / **se gratter la gorge** *to clear one's throat* / **s'apercevoir de** *to notice* / **accueillir**
= recevoir / **rattraper** = rejoindre / **se jeter à l'eau** = se précipiter (à l'aventure) /
bafouiller *to stammer* / **tendre** = présenter en avançant / **ce que c'est gentil!** *how nice!* /
respirer *to inhale* / **attend tout** *is ready for anything*

10. Décrivez comment se passe la présentation des fleurs. Patrick est-il confiant? Comment présente-t-il les roses?
11. Expliquez le dénouement de cette affaire.

APPRÉCIATION DU TEXTE

1. Imaginez que vous êtes la personne derrière la caméra. Sur quels éléments visuels de ce scénario tournerez-vous l'œil de la caméra?
2. Relevez dans le texte les endroits où Truffaut révèle son appréciation du monde des enfants.
3. Soulignez l'emploi de l'allitération[L] dans le dernier paragraphe du texte. Remarquez la richesse des *r* dans la phrase qui se rapporte à Mme Riffle et la prépondérance des *t* qui indique l'attente incertaine du timide Patrick.

Vocabulaire satellite

—Ah, quelle vedette!
—En effet!

le **cinéma**	*movies, cinema; movie theater*
le **film**	*film*
le **film policier**	*detective film*
le **film d'aventures**	*adventure film*
le **film de guerre**	*war film*
le **film de science- fiction**	*science-fiction film*
le **film d'épouvante**	*horror film*
le **film comique**	*comic film*
le **documentaire**	*documentary*
le **western**	*western*
le **dessin animé**	*cartoon*
la **comédie musicale**	*musical comedy*
la **caméra**	*movie camera*
le **scénario**	*script*
le **réalisateur**	*director*
le **metteur en scène**	*director*
la **vedette**	*star*
l' **écran** (m)	*screen*
le **critique**	*critic*

la **critique**	*criticism*
le **titre**	*title*
le **sous-titre**	*subtitle*
tourner un film	*to make a film*
sous-titrer	*to subtitle*
doubler	*to dub*
passer un film	*to show a film*

PRATIQUE DE LA LANGUE

1. Vous est-il jamais arrivé ou est-il jamais arrivé à un(e) de vos ami(e)s d'avoir le béguin *(a crush)* pour quelqu'un? Recréez la scène et présentez-la devant la classe comme une scène de cinéma. Faites voir les sentiments des personnages et préparez bien le dénouement (heureux? malheureux?) de l'épisode.

2. À débattre : «Le cinéma a eu une influence funeste *(disastrous)* sur les mœurs américaines, surtout sur celles de la jeunesse.»

3. Pour quelles raisons allez-vous voir un film? Qu'est-ce que vous désirez y trouver?

4. Que pensez-vous de la classification des films? Devrait-on les classer? Si oui, approuvez-vous le système actuel (G, PG, R, X)?

5. Vous fiez-vous aux critiques? Lisez-vous la critique d'un film avant d'aller au cinéma? Est-ce que cette critique détermine si vous allez voir le film ou non? Êtes-vous souvent d'accord avec les critiques?

6. Aimez-vous les dessins animés? Ce genre n'est-il destiné qu'aux enfants? Si non, comment expliquez-vous que les adultes s'y intéressent?

SUJETS DE DISCUSSION OU DE COMPOSITION

1. Quelle pourrait être, pensez-vous, l'attitude d'un(e) féministe envers les chansons gaillardes (osées) de Georges Brassens? Est-ce que cette personne en ferait une critique sévère? Quelles objections pourrait-elle soulever? Est-ce que, d'après vous, ces critiques seraient justifiées? Y a-t-il de la place pour ce genre de chanson ou devrait-on l'abolir?

2. Les Français ont tendance à attribuer le mérite d'un film au réalisateur (c'est un film de Resnais, de Godard, de Truffaut, etc.). Aux États-Unis, on est porté à parler plutôt des vedettes du film (c'est un film de Bogart, de Brando, de Fonda, etc.). À votre avis, lequel est le plus important : le réalisateur ou la vedette?

3. Comparez le cinéma au théâtre en appréciant les avantages et les inconvénients de chaque genre.

4. Préparez le compte rendu d'un film que vous avez vu. N'en mentionnez pas le titre mais essayez de le faire deviner aux autres étudiants qui liront votre critique.

Index littéraire

Allegory An extended story—usually employing personification—in which people, things, and events have a second level of meaning beneath the immediate narrative surface (as, for instance, in a fable or a parable).

Alliteration The repetition of consonants in proximity to each other, especially at the beginning of words, in order to produce a certain effect. The repetition of the sound /s/, for example, in the following verse from Jean Racine's tragedy *Phèdre* imitates the hissing sound of snakes: *Pour qui sont ces serpents qui sifflent sur vos têtes?*

Classicism The French classical period covered the reigns of Louis XIII (1610–1643) and Louis XIV (1643–1715), but the term classicism is normally used more narrowly to designate the literature produced between 1660 and 1690. Inspired by the writers of antiquity, who were taken as models of perfection, the seventeenth-century French writers studied universal man in an impersonal manner. They remained very attentive to form, ever aware of the literary laws regulating each genre as well as the unwritten tenets of propriety and good taste. The major writers of this period were Molière, Racine, La Fontaine, La Bruyère, La Rochefoucauld, and Pascal.

Comédie-Française Also known as *Le Théâtre Français*, it was France's first state theatre. Some still refer to it as *La Maison de Molière* because it was created after his death by a merger of his old troupe with two others in 1680. Today its repertoire remains essentially classical and it continues to be state-supported. The repertoire is by no means confined to comedy: the *comédie* of its name retains the word's older meaning of "theatre"; still today the term *comédien* is synonymous with "actor," although it can be used in a narrower sense to designate the opposite of a tragedian or actor of tragedies.

Comedy A play whose purpose is to amuse and that has a happy ending. Whereas farce relies on gross buffoonery and physical action, comedy presents fully developed characters and derives its action from them. The greatest of all French comedy writers was Molière (1622–1673), who brought to its peak both comedy of character (*comédie de caractère*), with its emphasis on the leading character's psychology (usually, some particular vice or folly), and comedy of manners (*comédie de moeurs*), which satirizes contemporary society. *Le Bourgeois gentilhomme* is an example of comedy of manners.

Engagement This term, which came into wide usage at the conclusion of World War II, denotes the attitude of an artist or writer who is conscious of his or her social role and commits his or her talents to serve a particular cause. Philosophically, this outlook is in direct opposition to art for art's sake (*l'art pour l'art*). Jean-Paul Sartre and Simone de Beauvoir are *écrivains engagés,* although such committed writers existed long before 1945, as witness Voltaire and Zola.

Existentialism A philosophical system asserting that existence precedes essence: people have no predetermined essence, but rather define themselves through their actions (their *engagement*) in a meaningless world. People are completely free to act—there are no preestablished value systems—but they are also responsible for what they do, whence their anxiety in this absurd world.

This philosophy gained popular recognition in France in the 1940s due to its literary expression in the works of Jean-Paul Sartre and Albert Camus.

Fabliau A popular genre of the Middle Ages. A short tale in verse calculated to provoke laughter, it was sometimes serious, often bawdy, and usually told a mocking story of human beings in a realistic setting. Not to be confused with the *fable,* a short moralizing tale whose characters are usually animals.

Farce A light humorous play that provokes laughter through situation, caricature, gestures, and clowning, rather than through character. In France it was especially popular in the late Middle Ages. It influenced Molière and has continued as a genre to the present day. The most famous and best of medieval farces was *La Farce de Maître Pathelin.*

Humour noir The use of grotesque and morbid situations for comic purposes, characterized by a tone of aggressive bitterness or anger. Black humor can be found in the works of Charles Baudelaire and in the Theatre of the Absurd.

Hyperbole A figure of speech in which the words go beyond the thought; conscious exaggeration. To call a large man "a giant" or to say that someone is "as strong as an ox" are examples of hyperbole.

Irony Figure of speech whereby an effect is obtained by stating the opposite of the intended meaning, as for instance when one refers to "the joys of winter" while thinking about boots and shoveling and the flu. The use of irony usually implies a certain emotional detachment.

Metaphor An implied comparison in which only one of the two terms is stated and the qualities of one are ascribed to the other by analogous substitution: e.g., the root of the problem; a storm of protest; "All the world's a stage." The metaphor differs from the simile *(comparaison),* which makes its comparison explicit: "My love is like a red, red rose."

Moralistes Writers who observe and comment on *les moeurs,* the mores of their time. This term is not to be confused with "moralist" in English: a *moraliste* may simply observe, without any attempt to moralize or to correct the behavior of others.

Le mot juste A French stylistic tradition that dates back to the formal preoccupations of the classical writers, who sought to say the most with the least. This obsession with finding the one word that will adequately convey one's meaning characterized the works of many writers, but perhaps most particularly the novelist Gustave Flaubert (1821–1880).

Naturalism A literary doctrine, prevalent in the last third of the nineteenth century, defined and illustrated in their novels by the Goncourt brothers and Émile Zola (1840–1902). Naturalism took a deterministic view of nature, describing people and their environment as products of specific biological, social, and economic laws. In the *roman expérimental,* a new genre of fiction that he set out to create, Zola sought to apply to the novel the empirical methods of clinical observation and scientific experimentation by studying the behavior of his characters in varying circumstances.

Parody The satirical imitation of a work.

Les philosophes Writers of the eighteenth-century Age of Enlightenment, and thinkers who were interested in any and all questions—economic, moral, political, religious, or social—affecting mankind's earthly happiness. They had great faith in human progress through the use of reason. The prominent *philosophes* expressed their beliefs through various literary genres: Montesquieu wrote *L'Esprit des lois,* a study of law and government, and the satirical *Lettres persanes;* Diderot directed the publication of the *Encyclopédie,* a vast collective enterprise; and Voltaire wrote *contes philosophiques* like *Candide.*

Poème en prose A work incorporating the essential features of poetry but written in prose. The genre was best illustrated by Charles Baudelaire (1821–1867).

Realism   A literary outlook born in the mid-nineteenth century, partly in reaction to the excessive fancy and lyricism of romanticism. It advocated the minute and objective description of life, presenting an accurate portrait of reality that was neither idealized nor exaggerated. The foremost name in realism is that of Gustave Flaubert, although the works of Balzac and Stendhal also in many ways display strong realistic traits.

Roman   A term used originally to designate the popular language of the early Middle Ages, intermediate between Latin and Old French (cf. the term "romance language"). In the twelfth century, it referred to tales told in such a romance dialect: heroic tales in verse depicting marvelous adventures, extraordinary experiences, the loves of imaginary or idealized heroes (for instance, the Arthurian romances). By the later Middle Ages such tales were also told in prose and became the forerunner of the modern *roman*, the novel.

Romanticism   A literary movement that prevailed in the first half of the nineteenth century, partly in reaction to classicism and eighteenth-century rationalism. Romanticism (*romantisme*) stressed the freedom of individual expression and the primacy of emotion, sensitivity, and imagination over cold reason. It delighted in mystery, fantasy, exoticism, dream, the past. Among the best-known Romantic writers in France were the poets Lamartine, Hugo, Vigny, Musset, and the novelist George Sand.

Satire   A literary work, in verse or prose, in which an author exposes, denounces, and holds up to derision the vices, abuses, and follies of his contemporaries; also, more broadly, this kind of derision itself. The mocking criticism of satire is generally not meant to destroy human institutions, but rather to amend them in a positive way. Satirists censure public mores with the full realization that they are the manifestation of human frailty; characteristically, they employ humor, irony, and wit. Montesquieu's *Lettres persanes* and Voltaire's *Candide* are good examples of satire. The comedies of Molière are also satirical in nature.

Surrealism   A literary and artistic movement that flourished between the two World Wars. As defined by André Breton, whose *Manifeste du surréalisme* appeared in 1924, surrealism endeavored to express the "real" workings of the human mind by liberating it from the influence of conventional value systems, whether aesthetic, moral, or logical. The surrealists determined not to laboriously pursue *le mot juste,* but to achieve instead an automatic expression of the mind by exploring dreams, the subconscious, and/or hypnotic trances. Jacques Prévert proved particularly adept at working with freely associated images.

Théâtre de l'absurde   An avant-garde theatre that came into prominence in the 1950s. As the name implies, such productions focused on the absurdity of the human condition. Their most interesting aspect, from the literary standpoint, was the nonconventional means used to formulate the problems of mankind. This revolutionary theatre deprived the spectators of their usual points of reference in order to have them experience the absurdity of life. Well-constructed plot lines, careful character development, realistic portrayal of everyday life—all were discarded in favor of disconcerting scenes calculated to keep the audience off balance and uneasy. Eugène Ionesco's *La Cantatrice chauve* (1950) marked the first success of the Theatre of the Absurd. Other prominent absurdist playwrights are Jean Genet, Arthur Adamov, and Samuel Beckett, whose *En attendant Godot* (1953) has perhaps proven the most popular of all absurdist plays.

Théâtre de boulevard   Light, escapist theatre fare, roughly comparable to America's Broadway stage. It derives its name from the location of many of the theatre houses on or near the great boulevards of Paris.

Tragedy   A dramatic work of serious character, evoking pity or terror, and having an unhappy ending. In France the genre reached its height in the classical tragedies of Pierre Corneille and Jean Racine, contemporaries of Molière.

Troubadours   Medieval poets of southern France who composed in the *langue d'oc* as opposed to the *trouvères* of the North who composed in the *langue d'oïl*. Some of these poets were also *jongleurs:* wandering minstrels who recited or sang their verses to the accompaniment of a stringed insrument. Twentieth-century *chansonniers* like Georges Brassens and Jacques Brel were often referred to as modern-day troubadours.

Vocabulaire

This vocabulary contains all words and expressions that appear in the text except articles and identical cognates. Irregular verbs are included, as are feminine forms of adjectives.

Abbreviations

adv	adverb	*m*	masculine
esp	especially	*pp*	past participle
f	feminine	*pres part*	present participle
fig	figurative	*pl*	plural
impers	impersonal	*ps*	passé simple
invar	invariable	*subj*	subjunctive

A

abaisser to lower, bring down
abandonner to abandon
abasourdi(e) taken aback, stunned
abattu(e) weak
l'**abbé** *m* secular priest
l'**abécédaire** *m* primer
l'**abeille** *f* bee
abîmer to damage, ruin
l'**ablatif** *m* ablative
abonder to abound
s'**abonner** to subscribe
abord: d'— first of all, at first
aborder to approach; tackle
abriter to shelter
abruti(e) slow-witted
abrutir to stupefy
abrutissant(e) stupefying, degrading
abstrait(e) abstract
abuser de to misuse
accablé(e) overburdened
accabler to overwhelm
accélérer to go faster

l'**acception** *f* acceptance
l'**accès** *m* fit
accessoire incidental
accommodant(e) accommodating, courteous
l'**accommodement** *m* accommodation
s'**accommoder de** to make the best of
l'**accompagnement** *m* accompaniment
accompagner to accompany
accomplir to accomplish
l'**accord** *m* agreement; **être d'—** to concur
accorder to grant; **s'—** to agree
accourir to come running
accrocher to hook, catch; **s'—** to hang on
s'**accroître** to grow, increase
accueillir to welcome, to greet
accumuler to accumulate
l'**accusation** *f* prosecution
l'**achat** *m* purchase
acheter to buy
achever to finish, complete

l'**acompte** *m* deposit
acquérir to acquire
l'**acquittement** *m* acquittal
l'**acteur (actrice)** *m,f* actor, actress
l'**actualité** *f* topical question; **—s** *pl.*
   newsreel; **d'—** current
actuel(actuelle) present
actuellement at present
l'**addition** *f* bill, check (restaurant)
additionné(e) increased
l'**adieu** *m* farewell
admettre to admit, accept
adorablement adorably
adoucir to alleviate
adultère adulterous
l'**adversaire** *m,f* adversary
affaiblir to weaken
l'**affaire** *f* deal, matter, affair, case;
   les —s business; **qu'ai-je —?** What
   business do I have?; **se tirer d'—** to
   get out of the difficulty
affairé(e) busy
affamé(e) famished
affectueux (affectueuse)
   affectionate
l'**affiche** *f* posted notice; poster
afficher to display
affirmer to assert
affliger to afflict
affranchir to set free
affreux (affreuse) horrible,
   awful
affronter to face
afin de in order to
afin que so that
l'**Afrique** *f* Africa
agacer to annoy, bother
l'**âge** *m* age; **le grand —** old age
âgé(e) old
s'**agenouiller** to kneel
l'**agent** *m* agent; **— de police** police
   officer
l'**agilité** *f* agility
agir to act; **il s'agit de** it is a
   question of
agissant(e) effective
agité(e) agitated
agiter to agitate
agréable pleasant
s'**agripper à** to cling to

ahuri(e) dumbfounded
l'**ahurissement** *m* bewilderment
l'**aide** *f* help; **porter —** to lend
   assistance; **venir en — à** to help
les **aïeux** *m* ancestors
l'**aigrefin** *m* swindler
l'**aiguille** *f* needle, hand (on a clock)
l'**aiguillon** *m* goad
l'**aile** *f* wing
ailleurs elsewhere; **d'—** besides,
   moreover, as a matter of fact; **par**
   — on the other hand
aimable kind
aimer to love, like
aîné(e) older, oldest; l'**aîné** *m* eldest
   son
ainsi likewise, thus; **— que** as well
   as, as
l'**air** *m* air, appearance; melody; **avoir**
   l'**—** to seem, appear, look like;
   faux — resemblance
aise glad
l'**aise** *f* comfort; **à l'—** comfortable;
   mal à l'— uneasy
aisé(e) well-to-do
aisément easily
l'**aisselle** *f* armpit
l'**ajournement** *m* adjournment
ajouter to aid
l'**alexandrin** *m* alexandrine (12-
   syllable verse)
algérien (algérienne) Algerian
l'**allée** *f* alley, walk
allemand(e) German
aller to go; suit, fit; **— chercher** to
   fetch; **— de soi** to be a matter of
   course; **s'en —** to go away; **Allez**
   ouste! Off you go!; **Allons!** Come
   now!
l'**aller-retour** *m* round trip
allié(e) allied
allonger to stretch out; **s'—** to
   stretch out
allumer to light
l'**allumette** *f* match
l'**allure** *f* gait, appearance; **à toute —**
   at full speed
alors at that time, then, so; **— que**
   while
l'**alouette** *f* lark

alourdi(e) heavy-set
l'**amant(e)** lover
ambitieux (ambitieuse) ambitious
l'**ambre** *m* amber
ambulatoire ambulatory
l'**âme** *f* soul, spirit
l'**amélioration** *f* improvement
amener to bring, lead
amer (amère) bitter
amèrement bitterly
américaniser to Americanize
l'**ameublement** *m* furnishing
l'**ami(e)** *m,f* friend; **petit(e) ami(e)** *m,f*
  boy(girl)friend
amical(e) friendly; l'**amicale** *f*
  fraternal society
l'**amitié** *f* friendship
amollir to soften
l'**amour** *m* love; **par —** out of love
amoureux (amoureuse) amorous;
  m,f lover; **être — de** to be in love
  with
amusant(e) amusing
amuser to amuse, interest; **s'—** to
  have a good time, enjoy oneself
l'**an** *m* year
ancien (ancienne) ancient, former,
  elder
ancrer to anchor
l'**âne** *m* donkey
anéantir to wipe out
l'**Angleterre** *f* England
angliciser to Anglicize
l'**angoisse** *f* anguish
animer to animate
l'**année** *f* year
anonyme anonymous
l'**anse** *f* handle
antagoniste antagonistic
antipathique antipathetic
apaiser to appease
apercevoir to catch sight of; **s'— de**
  to notice, realize
aplatir to flatten
l'**apôtre** *m* apostle
apparaître to appear
apparemment apparently
l'**apparence** *f* appearance; **sauver les**
  —s to keep up appearances, save
  face

l'**appartement** *m* apartment
appartenir to belong
l'**appel** *m* appeal; **faire — à** to appeal
  to
appeler to call; **en — à** to appeal to;
  s'— to be called
l'**appentis** *m* lean-to, shed
applaudir to applaud
les **applaudissements** *m, pl* applause
appliquer to apply
l'**apport** *m* contribution
apporter to bring
apprécier to appreciate; to take
  under advisement
apprendre to learn, teach, inform
l'**apprenti(e)** *m,f* apprentice
apprivoiser to tame
l'**approbation** *f* approval
s'**approcher de** to come near
approfondir to go deeply into
approuver to approve of
appuyer to rest, to support; **s'—** to
  rest on, lean on
après after; *adv* afterward; **d'—**
  according to, next, following
l'**après-midi** *m,f* afternoon
aquilin hooked
l'**arabe** *m* Arabic (language)
Arabie *f* Arabia
l'**araignée** *f* spider
l'**arbre** *m* tree; **— fruitier** fruit tree
l'**arc** *m* arch
l'**archevêque** *m* archbishop
l'**ardeur** *f* intense heat
l'**argent** *m* money, silver
l'**argile** *f* clay
l'**argot** *m* slang
l'**arme** *f* arm, weapon; **faire des —s**
  to fence
l'**armoire** *f* wardrobe, closet
arracher to tear away, snatch, pull
  up
l'**arrêt** *m* stop; sentence; **sans —**
  unceasingly
arrêter to arrest, stop; **s'—** to stop
arrière rear; **en —** back
les **arrière-grands-parents** *m* great-
  grandparents
l'**arrivée** *f* arrival
arriver to arrive; **— à** to manage

to; **en — là** to get to that point; **il arrive** there arrives, it happens

l'**arriviste** *m,f* go-getter

l'**arrondissement** *m* subdivision of a French department

arroser to sprinkle, to lace, to water, to bathe

l'**as** *m* ace

l'**ascension** *f* ascent, climb

l'**asile** *m* home, refuge

l'**assassinat** *m* assassination

s'**asseoir** to sit down

asservir to enslave, subject to

assez enough, rather

l'**assiduité** *f* regularity

assigner to summon

assis(e) seated, established

l'**assistant(e) social(e)** social worker

assister à to attend

assoiffé(e) thirsty

assommer to knock on the head

l'**assommoir** *m* low tavern

assortir to match

s'**assoupir** to doze off

assoupli(e) made flexible, supple

l'**assouvissement** *m* fulfillment

assujetti(e) subjugated

assurer to assure

l'**âtre** *m* hearth

attacher to attach, tie; **s'— à** to apply oneself

attaquer to attack; **s'— à** to grapple with

attardé(e) late

s'**attarder** to linger

atteindre to attain, reach

atteint(e) affected

attendre to wait for, await, expect; **en attendant** meanwhile; **s'— à** to expect

s'**attendrir** to grow tender, be moved

l'**attentat** *m* attempt

l'**attente** *f* wait, expectation

l'**attention** *f* attention; **faire —** to pay attention, be careful

attentivement attentively

atténuant(e) extenuating

atterré(e) overwhelmed; felled

atterrer to bowl over

attifer to dress up, deck out

attirant(e) attractive

attirer to attract

l'**attrait** *m* attraction

attraper to catch

attribuer to attribute

l'**aube** *f* early dawn

l'**auberge** *f* inn

aucun... ne no, not any, none

l'**aubergiste** *m,f* innkeeper

l'**audace** *f* boldness

audacieux (audacieuse) bold

l'**au-delà** *m* life beyond

au-devant de before

l'**audience** *f* session

augmenter to increase

aujourd'hui today

l'**aumône** *f* alms

auparavant before

auprès de beside, next to, at the side of

aussi as, also; and so

aussitôt immediately; **— que** as soon as, once

autant as much, as many; **— que** as much as; **pour —** on that account

l'**auteur** *m* author; **— dramatique** playwright

l'**auto** *f* car

l'**autobus** *m* city bus

l'**automate** *m* robot

l'**automatisme** *m* automatism

l'**automne** *m* autumn, fall

l'**automobiliste** *m,f* motorist

l'**autoroute** *f* highway; **— à péage** toll road

autour de around

autre other, else; **vous —s riches** you rich (people)

autrefois in the past

autrement differently, otherwise

l'**Autriche** *f* Austria

autrui others, other people

avaler to swallow

l'**avance** *f* advance, start; **par —** beforehand; **d'—** beforehand

avancer to advance, put foward

avant before; *adv* deep; **en —!** forward, march!; **— de** before;

— **que** before
l'**avantage** *m* advantage
avant-dernier (avant-dernière) next to the last
l'**avant-propos** *m* foreword
avare miserly, sparing
l'**avenir** *m* future
l'**aventure** *f* adventure
averti(e) well-informed
avertir to inform
aveugle blind
avidement eagerly
l'**avidité** *f* eagerness, greediness
l'**avion** *m* plane
l'**avis** *m* opinion
s'**aviser** to take it into one's head to
l'**avocat(e)** *m,f* lawyer; — **général** prosecutor
l'**avoir** *m* property, possessions
avoir to have; — **beau faire quelque chose** to do something in vain; — **besoin de** to need; — **d'autres chiens à fouetter** to have other fish to fry; — **envie de** to feel like; — **l'air de** to appear, seem; — **lieu** to take place; — **peur** to be afraid; — **raison** to be right; — **tort** to be wrong; **y** — to be
avouer to admit

B

bafouiller to stammer
les **bagages** *m* baggage, bags
le **bagne** penitentiary
le **bahut** wardrobe
la **baie** bay
baigner to soak, steep; **se** — to bathe, go swimming
bailler to give
bâiller to yawn
le **bâillon** gag
le **bain** swim, bath
le **baiser** kiss
baisser to lower, sink
le **bal** dance
balbutier to stammer
le **balcon** balcony
les **balivernes** *f* nonsense

ballotter to toss about
banal(e) trite
la **banalité** triteness
le **banc** bench, seat
la **bande** gang, reel; — **magnétique** tape; — **sonore** soundtrack
la **banlieue** suburbs
le, la **banlieusard(e)** suburbanite
bannir to banish
la **banqueroute** bankruptcy; **faire** — to go bankrupt
la **banquette** bench
le **banquier** banker
la **baraque** booth, stall
baratter to churn
la **barbe** beard
barbouiller to smear
barbu(e) bearded
le **barrage** dam
la **barre** helm
barrer to steer
le **bas** bottom; **en** — below; *adv* low, quietly; **mettre** — to put down
la **base** basis, foundation
se **baser** to be founded
la **bassesse** baseness, vileness
le **bassin** pond, ornamental lake
la **bataille** battle
le **bateau** boat
le **bâton** stick
le **battant** leaf (of a door or table)
le **battement** flapping
la **batterie** set; — **de cuisine** set of kitchen utensils
battre to beat, strike; **se** — to fight
battu(e) beaten
le **baudet** donkey
le **baume** balm
bavard(e) babbler, chatterer
le **bavardage** babble, chatter
bavarder to babble
beau (belle) handsome, beautiful; **il a** — **croire** in vain does he believe; **il fait** — the weather is beautiful
le **beau-frère** brother-in-law
le **beau-père** father-in-law
les **beaux-arts** fine arts
le **bébé** baby
bégayer to stutter, stammer

le **béguin: avoir le — pour quelqu'un** to have a crush on someone
bêler to bleat
le **bêlement** bleating
la **belle** beauty
la **belle-fille** daughter-in-law
la **belle-mère** mother-in-law
la **belle-soeur** sister-in-law
bénéficier to benefit
bénéfique beneficial
bénir to bless
le, la **benjamin(e)** the youngest child
le **berceau** cradle
bercer to rock, to sway
la **berceuse** lullaby
la **berge** bank
le **berger** (la **bergère**) *m,f* shepherd, shepherdess
la **besogne** task
besogner to work
besogneux (**besogneuse**) poor, hard-working
le **besoin** need; **avoir — de** to need
le **bétail** (les **bestiaux**) cattle, livestock
la **bête** fool, animal; *adj* stupid, foolish
beurré(e) buttered
la **bibine** bad wine
la **bibliothèque** library
la **bicyclette** bicycle
bien well, indeed; **— des** many; **— que** although; **si — que** so that; **— sûr** of course; **ou —** or else
le **bien** good; *pl* belongings
bien-aimé(e) beloved
le **bien-être** well-being
le **bienfait** benefit
le **bienfaiteur** (la **bienfaitrice**) *m,f* benefactor
bientôt soon
bienvenu(e) welcome
bigarré(e) motley, varied
le **bijou** jewel
bilingue bilingual
le **billet** ticket, note, bill (currency)
la **bise** north wind
bizarrement strangely
la **blague** joke, story
blanc (**blanche**) white, clean, blank

le **blanc-bec** greenhorn, novice
blanchir to turn white
blanchissant(e) turning white
le **blason** coat of arms
le **blé** wheat
blesser to wound, injure, hurt, offend
bleu(e) blue
bleuâtre bluish
blinder to armor-plate
le **bocage** sparse, shady woods
la **bohème** bohemian life
boire to drink; **à —!** something to drink!
le **bois** wood
la **boîte** box, tin can; **— aux lettres** mailbox
la **bombance** feasting; **faire —** to feast, revel
la **bombe** bomb
bon (**bonne**) good, right; **il fait bon** it is good; **pour de bon** for good
le **bond** bound; **d'un —** at one bound
bondir to leap, spring
le **bonheur** happiness
la **bonhomie** good nature
la **bonne** maid
le **bord** edge, side
la **bordée** tack, course
le **bordel** bordello
borgne one-eyed
la **borne** boundary, limit, milestone
borner to limit
la **bosse** hump
le **bottillon** little boot
la **bottine** ankle boot
le **bouc** goat
la **bouche** mouth
le **boucher** butcher
bouder to sulk
la **bouderie** sulkiness
boudhique Buddhistic
la **boue** mud
le **bouffon** buffoon, clown
bouger to stir, budge
la **bougie** candle
bouillir to boil
le **bouillon** broth
le **bouillonnement** gush

la **boule**   ball; **— de neige** snowball
le **boulet**   cannonball
le **boulomane**   bowls player
le **boulot**   work
le, la **bouquiniste**   second-hand bookseller
le **bourdonnement**   buzz, hum
   bourgeois(e)   middle-class
la **bourgeoisie**   middle class
la **bourse**   purse
la **bousculade**   scuffle, jostling
   bousculer   to jostle
le **bout**   end, tip, bit, tag, piece; **au —
   de** at the end of
la **bouteille**   bottle
la **boutique**   shop
le **bouton**   button; **— de rose** rosebud
   boutonner   to button
la **boutonnière**   buttonhole
le **boxeur**   boxer
   braire   to bray (as a donkey)
le **bras**   arm; **— dessus — dessous** arm
   in arm
le **brasier**   coal
   brave   good, decent, brave
la **brebis**   female sheep, ewe
   bref (brève)   short, brief; *adv* in
   short
le **breuvage**   beverage
   breveter   to patent
la **bribe**   fragment
la **bride**   bridle
   brièvement   briefly
le **brillant**   diamond
   briller   to shine
   briser   to break, shatter
le **brocard**   insult, jeer
le **brouillard**   mist, fog, haze
la **brousse**   bush
la **bru**   daughter-in-law
le **bruit**   noise, sound
   brûler   to burn; **— un feu rouge** to
   go through a red light
la **brume**   fog
   brumeux (brumeuse)   hazy, foggy
   brun(e)   brown
   brusque   sudden
   brusquement   abruptly, suddenly
   brusquer   to quicken
la **brusquerie**   abruptness

   bruyamment   loudly
la **bruyère**   heather
le **bûcher**   stake
le **buisson**   bush, thicket
le **bureau**   office
la **buse**   blockhead
le **buste**   bust
le **but**   goal, aim
le **buveur (la buveuse)**   drinker

C

   ça et là   here and there
la **cabane**   hut, shanty
le **cabaret**   tavern
le **cabinet**   small room, study
   cabrer   to rear (a horse)
   cacher   to hide, conceal
la **cachette**   hiding place
le **cadeau**   gift
le **cadet**   younger brother
la **cadette**   younger sister
le **cadre**   setting, frame; executive
le **cafard: avoir le —**   to have the blues
le **café-concert**   cabaret
le **cahier**   notebook
la **caisse**   cash register
   calculer   to calculate
   calé(e)   wedged, steadied
la **calebasse**   calabash, gourd
le **caleçon**   drawers, pants
le **calembour**   pun
   calmé(e)   calmed
   calomnier   to slander
le, la **camarade**   friend, chum; **— de
   chambre** roommate; **— de classe**
   classmate
le **cambriolage**   burglary
la **caméra**   movie camera
le **camion**   truck
le **camp**   camp; **ficher le —** to clear out
le, la **campagnard(e)**   country dweller
la **campagne**   country (rural district),
   fields
la **canaille**   rabble
la **canaillerie**   dishonest deed
le **canapé**   couch
la **canne**   cane
   canoter   to go boating

la **cantatrice** classical singer, vocalist
le **cantique** hymn
la **capacité** capability
    car for, because
le **caractère** character; letter
la **carcasse** frame
    caresser to caress, flatter
le **carnet** notebook
    carré(e) square
le **carrefour** crossroad
la **carrière** career
la **carte** card, map, menu
    cartésien(cartésienne) Cartesian
le **cas** case; **c'est le — de le dire** now's
    the time to say it; **en tout —** in any
    case; **faire — de** to pay attention
    to; **le — échéant** should the
    occasion arise
la **case** hut, cabin
la **caserne** barracks
    cassé(e) broken
le **cassement de tête** bother, nuisance,
    annoyance
    casser to break; **— la tête** to bother,
    annoy
la **cassette** money box
    cause: à — de because of
    causer to chat, converse
la **cave** cellar
    ce this, that; **— disant** in saying
    this
    c'est-à-dire that is to say
    céder to yield
    cela that; **par — même** by that very
    fact
le **célibat** celibacy
    célibataire single, unmarried
la **cendre** ash(es)
le **cendrier** ashtray
    Cendrillon Cinderella
le **censeur** study supervisor in French
    secondary schools
la **censure** censorship
    cent (one) hundred
la **centaine** about a hundred
    centième hundredth
le **centre** center
    cependant however, meanwhile,
    nevertheless; **— que** while

le **cercle** circle
    certainement certainly
    certains (certaines) some
    certes indeed
le **certificat** certificate
la **certitude** certainty
le **cerveau** brain
    cesse: sans — unceasingly
    cesser to cease
    chacun(e) each one
    chagrin(e) glum, bitter; **le —** grief,
    worry
    chagriner to annoy, grieve
la **chaîne** chain; **— stéréo** stereo
    system
la **chaînette** small chain
la **chair** flesh
la **chaire** rostrum
la **chaise** chair; **— de poste** post
    chaise; **— électrique** electric chair
la **chaleur** warmth, heat
la **chambre** room; **— à coucher**
    bedroom; **— des députés** lower
    house of French parliament
la **chambrée** barracks room
le **champ** field
le **champignon** mushroom
la **chance** chance, luck; **avoir de la —**
    to be lucky
le **changement** change
la **chanson** song
le **chansonnier** writer of satirical songs
le **chant** song
    chantant(e) sing-song
    chanter to sing
le **chanteur (**la **chanteuse)** singer
    chantonner to hum
le **chapeau** hat
le **chaperon** hood
le **chapitre** chapter; **sur ce —** on this
    subject
    chaque each
le **charbon** coal
la **charge** load, burden; **être, rester à**
    — to be (remain) a burden
    charger to load, burden, lay it on
    thick, exaggerate; **se — de** to take
    upon oneself, take care of
la **charité** charity, love

charmant(e) charming
la **chasse** hunting, chase, hunt
chasser to hunt, drive away
le **chasseur** hunter
le **chat** cat; **donner sa langue au —** to give up guessing
le **château** castle
châtier to chastise
chaud(e) hot; **avoir —** to be hot; **il fait —** the weather is hot
le **chaudron** caldron, kettle
le **chauffard** road hog
chauffer to heat, warm
le **chauffeur** chauffeur, driver
la **chaussée** pavement, roadway
la **chaussette** sock
chauve bald
le **chef** leader, chief; **— de famille** head of the family
le **chef-d'oeuvre** masterpiece
le **chemin** way, road; **— de fer** railroad; **faire du —** to cover ground
la **cheminée** fireplace
la **chemise** shirt
le **chêne** oak
cher (chère) *(before the noun)* dear; *(after the noun)* expensive; *adv* dearly
chercher to look for, seek; **aller —** to fetch; **— querelle** to try to pick a fight
chéri(e) cherished, beloved; **le, la —** darling
le **cheval** horse
le **chevalier** knight
le **chevet** headboard, bedside
le **cheveu** hair
la **chèvre** goat
chez among, at, in the house of
le **chien** dog
le **chiffon** material, cloth
chinois(e) Chinese
chirurgical(e) surgical
le **chirurgien** surgeon
le **choc** impact
choisir to choose
le **choix** choice
le **chômage** unemployment

le **chômeur (la chômeuse)** unemployed person
choquer to offend
la **chose** thing
le **chou** cabbage
choyer to pamper
chrétien (chrétienne) Christian
la **chrétienté** Christianity
la **chute** fall; **— des reins** small of the back
le **ciel** sky, heaven
la **cigogne** stork
le **cimetière** cemetery
le, la **cinéaste** *m,f* film maker
le **cinéma** cinema, movie theater
cinquième fifth
la **circonstance** circumstance
la **circulation** traffic
la **cire** wax
les **ciseaux** *m* scissors
citadin(e) of the city; **le, la —** city dweller
la **cité** city, housing development
citer to cite, mention
la **cithare** cithara, kithara
citoyen (citoyenne) citizen
clair(e) clear, light; **le — de lune** moonlight
claquer to snap
la **clarté** light
la **classe** classroom, class
classé(e) filed, settled, ranked
classer to classify, to rank
la **clé** key
la **clef** key; **mot-clef** key word
le **clerc** cleric, scholar
le **cliché** hackneyed expression
le, la **client(e)** *m,f* customer
le **climat** climate
le, la **clochard(e)** bum
la **cloche** bell
clos(e) closed, shut
la **clôture** fence
clouer to nail
le **clystère** enema
le **cocotier** coconut tree
le **cœur** heart, courage; **de bon —** heartily; **par —** by heart; **avoir le — gros** to have a heavy heart

cogner   to bang, drive in
la **cohue**   crowd
coiffer   to fix someone's hair
le **coiffeur** (la **coiffeuse**)   hairdresser
la **coiffure**   headdress, hair style
le **coin**   corner
la **colère**   anger; **se mettre en —** to become angry
colérique   irascible
le **colimaçon**   snail; **escalier en —** spiral staircase
le **collège**   secondary school
le **collégien** (la **collégienne**)   schoolboy (schoolgirl)
coller   to stick, to hold together; **— une blague à quelqu'un** to put one over on someone; **être collé(e)** to flunk
le **collier**   necklace
la **colline**   hill
le **colloque**   colloquium
la **colombe**   dove
le **colon**   colonist
le **combat**   fight
combattre   to fight, battle with
combien   how much
la **combinaison**   combination
le **comble**   top, height; **au —** filled
combler   to fill
la **Comédie-Française**   French National Theatre
le **comédien** (la **comédienne**)   theater actor
comestible   edible
commander   to order
comme   as, since, like; **— si** as if
commencer   to begin
comment   How? What? What!
commerçant(e)   commercial; **le, la —** merchant
le **commerce**   business, trade
la **commère**   godmother
commettre   to commit
le **commis voyageur**   traveling salesman
le **commissaire**   commissioner
le **commissariat**   police station
commode   convenient, easy
commodément   conveniently
les **commodités** *f*   conveniences

commun(e)   common
la **communauté**   community
communiquer   to communicate
la **compagne**   female companion
la **compagnie**   company
le **compartiment**   compartment
le **compère**   old friend
complaisant(e)   obliging
complet (complète)   total, full
complexe   complex
le, la **complice** *m,f*   accomplice
compliquer   to complicate
le **comportement**   behavior
se **comporter**   to behave
composer   to compose
le **compositeur**   composer
le **compotier**   fruit stand
compréhensif (compréhensive) understanding
la **compréhension**   understanding
comprendre   to understand
compris(e)   understood; **y —** including
compromettre   to compromise
le **compromis**   compromise
le **comptant**   cash; **au —** for cash
le **compte**   account, count; **pour mon —** for my part; **se rendre — de** to realize; **tenir — de** to take into consideration
le **compte rendu**   report
compter   to intend, count
le **comptoir**   counter
le **comte**   count
la **comtesse**   countess
la **concession**   plot of land
concevoir   to conceive, to comprehend
le, la **concierge**   doorkeeper, caretaker
le, la **concitoyen (concitoyenne)**   fellow citizen
conclure   to conclude
le **concours**   contest, examination
concret (concrète)   concrete
la **concurrence**   competition
concurrencer   to threaten by competition
le, la **concurrent(e)**   contestant, competitor
condamner   to condemn
la **condoléance**   condolence

le **conducteur** (la **conductrice**)   driver
conduire   to lead, to drive; **se —** to behave
la **conduite**   conduct, behavior
le **conférencier** (la **conférencière**) lecturer
la **confiance**   confidence, trust; **faire — à** to trust
confiant(e)   confident; trusting
confier   to entrust
les **confins** *m*   confines
le **conflit**   conflict
confondre   to blend, mistake; **se —** to coincide, to confuse
se **conformer à**   to conform to, comply with
conformiste   conformist
le **congé**   leave; **donner — à** to dismiss, tell someone to leave
congédier   to dismiss, send away
conjurer   to avert, to exorcize, to conspire
la **connaissance**   knowledge, acquaintance; **en — de cause** with full knowledge
le **connaissement**   bill of lading
connaître   to know
connu(e)   known
le **conquérant**   conqueror
consacrer   to confirm
la **conscience**   conscience, consciousness, awareness
consciencieusement   conscientiously
la **consécration**   acknowledgment
le **conseil**   piece of advice, council; **tenir un —** to hold a council
conseiller   to advise
consentir   to accept; **— à** to consent to
la **conséquence**   consequence; **en —** consequently
conservateur (conservatrice) conservative
la **conserve**   canned food
consolant(e)   consoling
la **consonne**   consonant
la **constatation**   statement, observation, discovery
constater   to ascertain, verify, observe
construire   to construct, build

le **conte**   story, short story
contempler   to contemplate
contemporain(e)   contemporary
la **contenance**   countenance, bearing
content(e)   pleased
contenter   to satisfy; **se — de** to be satisfied with, to be content
contenu(e)   contained
le **contenu**   contents
conter   to tell, narrate
la **contiguïté**   contiguity
continuellement   continually
contraindre   to force
le **contraire**   contrary; **au —** on the contrary
contrarié(e)   annoyed
contre   against
la **contré**   region, district
contredire   to contradict
la **contre-allée**   side alley
contrefait(e)   deformed
le **contresens**   mistranslation
contribuer   to contribute
convaincant(e)   convincing
convaincre   to convince
convaincu(e)   convinced, convicted
convenable   suitable, fitting, proper
convenablement   decently
la **convenance**   propriety
convenir   to be fitting; **— de** to agree
convenu(e)   agreed upon
convertir   to convert
la **convoitise**   desire, covetousness
le **copain** (la **copine**)   chum, pal
copier   to copy
le **coq**   cock
la **coquine**   hussy
la **corbeille**   basket, round flower bed
la **corde**   rope
cordialement   cordially
le **cordon bleu**   expert cook
le **cordonnier**   shoemaker
la **corne de bouc**   goat's horn
la **Cornouailles** *f*   Cornwall
corporel (corporelle)   corporal, physical
le **corps**   body; institution
corriger   to correct, chastise
corrompre   to corrupt

le **corsage** blouse
le **cortège** procession
la **corvée** drudgery, hard task
le **costume** costume, dress
la **côte** coast; **— à** side by side
le **côté** side; **à —** **de** next to; **de —** to the side; **d'à —** neighboring; **de son —** for his part; **du —** **de** in the direction of
le **cotillon** petticoat, skirt
le **cou** neck
le **couchant** setting sun
couché(e) lying
coucher to put to bed; **— à la belle étoile** to sleep under the stars; **se —** to lie down, go to bed
couler to flow; **se —** to slip by
la **couleur** color
le **couloir** corridor, passage
le **coup** blast, blow, stroke, deed; **— de foudre** thunderbolt, love at first sight; **— d'œil** glance; **— de fusil** gunshot; **— de téléphone** telephone call; **— de tête** impulse; **du —** all of a sudden; **du premier —** with the first attempt; **tout à —** all of sudden; **tout d'un —** all at once
coupable guilty
la **coupe** cup
le **coupe-papier** paper cutter
couper to cut; **— court à** to put an end to
la **coupure** cutout
la **cour** court, playground, yard
courageux (courageuse) courageous
couramment fluently
courant(e) current; **mettre au —** to bring someone up to date
courbé(e) curved, bent
courir to run
la **couronne** crown
le **courrier** mail
la **courroie** strap
le **courroux** wrath, anger
le **cours** course; **au — de** in the course of
la **course** run, errand, race, walk, journey
court(e) short

le **courtisan** courtier
la **courtisane** courtesan; prostitute
courtois(e) courteous, polite
la **courtoisie** courtesy
le **coût** cost; **— de la vie** cost of living
le **couteau** knife
coûter to cost
la **coutume** custom
la **couture** needlework; **haute —** high fashion
le **couvent** convent
couvert(e) covered
la **couverture** blanket
couvrir to cover
le **crabe** crab
le **crachat** spit
cracher to spit
la **craie** chalk
craindre to fear
la **crainte** fear
craintif (craintive) fearful, timid
le **crâne** skull
le **crapaud** toad
craquer to crack, to snap; **plein à —** completely full
la **crasse** filth, squalor
la **cravate** tie
crédibiliser to make credible
la **crédulité** credulity
créer to create
crépitant(e) crackling
le **crépuscule** dusk, twilight
la **crête** crest
creux (creuse) hollow, sunken; **le —** hollow, hole
le **crève-cœur** heartbreak
crever to burst, die, split, puncture, put out
le **cri** cry, shout
crier to shout, cry out
le **criminel (la criminelle)** criminal
la **crise** crisis, attack
la **critique** criticism
le **critique** critic
critiquer to criticize
le **croc-en-jambe** trip; **passer un beau —** to trip someone up nicely
le **crochet** hook, rack
croire to think, believe
la **croisade** crusade

le **croisé**   crusader
le **croisement**   meshing; intersection
  croiser   to cross
la **croix**   cross
le, la **croquant(e)**   peasant
le **croque-mort**   undertaker
  croquer   to crunch, devour; to sketch
  crotté(e)   dirty
la **croupe**   croup, hindquarters
la **cruauté**   cruelty
  cueillir   to pick
la **cuiller**   spoon
  cuire   to cook
la **cuisine**   kitchen; **faire la —** to cook
le **cuisinier** (la **cuisinière**)   cook
la **cuisse**   thigh
le **cul de basse-fosse**   dungeon
la **culotte**   trousers
la **culpabilité**   guilt
le **cultivateur**   farmer, grower
  cultiver   to grow something, cultivate
  culturel (culturelle)   cultural
le **curé**   pastor
  curieusement   curiously, strangely
  curieux (curieuse)   curious, odd
la **curiosité**   peculiarity

D

  daigner   to deign, to condescend
la **dame**   lady
  damner   to damn
  danser   to dance
le **datif**   dative
  davantage   any further, more
  débarqué(e)   detrained
se **débarrasser de**   to get rid of
le **débat**   debate
  débattre   to debate, discuss; **se —** to struggle
  débiter   to tell, spout
  débonnaire   good-natured
le **débouché**   opening
  debout   standing; **tenir —** to stand up
le **déboutonnage**   unbuttoning
  déboutonner   to unbutton

se **débrouiller**   to get out of trouble; to manage to
le **début**   beginning
le **débutant**   beginner
le **décès**   demise, death
  décevoir   to disappoint
  décharné(e)   skinny
  déchiffrer   to decipher
  déchirer   to tear up
  décidément   decidedly
  décider   to decide, determine; **se — à** to make up one's mind
  déclamer   to declaim
la **déclinaison**   declension
se **décolleter**   to wear a low-cut gown
se **décontracter**   to relax
le **décor**   scenery
  découper   to carve, cut out
la **découverte**   discovery
  découvrir   to discover, uncover
  décrire   to describe
  déçu(e)   disappointed
  dédaigner   to scorn
  dédaigneusement   scornfully
le **dédain**   disdain
la **défaite**   defeat
le **défaut**   fault
  défavorable   unfavorable
le **défendeur** (la **défendeuse**) *m,f*   defendant
  défendre   to protect, defend, prohibit
  déférer   to confer
  défiguré(e)   disfigured
le **défilé**   parade
  défiler   to march past
  défoncer   to burst, smash
  défricher   to clear the land
  défunt(e)   deceased
se **dégager**   to break away
le **dégel**   thaw
  dégeler   to thaw
  dégoiser   to blab, rattle on
le **dégoût**   loathing
  déguster   to sample
le **dehors**   exterior, outside; *adv* outside; **en —** outward; **en — de** outside of
  déjà   already, before, as it is
  delà: par —   beyond

délaisser   to forsake
délasser   to refresh, relax
la **délation**   informing
se **délecter**   to take delight
délibéré(e)   deliberate, purposeful
la **délicatesse**   considerateness, delicacy
délicieux (délicieuse)   delightful,
   delicious, sweet
le **délire**   madness, delusion, delirium
délirer   to rave, be delirious
délivrer   to free, release
demain   tomorrow
la **demande**   request
demander   to ask, require; **se —** to
   wonder; **— pardon** to beg pardon
le **demandeur** (la **demanderesse**)
   m,f   plaintiff
la **démarche**   step, move, action,
   approach, walk, bearing
le **démêlé**   quarrel
déménager   to move
se **démener**   to stir
démentir   to contradict
démesuré(e)   extraordinary,
   immoderate
demeurant: au —   after all
la **demeure**   dwelling
demeurer   to remain, live
demi(e)   half
démissionner   to resign
la **démocratie**   democracy
démolir   to demolish
démontrer   to demonstrate, prove
dénicher   to unearth
dénigrer   to denigrate, discredit
dénoncer   to denounce
le **dénouement**   ending, outcome
la **dent**   tooth
le, la **dentiste**   dentist
le **départ**   departure, start
dépasser   to go beyond, surpass,
   pass
dépayser   to disconcert
se **dépêcher**   to hurry
dépeindre   to depict
dépendre (de)   to depend (on)
la **dépense**   expense
dépersonnalisé(e)   depersonalized
se **déplacer**   to get around, to travel

déplaire à   to displease
déplier   to unfold
déployer   to unfold
déposer   to put down
dépouiller   to strip, plunder
dépourvu(e)   devoid, bereft
déprimer   to depress
depuis   since, from, for; **— que** since
le **député**   deputy, delegate
déraisonnable   unreasonable
déranger   to disturb
déridé(e)   smoothed over, cheered
   up
dernier (dernière)   last, final
dérober   to steal, rob; **se —** to
   escape, avoid
derrière   behind
dès   from; **— que** as soon as
le **désabusement**   disillusion
le **désaccord**   disagreement, variance
désagréable   unpleasant
désapprouver   to disapprove of
le **désarmement**   disarmament
désarmer   to disarm
descendre   to go down, bring down,
   get off, descend
désert(e)   deserted
désespéré(e)   desperate, hopeless
désespérer   to despair
le **désespoir**   despair
déshabiller   to undress
déshérité(e)   disinherited
désigner   to designate, show
désintéressé(e)   unselfish
le **désir**   desire, wish
désobéir à   to disobey
le **désœuvrement**   idleness; **par —** for
   want of something to do
désolant(e)   distressing
la **désolation**   grief
le **désordre**   disorder
désormais   henceforth
le **despote**   despot
le **dessein**   intention, purpose
desserrer   to loosen
le **dessin**   drawing, design; **— animé**
   cartoon
dessiner   to draw
le **dessous**   bottom; **au — de** below

le **dessus** top; *adv* on it; **au — de**
   above; **prendre le —** to gain the
   upper hand
le **destin** destiny, fate
   destiné(e) destined
la **destinée** fate, destiny, fortune
se **détendre** to relax
   détestable hateful, odious
le **détour** turning, bend
   détourner to turn away, divert;
      se — to turn aside, to detour
la **détresse** distress
   détromper to put right; **détrompe-
   toi** get that out of your head
   détruire to destroy
le **deuil** mourning
   deuxième second
   devant before (in space), in front of
   dévasté(e) devastated
   développer to develop
   devenir to become
   deviner to guess, foresee
le **devoir** duty; **—s** homework; *v* must,
   have to, should
   dévorer to devour
le, la **dévot(e)** devout person
le **dévouement** devotion
   dévouer to devote
le **diable** devil; **tirer le — par la queue**
   to be hard up
la **diablerie** mischievousness
le **diagnostic** diagnosis
le **diamant** diamond
le **dictateur** dictator
la **dictature** dictatorship
   dicter to dictate
le **dicton** saying
le **dieu** god; **le bon D—** God
le **différend** difference of opinion
   diffuser to broadcast
   digne worthy
se **dilater** to dilate, expand, rejoice
le **dimanche** Sunday
   diminuer to diminish
   dire to say, tell; **— vrai** to speak the
   truth; **vouloir —** to mean; **pour
   tout —** in short
le **directeur** (la **directrice**) director,
   manager

diriger to direct; **se —** to make
   one's way, proceed; be directed
discordant(e) harsh, grating
discourir to discourse, hold forth
le **discours** speech
discuter to discuss
disparaître to disappear
la **disponibilité** availability, openness
disposer de to have at one's disposal
la **dispute** quarrel
se **disputer** to quarrel
le **disque** phonograph record
dissimuler to hide
dissipé(e) dissipated
distinguer to distinguish,
   discriminate
les **distractions** *f* recreation, diversion,
   entertainment
se **distraire** to amuse oneself
distrait(e) absent-minded
distribuer to distribute
divaguer to ramble
diversement diversely, differently
le **divertissement** entertainment
diviser to divide
divorcer d'avec quelqu'un to
   divorce someone
docile manageable
documenté(e) informed
le **dodo** sleep; **faire —** to go to sleep
le **doigt** finger
le, la **domestique** servant
dominer to dominate
le **dommage** harm, damage, pity
donc therefore, then
donner to give; **— sur** to open onto;
   — à entendre to intimate; **— du
   bout de la langue** to strike with the
   tip of the tongue; **— sa langue au
   chat** to give up guessing; **étant
   donné** given, in view of
dont whose, of whom, of which, in
   which
doré(e) golden
dormir to sleep
le **dos** back
doubler to pass
doucement softly, gently
la **douceur** sweetness, gentleness, calm

douer   to endow
la **douleur**   suffering, sorrow, pain;
   dans les —s in labor
douloureusement   painfully,
   sorrowfully
douloureux (douloureuse)   painful,
   sorrowful
le **doute**   doubt
   douter   to doubt; **se — de** to suspect
   doux (douce)   sweet, gentle, quiet,
   soft, pleasant
   douze   twelve
le, la **dramaturge**   dramatist
la **dramaturgie**   dramaturgy
le **drap**   cloth, sheet
   drapé(e)   draped
le **drapier**   cloth merchant
   dresser   to raise, draw up, to train;
   se — to rise
la **drogue**   drug
   droit(e)   straight; **tout —** straight
   ahead; **le —** right; law
la **droite**   right (opposite of left)
la **droiture**   integrity
   drôle   funny, odd; **un — de type** an
   odd fellow
   drôlement   oddly, strangely
le **dû**   due
le **duc**   duke
la **duchesse**   duchess
   dur (dure)   harsh, hard; **œuf —**
   hard-boiled egg
la **durée**   duration
   durer   to last
la **dureté**   harshness
   dus, dut   *ps of* **devoir**
   duveteux (duveteuse)   downy, fluffy

E

l'**eau** *f*   water
   écailleur (écailleuse)   scaly
   écarlate   scarlet
   écarté(e)   remote
   écarter   to spread apart, to set aside;
   s'— to step away
   échancrer   to cut low
l'**échancrure** *f*   opening
l'**échange** *m*   exchange

échanger   to exchange
échapper à   to escape
échauffé(e)   irritated
s'**échauffer**   to warm up
l'**échec** *m*   failure
échouer   to fail
éclaboussé(e)   spattered
l'**éclair** *m*   lightning, flash
éclairer   to enlighten, shed light on,
   light
l'**éclat** *m*   gleam, brilliancy; burst
éclatant(e)   resounding
éclater   to burst
écœuré(e)   disgusted
l'**école** *f*   school
l'**économie** *f*   saving
économiser   to save (money)
écorcher   to skin; **— la langue** to
   murder the language
écouter   to listen (to)
l'**écran** *m*   screen (movie)
écrasé(e)   crushed
l'**écrasement** *m*   crushing defeat
s'**écrier**   to cry out
écrire   to write; **par écrit** in writing
l'**écriture** *f*   writing
l'**écrivain** *m*   writer
s'**écrouler**   to collapse
l'**écu** *m*   crown (money)
éculé(e)   worn out
l'**écume** *f*   foam
édifier   to erect
l'**éditeur** *m*   publisher
l'**édredon** *m*   quilt
l'**éducation** *f*   upbringing
effacer   to erase; **s'—** to fade
l'**effarement** *m*   alarm
effectivement   as a matter of fact
l'**effet** *m*   effect; **en —** in fact, indeed
efficace   efficacious, effective
efficacement   effectively
l'**efficacité** *f*   effectiveness
effrayer   to frighten
effronté(e)   shameless, impudent
effroyable   frightful
égal(e)   equal, same, even; **c'est —**
   it's all the same
également   equally, as well
l'**égalité** *f*   equality

l'**égard** *m*   consideration; **à l'— de**
with regard to

s'**égarer**   to go astray, digress, get lost

l'**église** *f*   church

l'**églogue** *f*   eclogue

l'**égoïsme** *m*   selfishness

égoïste   selfish

égorger   to cut the throat of

égrener   to cast off one by one

eh bien!   Well!

l'**élan** *m*   outburst, burst, impulse

s'**élancer**   to spring forward, surge

élargir   to widen; **— ses
perspectives** to broaden one's
horizons

l'**élastique** *m*   elastic

l'**électeur** (l'**électrice**) *m*   voter

élémentaire   elementary

l'**élève** *m,f*   pupil

élevé(e)   elevated, brought up

élever   to raise, elevate; **s'—** to rise,
raise

élire   to elect

éloigné(e)   distant

éloigner   to send away, put farther
away; **s'—** to withdraw

élu(e)   elected; **l'—** chosen one

s'**embarquer**   to embark

l'**embarras** *m*   obstruction

embarrasser   to embarrass, obstruct

embêter   to annoy

l'**embouteillage** *m*   traffic jam

emboutir   to stamp

embrasser   to kiss, embrace, hug

embrouiller   to embroil, confuse

embroussaillé(e)   disheveled, bushy

embusqué(e)   under cover

émerveillé(e)   amazed

l'**émerveillement** *m*   amazement,
wonder

emmailloter   to swaddle

emmener   to lead away

émotif (**émotive**)   emotional

s'**émouvoir**   to be moved, be agitated;
to arise

s'**emparer de**   to seize, get a hold of

empêcher   to prevent; **s'—** to refrain

l'**emphase** *f*   bombast, grandiloquence

emplir   to fill

l'**emploi** *m*   use, job; **— subalterne**
unimportant post

l'**employé(e)** *m,f*   employee, white-
collar worker

employer   to use

emporter   to carry away; **l'—** to
prevail

empressé(e)   eager, attentive

l'**empressement** *m*   eagerness

emprisonner   to imprison, confine

emprunter   to borrow; **— la porte** to
take the door

ému(e)   moved, touched with
emotion, excited

enceinte   pregnant

l'**enchaînement** *m*   series

enchaîner   to chain

enchanté(e)   delighted

l'**enchantement** *m*   delight

enchérir   to go up in price

l'**encolure** *f*   neck and shoulders

encore   still, again; **— que** although;
pas — not yet

l'**encre** *f*   ink

endormi(e)   asleep

endormir   to put to sleep; **s'—** to fall
asleep

l'**endroit** *m*   place, spot

énergiquement   energetically

l'**énergumène** *m,f*   fanatic, ranter

énervant(e)   nerve-racking

l'**enfance** *f*   childhood

l'**enfant** *m,f*   child

l'**enfer** *m*   hell

enfermer   to shut in; **— à clef** to
lock up

enfin   finally, in short

enfoncé(e)   settled

enfoncer   to drive in

s'**enfuir**   to flee

engager   to engage, enter into

l'**engin** *m*   device, machine

engueuler   to tell off

enjamber   to step over

enjoué(e)   lively, jovial

l'**enlacement** *m*   embrace

enlever   to take off, carry off, take
away

l'**ennemi(e)** *m,f*   enemy

l'**ennui** *m*   trouble, boredom
ennuyer   to bother, bore; **s'** — to be bored
ennuyeux (ennuyeuse)   dull, boring
l'**énoncé** *m*   statement
énoncer   to state
énorme   enormous, huge
l'**énormité** *f*   enormity
l'**enquête** *f*   investigation
enragé(e)   mad, rabid, enthusiastic
enrager   to be enraged, to fume
l'**enregistrement** *m*   recording
enregistrer   to record
enrichir   to enrich
l'**enseigne** *f*   shop sign, emblem
enseigner   to teach
ensemble   together
ensuite   then
entendre   to hear, understand, mean, intend; **donner à** — to intimate; **s'— bien ou mal** to get along well or badly
entendu(e)   overheard, capable, shrewd; —! agreed!
l'**entente** *f*   understanding
l'**enterrement** *m*   burial
enterrer   to bury
entier (entière)   whole, entire
entièrement   entirely, completely
entourer   to surround
l'**entracte** *m*   intermission
s'**entraider**   to help one another
l'**entraînement** *m*   training
entraîner   to lead to, lead away
entre   among, between
l'**entrée** *f*   entrance
entrelarder   to intersperse
entreprendre   to undertake
l'**entreprise** *f*   business, firm, concern
entrer   to enter
entretenir   to talk to, maintain, support, foster
l'**entrevue** *f*   interview
entrouvrir   to open a little
envahir   to spread over, invade
envelopper   to wrap, surround
envers   toward
envi; à l'envi   vying with one another

l'**envie** *f*   urge, envy, desire; **avoir** — **de** to feel like, want to
envier   to envy
environ   approximately; *m pl* vicinity
environné(e)   surrounded
s'**envoler**   to take flight
envoyer   to send
épais (épaisse)   thick
épandu(e)   spread
s'**épanouir**   to bloom
épargner   to spare
l'**épaule** *f*   shoulder
l'**épave** *f*   jetsam, wreckage, waif, stray person
l'**épée** *f*   sword
éperdument   desperately, madly
éphémère   ephemeral
épier une proie   to lie in wait for prey
l'**épine** *f*   thorn
l'**épiscopat**   episcopate
l'**éponge** *f*   sponge
l'**époque** *f*   epoch, time
épouser   to marry
épouvantable   terrifying, dreadful
épouvanter   to terrify
l'**époux (l'épouse)** *m,f*   spouse
éprouver   to experience, feel
épuisé(e)   exhausted, tired out
épuiser   to exhaust
l'**équipage** *m*   crew
l'**équitation** *f*   horsemanship
l'**équité** *f*   equity, fairness
équivoque   equivocal, ambiguous
s'**éreinter**   to work oneself to death
l'**erreur** *f*   error
l'**érudition** *f*   scholarship
l'**escalier** *m*   staircase, stairs
l'**escapade** *f*   adventure, prank
l'**escargot** *m*   snail
l'**esclavage** *m*   slavery
l'**esclave** *m,f*   slave
l'**escompte** *m*   discount
l'**escouade** *f*   squad
l'**espace** *m*   space, interval
espagnol(e)   Spanish
l'**espèce** *f*   kind, species, type, sort; — **d'imbécile!** what an imbecile!
espérer   to hope

l'**espoir** *m* hope

l'**esprit** *m* mind, spirit, wit; **— de famille** family spirit; **— étroit** narrow-mindedness

esquisser to sketch, outline

s'**esquiver** to slip away

l'**essai** *m* essay

essayer to try, try on

essentiel (essentielle) essential

l'**essor** *m* flight

l'**essoufflement** *m* breathlessness

essuyer to wipe

l'**estime** *f* esteem, regard

estimer to think, to find, to esteem

l'**estomac** *m* stomach

l'**étable** *f* stable

établir to establish

l'**étage** *m* floor

l'**étain** *m* tin

étalé(e) displayed

s'**étaler** to sprawl

l'**étang** *m* pond

l'**état** *m* state

l'**état-major** *m* headquarters

l'**été** *m* summer

éteindre to extinguish; **s'—** to go out

étendre to extend, stretch out; **— ses vues** to extend one's sights; **étendu(e) par terre** stretched out on the ground; **s'—** to extend, to lay oneself down

éternuer to sneeze

étinceler to sparkle

étirer to stretch

l'**étoffe** *f* fabric

l'**étoile** *f* star

étoilé(e) starry

l'**étole** *f* stole

étonné(e) amazed

étonnant(e) amazing, astonishing

l'**étonnement** *m* astonishment

s'**étonner** to be surprised

étouffer to stifle, smother

l'**étourdissement** *m* dizziness, vertigo

étrange strange

étranger (étrangère) foreign, unfamiliar; **l'—** stranger; **à l'—** abroad

l'**être** *m* being

étreindre to embrace

l'**étreinte** *f* embrace

étroit (e) narrow

étroitement tightly

l'**étroitesse d'esprit** *f* narrow-mindedness

l'**étude** *f* study

étudier to study

l'**eunuque** *m* eunuch

eus *ps of* **avoir**

s'**évader** to escape

l'**évangile** *m* gospel

s'**évanouir** to faint, disappear

l'**évasion** *f* escape

éveillé(e) awake

éveiller to awaken, to arouse

l'**événement** *m* event

l'**éventaire** *m* flat wicker basket

éventuel (éventuelle) possible

l'**évêque** *m* bishop

évidemment obviously

l'**évidence** *f* obviousness, evidence

éviter to avoid

évoluer to evolve

évoquer to evoke

exaspérer to exasperate

l'**excès** *m* excess

exclure to exclude

l'**excuse** *f* apology

s'**excuser** to apologize

exécrer to execrate, to abhor

exécutif (exécutive) executive

l'**exemplaire** *m* copy of a book

l'**exemple** *m* example; **par —** for example

l'**exempt** *m* police officer

exercer to exert, to exercise; **— une profession** to practice a profession

l'**exigence** *f* demand

exiger to demand, insist, require

exister to exist

expédier to dispatch, to send off

l'**expérience** *f* experience, experiment

l'**explication de texte** *f* textual analysis

expliquer to explain

exploiter to develop, exploit

l'**exportateur** *m* exporter

exprès expressly, on purpose; *m* express letter

exprimer to express

l'**extase** *f* ecstasy

extatique ecstatic

l'**extérieur** *m* exterior; **à l'—** outside

extérioriser to exteriorize

l'**externe** *m,f* day student

extorqué(e) extorted

l'**extrait** *m* excerpt

extraire to extract

extraordinaire extraordinary; **par —** exceptionally

F

fabriquer to fabricate

la **face** face; **en — de** opposite; **faire — à** to face, confront

fâché(e) angry

se **fâcher** to get angry

facile easy

la **facilité** fluency

la **façon** manner, way; **de toute —** in any case; **sans —** simply, without ceremony

le **facteur** mail carrier

la **faculté** faculty

fade insipid, stale

faible weak; *m* weakness

la **faiblesse** weakness

faillir to fail; **j'ai failli te perdre** I almost lost you

la **faim** hunger; **avoir —** to be hungry

le, la **fainéant(e)** idler, loafer

faire to make, do; **— attention** to pay attention; **— mal** to hurt; **— confiance à** to trust; **— un enfant** to beget a child; **— partie de** to belong to, to be part of; **— voir** to show; **se —** to become; **se — une idée** to form an idea; **Pourquoi —?** What for?; **fis-je** said I; **comment se fait-il?** how is it that?

le **fait** fact, deed; **en —** in fact; **— divers** news item

la **falaise** cliff

falloir to be necessary; **comme il faut** suitably, properly, suitable, proper; **il ne faut pas** one must

not; **il me faut** I need

familial(e) *adj* family

familier (familière) familiar

la **famille** family

la **fanfare** band

la **fantaisie** fancy, imagination, fantasy

fantastique fanciful, fantastic, eerie

le **farceur** practical joker

le **fardeau** burden

farder to put on make-up

farouche wild, fierce

farouchement fiercely

le **fascicule** fascicle, installment

fasciné(e) fascinated

fatigué(e) tired

le **faubourg** outskirts, suburb

faussé(e) falsified

la **faute** lack, fault, mistake; **— de** for lack of

le **fauteuil** armchair

faux (fausse) false; **— air** resemblance

le **faux-bourdon** drone

la **faveur** favor

favori (favorite) favorite

favoriser to favor

le, la **féal(e)** loyal servant

fécond(e) fertile

la **fée** fairy

feindre to feign, pretend

féliciter to congratulate

la **femme** woman, wife; **— de ménage** housekeeper

fendre to split, break into pieces

la **fenêtre** window

le **fer** iron

ferme firm; *f* farm

fermer to close

le **fermier (la fermière)** farmer

féroce ferocious

fesser to whip, to spank

le **festin** banquet, feast

la **fête** feast, holiday

le **fétiche** fetish

feu(e) late, deceased

le **feu** fire; **à petit —** slowly, cruelly

le **feuillage** foliage

la **feuille** leaf, sheet

le **feuillet** sheet

feuilleter to leaf through

le **feutre** felt hat

les **fiançailles** *f* engagement

se **fiancer** to become engaged

ficeler to tie up

la **fiche** index card

ficher: — le camp to clear out; **s'en — ** not to give a damn

le **fichu** small shawl

fidèle faithful

fidèlement faithfully

la **fidélité** loyalty

fier (fière) proud

se **fier à** to trust

fièrement proudly

la **fierté** pride

la **fièvre** fever

fiévreux (fiévreuse) feverish

la **figure** face

figurer to represent; **figurez-vous que** would you believe that

le **fil** wire, thread; **coup de —** buzz (telephone call)

la **file** file; **à la —** one after another

filer to buzz off, spin, go, slip away

le **filet** luggage net; trace, drop

la **fille** girl; daughter; streetwalker; **vieille —** old maid

la **fillette** little girl

le **filou** crook, swindler

le **fils** son

fin (fine) fine, delicate; **la fin** end; **à la —** finally

finalement finally

finir to finish; **— par** to end up; **en — avec** to have done with

fis *ps of* **faire**

fixe fixed

fixement fixedly, steadily

fixer to fix, establish

la **flamme** flame

le **flanc** side

flâner to dawdle, stroll

la **flânerie** idling

flanquer to flank; to deal (a blow)

flasque flabby

flatter to flatter, to please

flatteur (flatteuse) flattering; *m,f* flatterer

la **flèche** arrow

la **fleur** flower, blossom, bloom

fleurir to flower, blossom, bloom

le, la **fleuriste** florist

le **fleuve** river that empties into the ocean

le **flic** cop

le **flot** surge, flood, wave

flotter to float

flou(e) hazy

le **fluide** fluid

la **foi** faith; **ma —!** my goodness!; **ma — oui!** yes indeed!; **— de diable!** by the devil!

la **foire** fair

la **fois** time; **à la —** at one and the same time; **une —** once; **une — de plus** once again

la **folie** folly

folklorique folk

follement crazily

le, la **fonctionnaire** civil servant

le **fond** bottom, depth, far end; **à —** thoroughly; **au — de** at the bottom of, at the end of, deep in

fondamental(e) fundamental

fonder to base

fondre to melt, to dissolve; **se —** to melt away

la **fontaine** fountain

le **for: dans mon for intérieur** in my innermost heart

la **force** strength; **de —** by force; **à — de** by virtue of, thanks to

la **forêt** forest

le **forfait** crime

le **formalisme** formalism

la **formation** training

la **forme** form

former to form

la **formule** formula

fors except

fort(e) strong, shocking, large; *adv* very, hard, loud

fortifier to fortify

fortuit(e) fortuitous

le **fossé** ditch, moat, gap

la **fossette** dimple

fou (folle) foolish, crazy

la **foudre** lightning, thunderbolt; **coup de —** love at first sight

foudroyant(e) overwhelming

foudroyer to strike down (as by lightning)
fouetter to whip
fouiller to search
le **foulard** scarf
la **foule** crowd
fouler to tread on
le **four** (theater) flop
la **fourberie** deceit
fourchu(e) cleft
la **fourmi** ant
le **fourneau** stove
fournir to furnish, provide
le **fourreur** furrier
la **fourrure** fur
se **foutre de** *(vulg)* not to give a damn about
le **foyer** hearth, home
le **fracas** crash
fracasser to smash
la **fraîcheur** coolness
frais (fraîche) fresh
franc (franche) honest, open
franchement openly, honestly
franciser to Frenchify
franco-américain(e) Franco-American
francophone French-speaking
le **franglais** highly Anglicized French
frappant(e) striking
frapper to strike, knock
fredonner to hum
freiner to put on the brakes
frelaté(e) adulterated
frémir to quiver
frénétique frantic
la **fréquentation** frequenting
fréquenter to frequent
le **fripon (la friponne)** swindler
froid(e) cold; **il fait —** the weather is cold
froidement coldly
le **froissement** rumpling
froisser to rumple
frôler to graze, brush against
le **fromage** cheese
froncer les sourcils to frown, scowl
le **front** forehead, brow
frotter to rub

le **frou-frou** rustling
la **fruiterie** fruit store
frustré(e) frustrated
fuir to flee
la **fuite** flight, escape
la **fumée** smoke
fumer to smoke
funèbre dismal, sad; **pompes —s** funeral ceremony
funeste disastrous, deadly
fur: au — et à mesure gradually, as the work proceeds
la **fureur** furor, anger, fury
la **furie** fury, rage
le **fusil** gun, rifle
fut *ps of* **être**

G

la **gaffe** blunder, faux pas
le, la **gagnant(e)** winner
gagner to win, gain, earn; **— sa vie** to earn one's living
gai(e) gay, happy
gaiement gaily
gaillard(e) spicy, strong, vigorous
le **gain** earnings
galant(e) gallant, amatory, attentive to ladies
la **galerie** gallery, arcade
galeux (galeuse) mangy
Galles: le pays de Galles Wales
le **gallicisme** gallicism
le **galon** band, braid
le **galop** gallop; **partir au —** to gallop off
garantir to guarantee
le **garçon** boy, waiter; **vieux —** bachelor
la **garde** guard
garder to keep; **— son sang-froid** to keep one's cool; **se — de** to be careful not to, to refrain from
le **gardien (la gardienne)** guardian, keeper
la **gare** railroad station
garer to park
garni(e) garnished, trimmed
gâter to spoil

gauche awkward; *f* left
gaulois(e) Gallic
se **gaver** to gorge
le **gaz** gas
le **gazon** grass
le **géant** giant
geindre to whimper
geler to freeze
gémir to moan, wail
le **gendarme** policeman
le **gendre** son-in-law
la **gêne** embarrassment
gêner to bother, inconvenience, disturb
la **générosité** generosity
le **génie** genius
le **genou** knee
le **genre humain** mankind
les **gens** *m* people; **les jeunes —** young men, young people
gentil (gentille) nice
le **gentilhomme** nobleman
la **gentillesse** graciousness, kindness
gentiment nicely, like a good boy or girl
la **gerbe** spray, shower
gérer to manage
gésir to lie
le **geste** gesture, act, deed
la **gifle** slap in the face, box on the ear
gifler to slap in the face
la **glace** mirror; ice
glacé(e) freezing, chilling, frozen
la **glaise** clay
le **gland** acorn; tassel
la **glèbe** land, soil
la **glissade** slide
glisser to slide, glide
le **godillot** boot
goguenard(e) mocking, joking
gonfler to swell
la **gorge** throat, breast
gorge-de-pigeon variegated
la **gorgée** sip
le,la **gosse** kid
le **gourdin** club
le **gourmet** epicure
le **goût** taste, liking; **prendre —** to get to like

goûter to taste, enjoy
la **goutte** drop; **je n'y vois —** I don't understand in the least
le **gouvernement** government
la **grâce** grace, mercy; **de —** for mercy's sake
gracieux (gracieuse) graceful
la **grammaire** grammar
grand(e) tall, great; large, big, wide; **une — e heure** a good hour; **— magasin** department store; **grande personne** grown-up
grand-chose much; **pas —** not much
grandement greatly
la **Grande-Ourse** Great Bear, Ursa Major
grandir to grow up
la **grand-mère** grandmother
grand-peine: à — with great difficulty
le **grand-père** grandfather
la **grange** barn
gras, grasse fat, heavy; **faire la grasse matinée** to lie in bed late in the morning
le **gratte-ciel** skyscraper
gratter to scratch; **se — la gorge** to clear one's throat
grave serious, solemn
les **gravois** *m* plaster
le **gré** liking, taste, will; **bon — mal —** willy-nilly
grec (grecque) Greek
greffer to graft
le **grelot** bell
grelotter to shiver
le **grenier** attic
la **grève** strike; **faire la —** to be on strike
le,la **gréviste** striker
la **griffe** claw
le **gril** rack
grimacer to make faces
grimper to climb
grincer to gnash
la **grippe** flu
gris(e) gray, intoxicated
grincheux (grincheuse) ill-tempered, surly

grisonnant(e)   graying
grogner   to grumble
gronder   to scold
gros (grosse)   big; **avoir le cœur —**
to have a heavy heart; **jouer — jeu**
to play for high stakes
grossir   to swell, grow bigger
le **groupe**   group
les **guenilles** *f*   rags
guère: ne... —   hardly
le **guéridon**   pedestal table
guérir   to cure, heal, get better
la **guérison**   healing
la **guerre**   war; **faire la —** to wage war;
première, deuxième — mondiale
First, Second World War
guetter   to be on the lookout
le **gueux** (la **gueuse**)   beggar, wretch
le **guichet**   ticket window
la **guipure**   lace
la **guise**   way, manner; **en — de** as; **à
leur —** as they wish
la **Guyane Française**   French Guiana

H

habile   skillful, clever, able
habilement   ably, skillfully
l'**habillement** *m*   dress, wearing
apparel
habiller   to dress
l'**habit** *m*   suit; **les —s** clothes
l'**habitant(e)** *m,f*   inhabitant, resident
habiter   to live in; **— la campagne** to
live in the country
l'**habitude** *f*   habit; **d'—** usually
l'**habitué(e)** *m,f*   frequenter
habituer   to accustom
la **haie**   hedge
la **haine**   hatred, hate
haineux (haineuse)   hateful
haïr   to hate
l'**haleine** *f*   breath; **reprendre —** to
catch one's breath
la **halle**   marketplace
la **halte**   stop
le **hamac**   hammock
le **hameau**   hamlet
le **hanneton**   May bug

harcelé(e)   harassed
les **hardes** *f*   old clothes
hardiment   boldly
harnaché(e)   harnassed
le **hasard**   chance, luck, accident; **au —
de** according to
se **hâter**   to hurry
hausser   to raise; **— les épaules** to
shrug one's shoulders
haut(e)   lofty, high, loud; **à haute
voix** out loud; *m* top; **en —** above,
upstairs; **en — de** at the top of; *adv*
aloud
hautain(e)   haughty
la **hauteur**   height
le **haut-parleur**   loudspeaker
héberger   to lodge
hébété(e)   dazed
Hein!   Eh!; **—?** What?
Hélas!   Alas!
héler   to hail (a taxi)
l'**herbe** *f*   grass
hériter de   to inherit
la **hernie**   rupture
l'**héroïne** *f*   heroine
le **héros**   hero
hésiter   to hesitate
l'**heure** *f*   hour; **de bonne —** early;
une grande — a good hour
heureusement   fortunately
heureux (heureuse)   happy,
fortunate
heurter   to knock again; **se —** to run
into
le **hibou**   owl
hideux (hideuse)   hideous
l'**hirondelle** *f*   swallow
l'**histoire** *f*   story, history
l'**hiver** *m*   winter
hocher   to nod
hollandais(e)   Dutch
l'**homme** *m*   man
homogène   homogeneous
honnête   honest, decent, cultivated
l'**honneur** *m*   honor
honte   shame; **avoir — de** to be
ashamed of
honteux (honteuse)   ashamed
l'**hôpital** *m*   hospital

l'**horaire** *m* schedule
l'**horloge** *f* clock
l'**horreur** *f* horror, abhorrence; **avoir — de** to detest
hors de outside of; **— soi** beside oneself
l'**hôte** *m* host, guest
l'**hôtel** *m* hotel, townhouse
l'**hôtesse** *f* hostess
la **housse** horse blanket
le **houx** holly
la **huche** bin
hue! giddap!
l'**huissier** *m* usher, bailiff
l'**huître** *f* oyster
humain(e) human
l'**humeur** *f* humor, mood; **avec —** testily, crossly; **d'— égale** even tempered
l'**humour** *m* humor
hurlant(e) howling, screaming
le **hurlement** howling, shriek
hurler to howl
l'**hyène** *f* hyena
l'**hypothèse** *f* hypothesis

I

ici here, now; **d'— là** between now and then; **ici-bas** here below; **— même** in this very place
l'**idée** *f* idea; **aux —s larges** broad-minded; **se faire une —** to form an idea
l'**idiotisme** *m* idiom
ignoblement ignobly, vilely
ignorer to be ignorant of
l'**île** *f* isle
illustre illustrious, famous
illustrer to illustrate
l'**image** *f* picture, image
s'**imaginer** to imagine, fancy
imbiber to imbue, saturate
l'**immensité** *f* immensity
l'**immeuble** *m* tenement, apartment building
impatienté(e) at the end of one's patience; made impatient
impersonnel (impersonnelle) impersonal

l'**imperméabilité** *f* impermeability, insensitivity
impitoyable pitiless, ruthless
impliquer to involve
implorer to implore, entreat
impoli(e) impolite
importer to matter; **n'importe** it doesn't matter; **n'importe quel** any; **n'importe qui** anyone; **n'importe quoi** anything; **Qu'importe?** What does it matter?; **peu m'importe** I couldn't care less
l'**importun(e)** *m,f* intruder
importuner to importune, to pester
s'**imposer** to force oneself upon
impressionné(e) impressed
imprimé(e) printed; *m* printed matter
imprimer to imprint
l'**impuissance** *f* impotence, powerlessness
impuissant(e) powerless
inachevé(e) unfinished
inactif (inactive) inactive
inattendu(e) unexpected
incendier to burn
incertain(e) uncertain
l'**incertitude** *f* uncertainty
incolore colorless
incommoder to inconvenience
incompréhensif (incompréhensive) unsympathetic
incompris(e) misunderstood, not appreciated
l'**inconfort** *m* discomfort
inconfortable uncomfortable
inconnu(e) unknown; l'**—** stranger
incontinent immediately
l'**inconvénient** *m* disadvantage
incrusté(e) encrusted
inculpé(e) accused, indicted
indéfini(e) indefinite; **le passé —** compound past
les **indications** *f* directions
indicible inexpressible
indigène native
indigne unworthy
s'**indigner** to become indignant
indiquer to indicate

indiscutablement indisputably
l'**individu** *m* individual
indulgent(e) lenient
l'**industriel (industrielle)**
  m industrialist, manufacturer
l'**inégalité** *f* inequality
inépuisable inexhaustible
inerte lifeless
inespéré(e) unexpected
inexprimable inexpressible,
  unspeakable
infaillible infallible
l'**infanticide** *m,f* child murderer
inférieur(e) lower, inferior
infidèle unfaithful
infirme crippled
l'**infirmier (infirmière)** *m,f* nurse
infliger to inflict
l'**infortune** *f* misfortune
infortuné(e) unfortunate, ill-fated
l'**ingéniosité** *f* ingenuity, cleverness
ingénu(e) ingenuous, innocent,
  simple
l'**ingénieur** *m* engineer
l'**ingénuité** *f* ingenuousness, naiveté
ingrat(e) ungrateful
initier to initiate
l'**injure** *f* abuse, insult
injuste unjust
inné(e) innate
innombrable innumerable
inoffensif (inoffensive) harmless
inquiet (inquiète) worried
inquiéter to worry (someone); **s'—
  de** to worry
l'**inquiétude** *f* anxiety, worry
insensé(e) insane
l'**insensibilité** *f* insensitivity
insensible insensitive
insensiblement imperceptibly
l'**insignifiance** *f* insignificance
insolite unusual
insouciant(e) carefree, heedless
inspirer to inspire
s'**installer** to settle down
l'**instant: sur, à —** immediately, just
  now
instantanément instantaneously
l'**instar: à — de** like
instituer to institute

l'**instruction** *f* education, pretrial
  inquiry
instruit(e) educated
l'**insu** *m:* **à notre —** without our
  knowledge
insuffisamment insufficiently
insupportable intolerable,
  unbearable
intarissable unceasing
intenter un procès to bring legal
  action
intentionné(e) intentioned
interdire to prohibit, forbid
intéressant(e) interesting
intéressé(e) selfish, interested
s'**intéresser à** to be interested in
l'**intérêt** *m* interest, self-interest; **avoir
  — à** to be in one's interest to
l'**internat** *m* boarding school
l'**interne** *m,f* boarding student
interpeller to summon, challenge,
  ask for an explanation
l'**interprète** *m,f* player, actor,
  interpreter (of song or role)
interrogateur (interrogatrice)
  interrogative, questioning
l'**interrogatoire** *m* interrogation
interroger to interrogate
interrompre to interrupt
intime close, intimate
intimer to notify, announce
l'**intimité** *f* intimacy
intrigant(e) scheming
l'**intrigue** *f* plot
introduire to introduce
inutile useless
inventer to invent
inverse opposite
l'**invité(e)** *m,f* guest
isoler to isolate
italien (italienne) Italian
ivre drunk
l'**ivrogne** *m,f* drunkard

J

jadis formerly
jaillir to spurt, leap
la **jalousie** jealousy

jaloux (jalouse) jealous
jamais ever; **à —** forever; **ne... —** never; **— plus** never again
la **jambe** leg
le **jardin** garden
le **jardinier** (la **jardinière**) gardener
la **jarretière** garter
jaune yellow
jauni(e) yellowed
jeter to throw away, fling, cast
le **jeu** game, gambling, working; **— de mots** play on words; **jouer gros —** to play for high stakes
le **jeudi** Thursday
jeune young; **—s filles** girls; **—s gens** boys, young men, young people
jeûner to fast
la **jeunesse** youth
la **joie** joy
joindre to join, unite; **— les deux bouts** to make ends meet; **se — à** to join (an organization)
joli(e) pretty
le **jonc** reed
le **jongleur** minstrel
la **joue** cheek
jouer to play, act out, gamble; **— gros jeu** to play for high stakes; **se — de quelqu'un** to make a fool of someone
le **joueur** (la **joueuse**) gambler, player
joufflu(e) chubby
le **joug** yoke, bondage
jouir de to enjoy
la **jouissance** pleasure, enjoyment
le **jour** day; **en plein —** in broad daylight; **de nos —s** these days, nowadays
le **journal** newspaper
joyeux (joyeuse) joyful
judiciaire judicial
le **juge** judge
le **jugement** judgment
juger to judge; **— de** to form an opinion of
juif (juive) Jewish
jumeau (jumelle) twin
la **jupe** skirt
le, la **juré(e)** juror

jurer to swear
la **juridiction** jurisdiction
jusque until; **jusqu'à** as far as, up to; **jusqu'à ce que** until; **jusqu'ici** up to now
juste just, accurate, fitting; **au —** exactly; **tout —** barely
justement precisely
la **justesse** accuracy, exactness
justiciable under the jurisdiction of

L

là-bas over there
le **labour** tilling
labourer to till
le **lac** lake
le **lacet** lace (for shoe)
lâche cowardly; *m,f* coward
lâcher to let go, to release
là-dessus on that subject, thereupon
là-haut up there
laid(e) ugly
la **laideur** ugliness
la **laine** wool
laisser to leave, let, quit; **— tomber** to drop
le **lait** milk
lancer to throw, hurl
le **langage** language
les **langes** *m* swaddling clothes
la **langue** tongue, language; **— courante** everyday speech; **— étrangère** foreign language; **— vivante** modern language; **donner sa — au chat** to give up guessing
languir to languish
le **lapin** rabbit
le **lapis-lazuli** lapis lazuli, a deep-blue stone
la **laque** lacquer
le **lard** fat
large large, wide; **de long en —** up and down
largement broadly, widely
la **largeur** width
la **larme** tear
las (lasse) weary
se **lasser** to grow weary

le **lavage** washing
la **lavandière** washerwoman
  laver to wash
le **lecteur (la lectrice)** reader
la **lecture** reading
  léger (légère) light, slight
  légèrement slightly, lightly
  législatif (législative) legislative
  légitimer legitimize
  léguer to bequeath, leave
le **légume** vegetable
le **lendemain** day after, next day
  lentement slowly
  lequel (laquelle) which
  léser to injure, wrong
la **lessive** wash, laundry
la **lettre** letter; *pl* literature
  lever to raise, to lift; **— l'audience**
    to adjourn the session; **se —** to get
    up; **le —** rising
la **lèvre** lip
le **lézard** lizard
la **liaison** relationship, union
la **liasse** bundle
  libérer to liberate
  libertin(e) free-thinking
la **librairie** bookstore
  libre free
le **libre-service** self-service restaurant
  lier to link, to tie up
le **lieu** place; **au — de** instead of; **avoir**
    — to take place; **donner — à** to give
    rise to; **— commun** commonplace
la **lieue** league (distance)
la **ligne** line
le **lilas** lilac
  limpide limpid, transparent
le **linceul** shroud
le **linge** linen, laundry
la **linguistique** linguistics
la **lippe** pout
  lire to read
le **lis** lily
  lisse smooth
le **lit** bed
la **livre** pound
le **livre** book; **— de chevet** favorite
    book; **— de poche** pocketbook;

  — d'heures prayer book
  livrer to deliver, surrender; **se —** to
    be waged
le, la **locataire** tenant
la **location** sale of tickets
la **loge** lodging
  logé(e) housed
le **logement** housing
  loger to lodge, to house
la **loi** law
  loin far; **de —** by far; **au —** in the
    distance
  lointain(e) distant
le **loisir** leisure
  Londres *f* London
  long (longue) long, lengthy, slow
le **long** length; **au — de** along; **le — de**
    along; **de — en large** up and down
  longer to run alongside
  longtemps for a long time
  longuement at length, for a long
    time
la **longueur** length
la **loque** rag
  lors: pour — thence, thenceforth
  lors de at the time of
  lorsque when
  louer to rent, to praise; **se — de** to
    be pleased with
le **louis** a gold coin
le **loup** wolf; **un froid de —** bitter
    cold; **avoir une faim de —** to be
    ravenously hungry
  lourd(e) heavy
le **loyer** rent
la **lucarne** (attic) window
la **lueur** glow, gleam
la **lumière** light
  lumineux (lumineuse) luminous,
    bright
la **lune** moon; **— de miel** honeymoon;
    être dans la — to daydream
la **lutte** struggle, contest
  lutter to struggle
le **lutteur** wrestler
le **luxe** luxury
le **lycée** secondary school
  lyrique lyric

M

mâcher to chew
la **mâchoire** jaw
le **maçon** mason
la **mademoiselle** miss, young lady
le **magasin** store; **grand —** department store
magique magic
le **magnétophone** tape recorder
magnifique magnificent
mai *m* May
maigre thin, skinny
la **main** hand; **à deux —s** with both hands
maint(e) many a
maintenant now
maintenir to maintain
la **maison** house, (business) firm; **à la — ** at home; **— d'édition** publishing house; **— de repos** rest home
le **maître** master, schoolmaster, schoolteacher; **— d'hôtel** headwaiter
la **maîtresse** mistress, schoolmistress
maîtriser to master, overcome
majeur(e) of full legal age, adult
le **mal** evil, ill, harm; **avoir —** to hurt; **être au plus —** to be past recovery; *adv* badly
malade ill; *m,f* patient
la **maladie** illness
maladif (maladive) unhealthy
le **malaise** uneasiness
la **malchance** bad luck
mâle male, virile
maléfique maleficent, harmful
malencontreux (malencontreuse) unfortunate, untimely
le **malfaiteur** evil doer, criminal
malgré in spite of, despite
le **malheur** misfortune, unhappiness; **— à vous!** woe to you!
malheureusement unfortunately
malheureux (malheureuse) unhappy, unfortunate
malhonnête dishonest
le **malin** sly, shrewd person

malsain(e) unwholesome, corrupting
maltraiter to mistreat
malvenu(e) malformed
la **manche** sleeve
le **mandat** mandate, term of office
mander to send for
le **manège** trick
manger to eat; **se —** to be edible
le **manguier** mango tree
manichéen (manichéenne) Manichaean
la **manie** mania, idiosyncrasy
manier to handle, manipulate
la **manière** manner, way, sort
le, la **manifestant(e)** demonstrator
la **manifestation** demonstration
manifeste manifest, obvious
manifestement obviously
la **manne** manna
le **manque** lack
manqué(e) unsuccessful, missed
manquer to be lacking, missing, to fail; **elle me manque** I miss her; **— de** to lack
la **mante** mantle
le **manteau** cloak, coat; **— de pluie** raincoat
manuel (manuelle) manual; *m* handbook
le **maquillage** make-up
le **marabout** marabout (Moslem holy man)
la **marâtre** stepmother
le **marc** mark
le, la **marchand(e)** shopkeeper, dealer
le **marchandage** dickering, bargaining
marchander to dicker, haggle over
la **marchandise** merchandise
la **marche** step, march, walking; **en —** moving, in motion; **se mettre en —** to get going
le **marché** market; **le — Commun** Common Market; **à bon —** cheap
le **marchepied** running board
marcher to walk, to work
la **mare** pool
la **margelle** edge

le **mari** husband
  marier to give in marriage; **se —
    avec** to marry
le **marquis** marquis
la **marquise** marchioness, marquise
  marseillais(e) from Marseilles
  marteler to hammer out
la **massue** club, bludgeon
la **matière** matter
le **matin** morning
la **matinée** morning; **faire la grasse —**
    to lie in bed late in the morning
  maudire to curse
  maure Moorish
  maussade glum, sullen
  mauvais(e) bad, evil
la **mécanique** mechanics
la **méchanceté** wickedness
  méchant(e) wicked, nasty, vicious,
    bad, spiteful, ill-natured
  méconnaître to misunderstand, fail
    to recognize
  mécontent(e) discontented,
    dissatisfied
le **médecin** doctor
la **médecine** medicine (science,
    profession)
le **médicament** medicine (medication)
  médiocrement moderately
la **méduse** jellyfish
la **méfiance** suspicion
  méfiant(e) mistrustful, cautious
se **méfier** to be suspicious
  mêler to mingle, to mix
  même very, same; *adv* even; **— pas**
    not even; **de —** likewise; **de — que**
    just as; **quand —** nevertheless; **tout
    de —** all the same
la **mémoire** memory, recollection
  menacer to menace, threaten
le **ménage** housework, household; **la
    femme de —** housekeeper
  ménager to spare
la **ménagère** housewife, housekeeper
  mener to lead, take; **— à bien** to
    manage successfully
le **mensonge** lie
  mentalement mentally
la **mentalité** mentality

le **menteur (la menteuse)** liar
  mentir to lie
le **menton** chin
le **mépris** scorn
  méprisable despicable
  mépriser to despise
la **mer** sea; **— des Antilles** Caribbean
    Sea
la **merci** mercy
le **mercier (la mercière)** dealer in
    small wares, notions, etc.
la **mère** mother
  mériter to deserve
la **merveille** marvel, wonder
  merveilleux (merveilleuse)
    marvelous
la **mésaventure** misadventure,
    misfortune
la **mesure** extent, measure; **à — que**
    as; **au fur et à —** gradually
  mesurer to measure
la **métaphore** metaphor
  méthodique methodical
le **métier** trade
le **métrage** length; **court —** short
    subject; **long —** full-length feature
    film
le **mètre** meter
le **métro** subway
la **métropole** mother country
le **mets** dish, food
le **metteur en scène** director
  mettre to put, put on (a hat, etc);
    — à la porte to throw out; **— au
    courant** to bring someone up to
    date; **— en contraste** to contrast;
    — en présence to introduce; **— en
    relief** to bring out, emphasize;
    — en scène to produce; **se — à** to
    start, set about; **se — à table** to sit
    down to table; **se — dans l'idée** to
    put into one's head; **se — en
    marche** to get going
la **meule** grindstone
le **meurtrier (la meurtrière)** killer,
    murderer
  mi- half, mid
le **microsillon** long-playing record
le **midi** noon; **le M—** southern France

le **miel** honey; **lune de** — honeymoon
le **mien (**la **mienne)** mine
mieux better
le **milieu** middle
militaire military; *m* soldier
mille (one) thousand
le **mille** mile
le **milliard** billion
le **millier** thousand
minable seedy-looking
la **mine** appearance
le **mineur** miner; *m,f* minor
le **ministère** ministry, government
le **minuit** midnight
minuscule tiny
se **mirer** to admire oneself
le **mirliton** reed pipe, flute
le **miroir** mirror
miroiter to gleam, sparkle
la **mise en scène** staging, production
miser to gamble
le, la **misérable** wretch
la **misère** misery, distress, poverty
la **miséricorde** mercy
mit *ps of* **mettre**
la **mitraillette** submachine gun
la **mitre** miter
le **mobile** motive
la **mode** fashion; **à la** — in fashion; **le**
— way, mode
modéré(e) moderate
modestement modestly
moelleux (moelleuse) soft
les **mœurs** *f* customs, manners, morals,
way of life
moindre slightest
le **moine** monk
moins: à — **que** unless; **à** — **de**
unless; **au** — at least; **du** — at least
le **mois** month
moisi(e) musty, moldy
moite moist, clammy
la **moitié** half
le **moment** moment; **du** — **que** since,
once; **au** — **où** when
la **monarchie** monarchy
le **monarque** monarch
le **monceau** heap, pile
le **monde** world, people, society

la **monnaie** change, coin, money
monotone monotonous, dull
le **monsieur** my lord, your honor
le **monstre** monster
monstrueux (monstrueuse)
monstrous
le **montage** film editing
la **montagne** mountain
monter to climb, rise, get on,
mount; stage (a play); amount to
montrer to show
le **montreur (**la **montreuse)** showman
se **moquer de** to make fun of,
laugh at
moqueur (moqueuse) mocking
la **morale** moral
le **morceau** piece
mordre to bite
le **morne** small mountain
la **mort** death
mort(e) dead
mortel (mortelle) mortal
le **mortier** mortar
le **mot** word; — **à** — word for word;
mot-clef key word
le **motif** motive
mou (molle) soft, limp
moucharder to inform on someone
la **mouche** fly; beauty spot
se **moucher** to blow one's nose
le **mouchoir** handkerchief
la **moue** pout; **faire la** — to pout
mouiller to wet
la **moule** mold
le **moulin** mill
mourir to die; **se** — to be dying
le **mouton** sheep, ram
le **mouvement** movement
se **mouvoir** to move about, operate
le **moyen** means; **au** — **de** by means
of; **il y a** — it is possible
moyen (moyenne) medium, average;
la classe moyenne middle class
muer to molt, cast skin or coat
muet (muette) silent, mute
mugir to bellow
muni(e) equipped
le **mur** wall
mûr(e) mature, ripe
la **muraille** wall

mûrir to grow ripe, mature
murmurer to murmur
le **musée** museum
la **musique** music; **sans plus de —**
  without further delay
musulman(e) Moslem
la **mutation** mutation
le **mystère** mystery

N

nager to swim
le **nageur** (la **nageuse**) swimmer
naïf (naïve) naive
la **naissance** birth; **de —** from birth
naître to be born; **faire —** to
  produce
le **narrateur** (la **narratrice**) narrator
natal(e) native
la **natte** mat
naturel (naturelle) natural; *m*
  nature, disposition
le **navet** flop (film)
le **navire** ship
navré(e) distressed
né(e) born
néanmoins nevertheless
nécessairement necessarily
négliger to neglect
le, la **négociant(e)** merchant
nègre Negro
la **neige** snow
net (nette) clear, distinct; *adv*
  plainly, clearly
nettoyer to clean
neuf (neuve) new
neutre neutral
le **neveu** nephew
le **nez** nose
la **niche** doghouse
le **nid** nest
nier to deny
la **noblesse** nobility
la **noce** wedding
noir(e) black, dark
le **nom** name
le **nombre** number
nombreux (nombreuse) numerous
le **nombril** navel

nommer to name
non: — plus neither; **— seulement**
  not only
le **nord** north
la **Norvège** Norway
notamment particularly
norvégien (norvégienne) Norwegian
nourrir to nourish, feed
la **nourriture** food, nourishment
nouveau (nouvelle) new; **à —** anew;
  de — again
le, la **nouveau-né(e)** newborn
la **nouvelle** piece of news; short story
la **Nouvelle-Angleterre** New England
la **noyade** drowning
noyer to drown
nu(e) naked
le **nuage** cloud
la **nuance** shade, hue
nuancé(e) varied
nuancer to vary
la **nue** cloud
nuire à to harm
la **nuit** night
nul (nulle) no, not one, not a, no
  one
nullement in no way
le **numéro** number

O

obéir to obey
l'**obéissance** *f* obedience
objectif (objective) objective
l'**objet** *m* object
obligé(e) obliged, grateful
obliger to compel
obsédant(e) obsessive
obstruer to obstruct
obtenir to obtain
l'**occasion** *f* opportunity; **d'—** second-
  hand
occupé(e) occupied, busy
s'**occuper de** to pay attention to, look
  after, take care of
l'**octosyllabe** *m* eight-syllable verse
l'**odeur** *f* smell, odor
l'**œil** *m* eye
l'**œuf** *m* egg; **— dur** hard-boiled egg

l'**œuvre** *f*   work
 offensé(e)   offended
 offenser   to offend
l'**office** *m*   function
l'**officier** *m*   officer
 offrir   to offer, to give
l'**oie** *f*   goose; **les pattes d'**— *f* crow's-feet
l'**oiseau** *m*   bird
 oisif (oisive)   idle
l'**oisiveté** *f*   idleness
l'**oison** *m*   gosling; simpleton
l'**ombrage** *m*   shade
l'**ombre** *f*   shade, shadow, darkness
l'**omnibus** *m*   bus
l'**onde** *f*   wave
l'**ondulation** *f*   wave
l'**ongle** *m*   nail (on fingers or toes)
 onzième   eleventh
 opérer   to effect, bring about, carry out, operate
 opposé(e)   opposite
 opprimé(e)   oppressed
l'**or** *m*   gold
l'**orage** *m*   storm
l'**oranger** *m*   orange tree
l'**orchestre** *m*   orchestra
l'**ordinateur** *m*   computer
l'**ordonnance** *f*   prescription
 ordonner   to order
l'**ordre** *m*   order
l'**orée** *f*   limits, edge
l'**oreille** *f*   ear
l'**oreiller** *m*   pillow
l'**orfèvre** *m*   goldsmith
 orgueilleux (orgueilleuse)   proud
 originaire   native
l'**origine** *f*   origin; **à l'**— originally
 orner   to adorn, to deck
l'**orphelin(e)** *m*   orphan
l'**orthographe** *f*   spelling
l'**os** *m*   bone
 osé(e)   daring, bold
l'**oseille** *f*   sorrel
 oser   to dare
 ou: — **bien**   or else
 où   where, when; **d'**— whence
 ouais!   sure! of course! (ironic or skeptical)

l'**oubli** *m*   oblivion, forgetfulness
 oublier   to forget
 ouïr   to hear
l'**ours** *m*   bear
 ouste: Allez —!   Off you go!
 outre   besides; **en** — moreover
 ouvert(e)   open
 ouvertement   openly
l'**ouverture** *f*   opening
l'**ouvrage** *m*   work
 ouvrer   to work
l'**ouvrier (l'ouvrière)** *m,f*   worker, workman, workwoman
 ouvrir   to open

P

le **pagne**   loincloth
la **paie**   pay
le **paiement**   payment
la **paille**   straw
le **pain**   bread
le **pair**   peer
 paisible   peaceful
 paisiblement   peacefully
 paître   to graze
la **paix**   peace
le **palais**   palace; palate
 pâle   pale
le **paletot**   overcoat
la **pâleur**   pallor, paleness
le **palier**   (stair) landing
 pâlir   to turn pale
la **palissade**   fence
la **palme**   palm, branch
le **palmier**   palm tree
se **pâmer**   to faint
la **pampre**   vine branch
le **panier**   basket
la **panne**   breakdown
le **panneau**   sign
la **panse**   paunch
le **pantalon**   trousers
la **pantoufle**   slipper; **raisonner** — to reason like a jackass
le **pape**   pope
le **papillon**   butterfly
le **paquet**   bundle, package
 paradoxal(e)   paradoxical

paraître to appear, seem
paralyser to paralyze
le **parc** park
parcourir to cover
par(-)delà beyond
par-derrière from behind
par-dessus above, over; *m* overcoat
par-devant in front
le **pardon** forgiveness
pardonner to excuse, pardon,
    forgive
pareil (pareille) similar, same; such,
    like that
le **parent** parent, relative
parer to adorn
la **paresse** laziness
paresseux (paresseuse) lazy
parfaire to complete
parfait(e) perfect
parfaitement perfectly
parfois sometimes, occasionally
le **parfum** perfume
le **pari** bet
se **parjurer** to perjure oneself
parler to speak; **— français comme
    une vache espagnole** to murder the
    French language
parmi among
la **parodie** parody
la **parole** word; *pl* song lyrics; **avoir la
    —** to have the floor
le **parrain** patron
la **part** share, part; **d'autre —** on the
    other hand; **quelque —**
    somewhere; **à —** besides, except
    for, aside
partager to share, divide, split
partant and so, therefore
le **parti** party; **— pris** preconceived
    notion
la **particularité** peculiarity
particulier (particulière) particular,
    private; *m* individual
particulièrement particularly
la **partie** part; outing, party;
    opponent; **— de cartes** card game;
    faire — **de** to belong to, be part of
partir to leave; **à — de** starting with
le, la **partisan(e)** supporter

partout everywhere
la **parure** adornment, finery
parvenir to arrive, reach; **— à** to
    manage to
le, la **parvenu(e)** upstart
le **pas** step, pace; **de ce —** directly, just
    now; **presser le —** to quicken one's
    pace
le **passage** passing; **au —** in passing
le, la **passant(e)** passer-by
le **passé** past; **— indéfini** compound
    past
passer to pass, spend (time); to
    overlook, pass over; to take (a test);
    to put on; **— un film** to show a
    film; **se —** to take place, happen;
    se — de to do without
passionnant(e) exciting, thrilling
passionné(e) passionate
le **pasteur** shepherd
le **pastiche** parody
le **pâté** meat pie
paternel (paternelle) paternal
pathétique moving, touching
patiner to skate
le **patois** dialect
la **patrie** country, fatherland
le **patron (la patronne)** employer, boss
la **patte** leg (of an animal), paw; **—s
    d'oie** crow's-feet
la **paupière** eyelid
pauvre poor
la **pauvresse** poor woman
le **pauvret (la pauvrette)** *m,f* poor
    creature
la **pauvreté** poverty
payer to pay for; **se — la tête de
    quelqu'un** to make fun of someone
le **pays** country, land
le **paysage** landscape
le **paysan (la paysanne)** country
    dweller, farmer, peasant
la **peau** skin
le **péché** sin
le **pêcheur** fisherman
le **peignoir** dressing gown, bathrobe
peindre to paint
la **peine** sorrow, trouble, difficulty; **à
    —** hardly, scarcely, barely; **— de**

mort death penalty; **valoir la** — to be worth it; **se donner de la** — to make an effort

le **peintre** painter

la **peinture** painting

péjoratif (péjorative) pejorative

pelé(e) bald

la **pelouse** lawn

le **penchant** impulsion

pencher to bend, lean

pendable punishable by hanging

pendant during, for; — **que** while

pendre to hang

la **pendule** clock

pénétrer to penetrate

pénible painful

péniblement painfully

le **pénitencier** penitentiary

la **pénombre** semidarkness

la **pensée** thought

penser to think; *m* thought

la **pension** boarding house, boarding school

le, la **pensionnaire** border

le **pensionnat** boarding school

la **pente** slope

perçant(e) piercing

percer to pierce, break through

perdre to lose; — **connaissance** to lose consciousness; — **de vue** to lose sight of; **se** — to get lost

perfidement treacherously

périgourdin(e) from Périgord

périr to perish

la **permanence** study hall

permettre to permit

permis(e) permitted, allowed; **le** — **de conduire** driver's license

pérorer to hold forth, harangue

la **perpétuité** perpetuity; **à** — for life

la **perquisition** inquiry

le **perron** stoop, porch

le **perroquet** parrot

persan(e) Persian

le **personnage** character, individual

la **personne** person; **grande** — grown-up

personne... ne no one

personnel (personnelle) personal

la **perte** loss; **à** — **de vue** as far as the eye can see

pesant(e) heavy

la **pesanteur** weight

peser to weigh

la **peste** plague

le **pétale** petal

péter to fart; to explode

petit(e) small, little; **petit(e) ami(e)** boy(girl)friend

le **petit-enfant** grandchild

le **petit-fils** grandson

la **petite-fille** granddaughter

le **pétrolier** oilman

peu little; **à** — **près** almost; — **à** — little by little; — **s'en faut que** very nearly; **un** — a bit; — **importe** it matters little

le **peuple** people, nation

le **peuplier** poplar

la **peur** fear; **avoir** — to be afraid; **faire** — to frighten

peut-être perhaps

le **phare** headlight, lighthouse

le, la **philosophe** philosopher

philosophique philosophical

la **phonétique** phonetics

la **phrase** sentence

la **physionomie** appearance, look

physique physical; *m* physical appearance

le **Picon** aperitif

Pie Pius

la **pièce** room; play; coin; piece

le **pied** foot; **à** — on foot; **au** — **levé** offhand, at a moment's notice

le **piédestal** pedestal

le **piège** trap

la **pierre** stone

les **pierreries** *f* jewels, gems

le **piéton** pedestrian

pieux (pieuse) pious

la **pilule** pill

le **piment** pimento

le **pince-fesse** fanny-pinching

les **pinces** *f* forceps, tongs, tweezers, pliers

piocher to dig (with a pick)

le **pion** pawn (in chess)

piquer   to prick
la **piqûre**   injection
pire   worse, the worst
la **pistole**   an old coin
le **pistolet**   handgun
la **pitié**   pity
le **pitre**   clown; **faire le —** to clown
    around
pittoresque   picturesque
la **place**   seat; square; **sur —** on the
    spot
placer   to place
le **plafond**   ceiling
la **plage**   beach
plaider   to plead
la **plaie**   wound
le **plaignant** (la **plaignante**)
    m,f   plaintiff
plaindre   to pity; **se — de** to
    complain about
la **plainte**   moan, groan, complaint;
    case
plaire   to please; **se —** to take
    pleasure; **à Dieu ne plaise!** heaven
    forbid!
le, la **plaisant(e)**   joker; **mauvais —**
    practical joker
la **plaisanterie**   joking, joke
le **plaisir**   pleasure; **faire —** to please
le **plan**   plane
le **plancher**   floor
la **planchette**   tablet
planer   to hover, soar
la **planète**   planet
la **plante**   plant, sole (of the foot)
plat(e)   flat, dull; **à plat** flat
le **plateau**   tray
la **plate-forme**   platform
platonicien (**platonicienne**)   Platonic
plein(e)   full; **en pleine poitrine**
    right in the middle of the chest
pleinement   fully
pleurer   to cry; to deplore the loss of
les **pleurs** *m*   sobs
pleuvoir   to rain
le **pli**   fold, pleat
plier   to fold
plissé(e)   wrinkled
le **plongeoir**   diving board

le **plongeon**   dive, plunge
se **plonger**   to be plunged
la **pluie**   rain
la **plume**   pen; feather
la **plupart**   the majority, most
    plus   more; **de —** moreover, besides;
    ne... — no more, no longer; **non —**
    neither
plusieurs   several
plutôt   rather, instead
la **poche**   pocket
le **poème**   poem
la **poésie**   poetry
le **poids**   weight
la **poignée**   handful
le **poil**   hair, coat
le **poing**   fist, hand
point: ne... — not at all
la **pointe**   point, tip; **— de flèche**
    arrowhead
pointu(e)   pointed
la **poire**   pear; oaf *(fam)*
le **poireau**   leek
le **poisson**   fish
la **poitrine**   chest, breast; **en pleine —**
    right in the middle of the chest
poli(e)   polite
le **policier**   policeman, detective
polisson (**polissonne**)   naughty,
    ribald
la **polissonnerie**   naughtiness
la **politesse**   politeness
le **politicien** (la **politicienne**)   politician
politique   diplomatic, political;
    homme (femme) — politician; *f*
    politics
pollué(e)   polluted
la **Pologne**   Poland
polonais(e)   Polish
polyglotte   polyglot
le **pomerol**   a variety of Bordeaux wine
le **pommier**   apple tree
les **pompes funèbres** *f*   funeral
    ceremony
le **pompier** (la **pompière**)   firefighter
le **pont**   bridge
le **porion**   mine foreman
portant: être bien ou mal —   to be
    in good or bad health

la **porte**   door, gate, portal; **mettre à la
— ** to throw out
porté(e)   inclined
la **portée**   reach, range
le **portefeuille**   wallet
le **porte-plume**   pen holder
porter   to carry, bear, direct, induce,
lead, wear, give, strike; **— aide** to
lend assistance; **— sur** to bear on;
se — bien to be in good health
le **porteur (la porteuse)**   wearer, bearer
portugais(e)   Portuguese
poser   to put down, lay down; **— en
principe** to set up as a principle;
— une question to ask a
question
posséder   to possess
la **poste**   mail
le **pot**   pot, chamber pot
le **pot-de-vin**   bribe
potelé(e)   chubby
la **potence**   gallows
le **poucet**   small thumb; **Petit Poucet**
Tom Thumb
la **poudre**   powder
se **poudrer**   to powder oneself
le **poulet**   chicken
la **poupe**   stern
pour   in order to; **— que** in order
that, so that
le **pourboire**   tip
la **pourpre**   crimson cloth
pourquoi   why; **— faire?** What for?;
— pas? Why not?
pourri(e)   rotten, bad
pourrir   to rot
le, la **poursuivant(e)**   pursuer
poursuivi(e)   pursued
poursuivre   to pursue, carry on;
— (en justice) to sue; **se —** to
resume
pourtant   however, yet
pourvu que   provided that
le **pousse**   rickshaw
la **poussée**   push, shove
pousser   to push, advance, utter;
grow; **faire —** to grow something
la **poussière**   dust
la **poutre**   beam, girder

pouvoir   to be able to; **il peut** there
can; **il se peut** it is possible, it may be
le **pouvoir**   power
pratique   practical; *f* practice
le **pré**   meadow
le **précepte**   precept
le **prêcheur (la prêcheuse)**   preacher
précieusement   carefully
précieux (précieuse)   precious
précipitamment   hurriedly
se **précipiter**   to rush, to dart
précis(e)   specific
précisément   just precisely
préciser   to specify
préconiser   to advocate
prédominant(e)   prevailing
préférer   to prefer
le **préjugé**   preconception
premier (première)   first
le **premier venu**   first comer, anybody
premièrement   first of all
prendre   to take, to get; **— congé** to
take leave; **— du café** to have some
coffee; **— en mains** to take charge
of; **— le dessus** to gain the upper
hand; **— part à** to take part in;
— soin to take care; **s'en — à
quelqu'un** to lay the blame on
someone
le **prénom**   first name
les **préparatifs** *m*   preparations
près   near; **— de** near; **à peu —**
almost, approximately
présager   to conjecture
prescrire   to prescribe
présent: à —   now, at present
le **président**   president, presiding judge
présomptueux (présomptueuse)
presumptuous
presque   nearly, almost
pressentir   to sense, to have an
inkling of
presser: — le pas to quicken one's
pace; **se —** to crowd, hurry
la **pression**   pressure
prêt(e)   ready
prétendre   to claim, intend
prétentieux (prétentieuse)
pretentious

la **prétention** pretention; aspiration
prêter to lend; to assign (a role);
— **serment** to be sworn in
la **preuve** proof; **faire — de** to show,
display
prévenant(e) obliging, kind
prévenir to warn, inform, prevent
prévenu(e) prejudiced, biased
prévoir to foresee
prévu(e) foreseen, planned
prier to ask, beg, pray
la **prière** prayer
le **principe** principle
le **printemps** spring
la **priorité** right of way
pris(e) taken; — **au piège** trapped
priser to take snuff
privé(e) private
priver to deprive
privilégié(e) privileged
le **prix** price, prize, reward; **à tout** —
at any price
le **procédé** process, method, procedure
le **procès** trial, lawsuit
le **procès-verbal** official report
prochain(e) approaching, next
proche near, close
les **proches** *m* relatives, loved ones
procurer to procure, obtain
le **procureur** prosecutor
prodigieux (prodigieuse)
prodigious
prodigue prodigal, lavish
le **producteur** producer
produire to produce
le **professeur** college professor, high
school teacher
professionnel (professionnelle)
professional
profiter de to take advantage of
profond(e) deep
profondément deeply, soundly
la **profondeur** depth
le **progrès** progress
la **proie** prey; **épier une** — to lie in
wait for prey
le **projet** project, plan; — **de loi** bill
(prospective law)
projeter to plan

la **promenade** walk, outing
promener to parade
se **promener** to go for a walk, stroll
la **promesse** promise
prometteur (prometteuse)
promising
promettre to look promising,
promise
la **prononciation** pronunciation
la **propagande** propaganda
propager to propagate
la **prophétie** prophecy
le **propos** remark; *pl* talk; **à** —
judiciously; **à — de** about
se **proposer** to come forward
la **proposition** clause
propre own; clean; *m* characteristic
proprement properly
la **propreté** cleanliness
le, la **propriétaire** landlord, landlady,
owner
la **propriété** estate
protéger to protect
la **prouesse** prowess
prouver to prove
la **province** province; **en** — outside of
Paris, in the provinces
provisoire temporary, provisional
prudemment prudently, carefully
le **prud'homme** wise and upright man
la **prunelle** pupil (of the eye)
la **puanteur** stench, foul atmosphere
public (publique) public; *m* audience
publier to publish
puéril(e) childish
puis then; **et** — and besides
puisque since
la **puissance** power
puissant(e) powerful
le **puits** well
punir to punish
la **punition** punishment
le **pupitre** desk
pur(e) pure

Q

le **quai** wharf
la **qualité** quality

quand when; — **même** nevertheless
quant à as for, as regards
la **quantité** quantity
la **quarantaine** about forty
quarante forty
le **quart** quarter
le **quartier** neighborhood
quatorze fourteen
que: ne... — only; **que de** what a lot of
quel (quelle) what; — **que** whatever
quelque some; —**s** some, a few; — **chose** something; — **part** somewhere; — **peu** somewhat
quelquefois sometimes, occasionally
quelqu'un someone; *pl* a few
la **quenouille** distaff
la **querelle** quarrel; **chercher — à** to try to pick a fight with
se **quereller** to quarrel
querelleur (querelleuse) quarrelsome; *m,f* quarreler
la **queue** tail; **tirer le diable par la —** to be hard up
qui que whoever, whomever
quinze fifteen
quitte à at the risk of
quitter to leave
quoi what; **de — payer** the wherewithal to pay; **en —?** how?
quoi que whatever
quoique although
quotidien (quotidienne) daily

R

rabâcher to repeat over and over again
le **rabais** discount
rabaisser to lower
rabougri(e) stunted
le **raclement** scraping
raconter to tell, tell a story, relate, narrate
le **raconteur (la raconteuse)** storyteller
le **raffinement** refinement
raffoler to be crazy about
rafler to carry off
la **rage** unbearable toothache

rager to rage
raide stiff
se **raidir** to stiffen
la **raison** reason; **avoir —** to be right
raisonnable reasonable
le **raisonnement** reasoning, argument
raisonner to reason; — **pantoufle** to reason like a jackass
le **raisonneur (la raisonneuse)** disputer
ralentir to slow down
le **râleur (la râleuse)** grumbler
rallumer to light again
le **ramage** warble, yodel
ramasser to gather, collect, pick up
ramener to bring back
ramoner to sweep (a chimney)
la **rampe** railing
la **rancune** grudge
le **rang** row, rank
rangé(e) correct, proper, well behaved
ranger to rank among, include; **se —** to place oneself, to fall in
ranimer to revive; **se —** to regain consciousness
le **rapide** express train
rapidement quickly
rappeler to recall; **se —** to remember
le **rapport** relationship; **par — à** with regard to
rapporter to bring back; **se — à** to refer to
le **rapprochement** comparison, parallel
rapprocher to bring together; **se —** to draw nearer
raréfié(e) rarefied
ras: tondre à — to cut to the scalp
raser to shave, to skim
rassembler to gather together
rassurer to reassure
rater to fail, bungle
se **rattacher** to be attached, linked
rattraper to catch up with, to reach
rauque raucous
ravi(e) delighted, enraptured
se **raviser** to change one's mind

le **ravisseur** (la **ravisseuse**) ravisher, kidnapper
réagir to react
le **réalisateur** (la **réalisatrice**) film maker
réaliser to realize, achieve
réaliste realistic
le **rebord** edge, rim
reboutonné(e) rebuttoned
rebutant(e) repulsive
rebuté(e) repulsed
recevoir to receive; — **une contravention** to get a traffic ticket
réchauffer to warm up
la **recherche** pursuit
rechercher to seek
le **récit** narration
réclamer to claim, call for, exact
la **récolte** harvest
récolter to harvest, reap
récompenser to reward
recompter to count over
le **réconfort** consolation
la **reconnaissance** gratitude
reconnaître to recognize
recopier to recopy
recouvert(e) covered over
recréer to re-create
se **récréer** to take recreation
le **reçu** receipt
recueillir to gather, take in; **se —** to pause for reflection, collect oneself
(se) **reculer** to move back
récurer to scour
redevenir to become again
redire to repeat
redoubler to increase
redouter to dread, fear
redresser to set straight, correct; **se —** to right oneself
réduire to diminish, reduce
réel (réelle) real; *m* reality
refaire to redo; **se —** to recuperate
refermer to close
réfléchi(e) reflexive
réfléchir to reflect, consider; **— à** to think about, ponder
le **reflet** reflection
refléter to reflect (as in a reflection)

la **réflexion** reflection, thought
la **réforme** reform
refréner to restrain
se **réfugier** to take refuge
le **refus** refusal
regagner to regain, to reach
le **regard** look, glance
regarder to look at, to watch, to concern
la **règle** rule
régler to settle, to control, to direct; **se — sur** to model oneself on
la **réglisse** licorice
le **règne** kingdom
régner to reign
le **rein** kidney; **chute des —s** small of the back
la **reine** queen
rejeter to reject, to throw back
rejoindre to reach again, overtake, join
se **réjouir** to rejoice
relever to be dependent, raise again, point out; **se —** to get up again
le **relief** relief, prominence; **mettre en —** to bring out, emphasize
relire to reread
reluire to glitter, shine
remarquable remarkable
la **remarque** remark
remarquer to notice
le **remède** remedy, cure, medicine
remercier to thank
remettre to hand over, to restore, to put on again; **se — à** to begin again; **s'en — à** to rely on
remonter to go up again, to rise again
le **remords** remorse
le, la **remplaçant(e)** replacement, substitute
remplir to fill
le **remue-ménage** bustle, stir
remuer to stir, to move
renaître to be born again
le **renard** fox
la **rencontre** meeting
rencontrer to meet, to encounter

le **rendez-vous**   meeting, appointment

rendre   to render, make, to give up, give back, to vomit; **— visite** to pay a visit; **se —** to go; **se — compte** to realize

rendu(e)   arrived

renfermer   to shut up, lock up, contain

renforcé(e)   reinforced

renier   to disown, repudiate, deny

renoncer à   to renounce

renouveler   to renew

le **renouvellement**   renewal

le **renseignement**   piece of information

renseigner   to inform

la **rente**   pension

la **rentrée**   return

rentrer   to go back in, go home, go in again

renversant(e)   overwhelming, astounding

renverser   to reverse, knock over, overturn

renvoyer   to send back

le **repaire**   lair, den

répandre   to spread, to give off, to shed

reparaître   to reappear

repartir   to set out again

le **repas**   meal

le **repentir**   repentance

repérer   to spot

répéter   to repeat

le **répit**   respite

replier   to fold, coil up

la **réplique**   reply, response

répliquer   to reply

répondre   to respond, answer

la **réponse**   answer

le **reportage**   reporting

le **repos**   rest

reposant(e)   restful

reposer   to set down; **se —** to rest

repousser   to repulse, to push aside

reprendre   to take back, recover, resume, take up again, reply; **— connaissance** to regain consciousness; **— haleine** to catch one's breath; **se —** to correct oneself, to get hold of oneself

le **représentant**   representative

la **représentation**   performance

représenter   to show

la **reprise**   revival; **à plusieurs —s** several times; **à diverses —s** on diverse occasions

reprocher   to reproach

reproduire   to reproduce

repu(e)   satiated, stuffed

la **république**   republic

répudier   to repudiate, renounce

répugné(e)   repulsed, disgusted

le, la **rescapé(e)**   survivor

résister à   to resist

résolu(e)   resolute

résoudre   to resolve

respectueusement   respectfully

respirer   to breathe

la **responsabilité**   responsibility

les **responsables** *m*   officials

la **ressemblance**   resemblance

ressembler à   to resemble

ressentir   to feel

ressortir à   to belong to, come under the heading of

le **reste**   remainder; **au —** moreover; **du —** moreover

rester   to remain, stay; **il me reste deux minutes** I have two minutes left

restreint(e)   limited

le **résultat**   result

résulter   to result

résumer   to summarize

le **retard**   delay; **en —** late

le, la **retardataire**   latecomer

retenir   to retain, hold back, detain

retentir   to reverberate, echo

la **retenue**   withholding, detention

le **réticule**   small purse

retirer   to take out, withdraw, remove, derive

retomber   to fall back

le **retour**   return; **être de —** to be back

retourner   to turn over, to return; **se —** to turn around

rétrograde   backward

retrouver   to meet again, recover, regain

la **réunion**   meeting
réunir   to gather
réussir   to succeed
la **réussite**   success
revanche: en — on the other hand
rêvasser   to dream idly, to daydream
le **rêve**   dream
le **réveil**   waking; **à son —** when he
woke
se **réveiller**   to wake up
révéler   to reveal
revenir   to come back, to amount to;
— à soi to come to; **en —** to get
over it
rêver   to dream
le **réverbère**   streetlight
revêtir   to clothe
rêveur (rêveuse)   pensive; *m,f*
dreamer
revoir   to see again
se **révolter contre**   to rebel against
la **revue**   review
le **rez-de-chaussée**   ground floor
le **rhum**   rum
le **rhume**   cold
ricaner   to snicker, sneer
riche   rich
la **richesse**   wealth, richness
la **ride**   wrinkle
le **rideau**   curtain
ridicule   ridiculous
ridiculiser   to ridicule
rien   nothing; **— que** nothing but;
— ... ne nothing
le **rieur (la rieuse)**   laugher
rigoler   to laugh
rigoureusement   rigorously, strictly
la **rigueur**   strictness
la **rime**   rhyme
rimer   to rhyme
riposter   to retort
rire   to laugh; *m* laughter
risquer   to risk; **se —** to venture
rivaliser   to rival
la **rivière**   river or stream
la **robe**   dress, animal's coat
le **roi**   king
se **roidir**   to stiffen
le **roman**   novel; **— policier** detective
story

le **romancier (la romancière)**   novelist
romantique   romantic
le **rond**   ring, circle
rond(e)   round
le **ronflement**   snore, snoring
ronfler   to snore
rose   pink; *f* rose
la **rosée**   dew
rôti(e)   roasted, broiled
rôtir   to roast
rouge   red
rougir   to blush
rouillé(e)   rusty
le **rouleau**   roll
le **roulement**   roll, rumbling
rouler   to roll
la **route**   road, way
rouvrir   to reopen
roux (rousse)   red-haired
le **royaume**   kingdom
le **ruban**   ribbon, band
la **rudesse**   harshness
la **rue**   street
rugir   to roar
la **ruine**   ruin
le **ruisseau**   brook, stream, gutter
la **rumeur**   noise, sound
la **ruse**   cunning, trick
rusé(e)   sly, crafty, wily, artful
russe   Russian
le **rythme**   rhythm

S

le **sable**   sand
le **sac**   bag
sache   *subj of* **savoir**
sacré(e)   sacred
sacrer   to crown
sacrifier   to sacrifice
sadique   sadistic
le **safran**   saffron
sage   wise, well-behaved
la **sagesse**   wisdom
la **saignée**   blood-letting
saigner   to bleed
sain(e)   healthy, wholesome, sound
saint(e)   holy
saisir   to seize; **se — de** to lay one's
hands on

la **saison** season
le **salaire** wage, reward
le, la **salarié(e)** wage earner, hireling
    sale dirty
la **saleté** dirtiness
    salir to soil, stain
la **salle** room, hall; — **à manger** dining
    room; — **du tribunal** courtroom
le **salon** drawing room; — **de coiffure**
    barber shop
    saluer to greet
le **salut** greeting
le **samedi** Saturday
le **samit** samite
le **sang** blood
le **sang-froid** composure
    sanglant(e) bloody, terrible
le **sanglot** sob
    sangloter to sob
    sans without; — **que** without
    sans-gêne blunt, rude, uncivil
la **santé** health
le **satyre** satyr
    sauf except; — **que** except that
    saurait *cond of* **savoir; on ne** — one
    couldn't
la **saute d'humeur** sudden change in
    mood
    sauter to explode, blow up
    sauvage wild
    sauvagement wildly
    sauver to save; — **les apparences** to
    save face, keep up appearances; **se**
    — to be off, to run off
    savant(e) learned, scholarly
    savoir to know; **je ne saurais** I
    couldn't; **j'ai su** I learned; *m*
    knowledge, learning
    savourer to savor
le, la **scélérat(e)** scoundrel, villain
le, la **scénariste** scriptwriter
la **scène** stage, scene; — **de ménage**
    family quarrel
    scénique scenic, of the stage
    scolaire scholarly, academic
le **scrupule** scruple
    scruter to scrutinize
la **séance** session
    sec (sèche) dry, lean, arid
    sécher to dry

la **seconde** second
    secouer to shake, stir
le **secours** aid
la **secousse** jolt
le **secteur** sector
    séculaire century-old, time-honored
    séduire to seduce
    séduit(e) attracted
le **seigneur** lord
le **sein** breast
    seize sixteen
le **séjour** stay, residence
    selon according to; — **que**
    according as
la **semaine** week
    semblable similar; *m* fellow man
le **semblant** semblance, appearance;
    faire — to pretend, feign
    sembler to seem
la **semelle** sole (of a shoe)
    semer to sow
le **sens** meaning, sense; direction;
    bon — common sense; — **figuré**
    figurative meaning; — **propre**
    literal meaning; **en** — **inverse** in
    the opposite direction
la **sensibilité** sensibility, sensitiveness,
    sensitivity
    sensible sensitive
le **sentier** path
le **sentiment** sentiment, feeling
    sentir to feel, smell; **se** — **bien ou**
    mal to feel good or bad
    seoir to be fitting
    séparément separately
    séparer to separate
la **sépulture** burial
    serein(e) serene
la **série** series
    sérieusement seriously
    sérieux (sérieuse) serious
le **serment** oath; **prêter** — to take an
    oath
    sermonner to sermonize, to
    lecture
    serrer to press, squeeze, clasp
    serviable obliging
    servir to serve; — **à** to serve to;
    — **de** to serve as; **se** — **de** to use
le **seuil** threshold

seul(e) alone, only, single; **tout —** all alone

seulement only, however; **non —** not only

sévère strict

sévèrement severely, sternly

si if; yes (in answer to negative question); **— bien que** so that

le **siècle** century, age

le **siège** seat

la **sieste** nap

siffler to boo, hiss; to whistle, rustle

le **sifflet** whistle

le **signalement** description

signaler to indicate

le **signe** signal, sign

la **signification** meaning, significance

signifier to signify, to mean

silencieusement silently

silencieux (silencieuse) silent

sillonner to streak (through)

simplement simply

simplifier to simplify

le **singe** monkey

la **singerie** antic

le **sinistre** catastrophe

sinon if not, otherwise

la **sirène** siren

la **situation** position, job

situer to locate, situate

sixième sixth

slovaque Slovakian

sobre sober

la **société** company, society

la **sœur** sister

soi oneself

soi-disant supposedly

la **soie** silk

la **soif** thirst; **avoir — de** to thirst for

soigner to care for

soigneusement carefully

le **soin** care

le **soir** night

la **soirée** evening, reception, party

Soit! Right! Agreed! So be it!; **soit** that is; **soit... soit** either . . . or

soixante sixty

le **sol** ground, floor, soil

le **soldat** soldier

les **soldes** *m* sale items, bargains

le **soleil** sun

solennel (solennelle) solemn

la **solidarité** solidarity

le **solitaire** hermit

la **sollicitude** solicitude, concern

sombrer to sink, founder

la **somme** sum; **en —** in short; **— toute** in short; le **—** nap

le **sommeil** sleep

le **son** sound

le **sondage** poll

le **songe** dream

songer to think of, think about, dream

sonner to ring, sound, to ring for

sonore resounding

le **sorcier (la sorcière)** sorcerer

les **sornettes** *f* nonsense

le **sort** destiny, fate

la **sorte** sort, kind; **de — que, en — que** so that; **en quelque —** so to speak

la **sortie** outing

le **sortilège** spell

sortir to leave, go out, come out, take out; **au — de** coming from

sot (sotte) foolish

le **sou** penny

le **soubresaut** jolt

le **souci** anxiety, care; *pl* problems

se **soucier** to care

soudain(e) sudden; *adv* suddenly

le **souffle** breath

souffler to blow out, blow; recover one's breath; whisper

la **souffrance** suffering

souffrant(e) indisposed

souffrir to suffer

le **soufre** brimstone

souhaiter to wish

le **souillon** scrubwoman

soulever to stir, raise, lift; **se —** to heave

le **soulier** shoe

souligner to underline, emphasize

soumis(e) subject

le **soupçon** hint

la **soupçonneux (soupçonneuse)**
  suspicious
la **soupe** soup
  souper to have supper
le **soupir** sigh
  soupirer to sigh
  souple supple
la **source** spring (of water)
le **sourcil** eyebrow
  sourdement with a dull hollow
    sound, indistinctly
la **sourdine** mute; **en —** with muted
    strings
  souriant(e) smiling
  sourire to smile; *m* smile
la **souris** mouse
  sous under
  sous-entendre to imply, understand
le **sous-titre** subtitle
  soutenir to sustain, defend, claim,
    maintain
le **soutien** support, sustenance
la **souvenance** remembrance
le **souvenir** memory, thought
  souvenir to come to mind; **se —** to
    remember
  souvent often
  souverain(e) sovereign
le **spectacle** sight, show
le **spectateur (la spectatrice)** spectator
  spirituel (spirituelle) witty
  sportif (sportive) sporting
  stationner to park
le **stoïcien (la stoïcienne)** Stoic
la **strophe** stanza
  stupéfait(e) astounded
  stupéfiant(e) astounding; *m* drug
  stupide stupid, stunned
  subir to feel, sustain
  subit(e) sudden
  subitement suddenly
  subjuguer to subjugate, to captivate
  subtil(e) subtle
le **succédané** substitute
  succéder to follow
le **succès** success, hit
  sucer to suck
le **sucre** sugar
  sucré(e) sweet

la **sucrerie** sugar refinery; *pl* sweets
le **sud** south
  sud-américain(e) South American
la **sueur** perspiration
  suffire to be sufficient; **se —** to be
    self-sufficient
la **suffisance** sufficiency, self-assurance
  suffisant(e) sufficient
  suggérer to suggest
la **suite** succession, series; **à la — de**
    following, as a result of; **de —** in
    succession; **tout de —** right away;
    par la — afterward
  suivant(e) following; *f* lady's maid
  suivre to follow
le **sujet** subject; **au — de** about, with
    regard to, concerning
  supérieur(e) superior, upper
  supérieurement perfectly
  suppliant(e) pleading
  supplier to beg, to beseech
  supprimer to do away with
  sûr(e) safe, secure, sure; **bien —** of
    course
  sûrement surely
  surgir to crop up, appear
  surmonter to surmount, to
    overcome
  surprenant(e) surprising
  surprendre to overhear
  surpris(e) surprised
  sursauter to start, jump
  surtout especially, above all
  surveiller to watch, look after,
    supervise
  survenir to transpire, to befall, to
    occur unexpectedly
le, la **survivant(e)** survivor
  suspect(e) suspect, suspicious
la **syllabe** syllable
le **symbole** symbol
  sympathique likable
le **syndicat** labor union

T

le **tabac** tobacco; **— à priser** snuff
le **tableau** blackboard
le **tablier** apron

le **tabouret**   stool
la **tâche**   task
  tacher   to stain
  tâcher de   to try to
la **taille**   figure; waist
  tailler   to cut out
le **tailleur**   tailor
se **taire**   to be silent, hold one's tongue
le **talisman**   talisman (good luck charm)
le **talon**   heel
le **tambour**   drum
  tandis que   while, whereas
  tant   so much so; — **mieux** so much
    the better; — **de** so many, so much;
    — **bien que mal** somehow or other;
    — **que** as long as
la **tante**   aunt
  tantôt... tantôt   now . . . now
  taper   to slap
le **tapis**   carpet, cover
  taquiner   to tease
la **taquinerie**   teasing
  tard   late; **plus —** later
  tarder   to delay
la **tare**   defect
la **tartine**   slice of bread (with jam,
    butter, etc.)
le **tas**   heap
la **tasse**   cup
  tâtons: à — groping
le **taudis**   slum
  tchèque   Czech
le **teint**   complexion
  tel (telle)   such; — **que** just as
  tellement   so, so much
le **témoignage**   testimony
  témoigner de   to testify to, to bear
    witness to
le **témoin**   witness; — **à charge**
    prosecution witness; — **à décharge**
    defense witness
la **tempe**   temple (of the head)
  tempérer   to temper
la **tempête**   storm
le **temps**   time, weather, while; tense;
    — **couvert** cloudy weather; **de —**
    en — from time to time; **de — à**
    autre from time to time; **de tout —**
    from all time

la **tendance**   tendency
  tendre   tender
  tendre   to stretch, set, hold out
la **tendresse**   tenderness
  tendu(e)   tense
les **ténèbres** *f*   darkness
  tenez   Look here!
  tenir   to hold, to keep, to perform;
    — **à** to hold to, be fond of, to be
    intent on; — **compte de** to take
    into consideration, — **debout** to
    stand up; — **un conseil** to hold a
    council; **se —** to stand, to take
    place
la **tente**   tent
  tenter   to tempt, try
  terminer   to finish
la **terrasse**   terrace
la **terre**   land, earth, property; **par —**
    on the ground
se **terrer**   to take cover
  terreux (terreuse)   earthly, ashen,
    sallow
  terrifié(e)   terrified
la **tête**   head; **faire — à** to stand up to;
    se payer la — de quelqu'un to
    make fun of someone; **casser la —**
    to bother, annoy
  téter   to suck
  têtu(e)   headstrong, stubborn
le **théâtre**   theater
la **théorie**   theory
  théorique   theoretical
  tiède   lukewarm
  tiens   Here!, Well!
le **timbre**   clock chime
le **tintement**   jingling
  tinter   to jingle, to toll
  tirer   to pull, tug, draw, shoot; — **le**
    diable par la queue to be hard up;
    se — d'affaire, s'en — to get out
    of trouble, manage
le **tiret**   dash
le **tiroir**   drawer
le **tisonnier**   poker
  Tite-Live   Livy
le **titre**   title
  tituber   to stagger, reel
la **toile**   linen, cloth, canvas, web

la **toilette** dress
le **toit** roof
la **tombe** tomb
  tomber to fall; **laisser —** to drop;
    — en panne to break down
le **ton** tone
  tondre to mow; **— à ras** to cut to
    the scalp
le **tonneau** barrel, cask
  tonner to thunder
la **torche** torch
le **torchon** dishcloth
  tordre to twist, distort, wring
le **tort** fault, harm, wrong; **avoir —** to
    be wrong; **à — et à travers** with
    neither rhyme nor reason
la **tortue** tortoise
  tôt soon; **au plus —** at the earliest
  toucher to touch, to concern; **— un**
    chèque to cash a check
le **toucher** touch
  toujours always, still; **à —** forever
le **toupet: avoir le —** to have the
    nerve
le **tour** trick, turn, circuit; **— à —** in
    turn; **trente-trois —s** 33-1/3 speed;
    à son — in turn
  tourmenter to worry someone
le **tourne-disque** record player
  tourner to turn, stir; **— un film** to
    make a film; **se —** to turn
la **tourterelle** turtledove
  tousser to cough
  toussoter to cough mildly
  tout all, whole, every; **tous les deux**
    both; **pour — dire** in short; *adv*
    completely, quite; **— à coup** all of a
    sudden; **— à fait** completely; **— à**
    l'heure just now, a little while ago,
    in a little while; **— de même** all the
    same; **— de suite** right away,
    immediately; **— d'un coup** all at
    once; **— droit** straight ahead;
    — fait ready-made; **— juste** barely
  tout(e)-puissant(e) all-powerful
  toutefois yet, nevertheless
la **toux** coughing, cough
le **tracas** annoyance
  tracer to sketch

la **traduction** translation
  traduire to translate
la **tragédie** tragedy
  train: le — de vie way of life, life-
    style; **en — de** in the process of
  traînant(e) drawling, droning (voice)
  traîner to linger, to drag
le **trait** feature; trait; dash, line
la **traite** (business) draft
le **traité** treatise
  traiter to treat, to do (business)
le, la **traître** traitor
le **tram** streetcar
  trancher to cut off
  tranquille quiet, undisturbed, at
    ease
  tranquillement quietly
la **tranquillité** peace, quiet
  transmettre to transmit
  transpercer to pierce
  transpirer to perspire
le **transport** transportation; rapture,
    ecstasy
le **traquenard** trap
le **travail** work; les **travaux forcés**
    hard labor
  travailler to work
  travailleur (travailleuse) hard-
    working
la **travée** row
  travers: à — through; **en — de**
    across; **à tort et à —** with neither
    rhyme nor reason
  traverser to cross
  trébucher to stumble
le **trèfle** clover
le **tremblement** trembling, quivering;
    — de terre earthquake
  trembler to tremble, to shake
la **trempe** steeping, stamp
  tremper to soak, drench
  trente thirty
le **trésor** treasure
  tressé(e) pleated, braided
la **tribu** tribe
le **tribunal** court
le **tribut** tribute
  tricher to cheat
la **tricherie** trickery

triompher de   to master, triumph over

tripoter   to concoct

triste   sad

tristement   sadly

la **tristesse**   sadness

troisième   third

la **trompe**   horn

tromper   to deceive, cheat on someone; **se —** to be mistaken

la **tromperie**   fraud, deception, deceit

le **trompeur** (la **trompeuse**) *m,f* deceiver

le **tronc**   trunk

trop   too

la **trottinette**   scooter

le **trottoir**   sidewalk

le **trou**   hole

trouble   dim, cloudy

le **trouble**   turmoil

la **troupe**   theater troupe; **—s** troops

le **troupeau**   herd

trouver   to find; **se —** to be located, be found; **se — mal** to faint

le **truc**   trick, gimmick

la **truite**   trout

tuer   to kill

turc (**turque**)   Turkish

tutoyer   to address as *tu*

le **type**   guy, fellow

U

unanime   unanimous

uni(e)   united

unique   single, only

uniquement   solely

universel (**universelle**)   universal

urbain(e)   urban

l'**urbanité** *f*   urbanity

l'**usage** *m*   use; **c'est l'—** that's usual, that's the way it is; **selon son —** as was his wont

user: en — avec   to treat

l'**usine** *f*   factory, mill

l'**ustensile** *m*   utensil

utile   useful

l'**utilité** *f*   usefulness

l'**utopie** *f*   utopia

V

les **vacances** *f*   vacation

la **vache**   cow

vague   empty; *f* wave

vaguement   vaguely

vaillamment   valiantly

vaillant(e)   valiant, brave

vain(e)   vain, empty

vaincre   to overcome, conquer

vainement   in vain

le **vainqueur**   conqueror

valable   valid, good

la **valeur**   value; **mettre en —** to emphasize, show

la **valise**   suitcase, bag

la **vallée**   valley

valoir   to be worth; **— mieux** to be better; **— la peine** to be worth it; **faire —** to assert, develop

la **valse**   waltz

se **vanter**   to boast, pride oneself

la **vareuse**   pea jacket

le **vautour**   vulture

le **veau**   veal

la **vedette**   star

le **véhicule**   vehicle

la **veille**   the day (night) before

la **veillée**   social evening

veiller   to wake; **— à, sur** to watch over

la **veilleuse**   night light

le **velours**   velvet

velu(e)   hairy

le **vendeur** (la **vendeuse**)   salesperson

vendre   to sell

se **venger**   to take vengeance

venir   to come; **— de** to have just; **en — à** to come to the point of; **faire —** to send for; **mal venu(e)** malformed

le **vent**   wind; **faire du —** to be windy

la **vente**   sale (of an item)

le **ventre**   belly

venu: le nouveau — newcomer
le **ver** worm
  verdir to turn green
  vérifier to verify, check
  véritable real, true
la **vérité** truth
  vermeil (vermeille) bright red
le **verre** glass
  vers toward
le **vers** verse
  verser to shed; **— un acompte** to place a deposit
la **version** translation
  vert(e) green
la **vertu** virtue
le **veston** jacket
le **vêtement** garment; *pl* clothing
  vêtir to dress, clothe
  vêtu(e) attired
le **veuf** widower
la **veuve** widow
  viager (viagère) for life
la **viande** meat
  vibrer to vibrate, throb
le **vicomte** viscount
la **victoire** victory
  vide empty; *m* space
  vider to empty
la **vie** life; **gagner sa —** to earn one's living
le **vieillard** old man
  vieillir to grow old
la **vierge** virgin
le **vieux (la vieille)** *m,f* old man, old woman
  vif (vive) vivid, keen
la **vigne** vine
  vigoureux (vigoureuse) vigorous
la **vigueur** vigor
  vilain(e) wretched
la **ville** city; **en —** downtown
le **vin** wine
le **vinaigre** vinegar
la **vipère** viper
  vis-à-vis opposite; **— de** toward
le **visage** face
le **visiteur (la visiteuse)** visitor
  visqueux (visqueuse) slimy

  vite fast, quickly; **au plus —** as fast as possible
la **vitre** windowpane
le **vitrier** glazier, glassman
la **vitrine** showcase
  vivant(e) living
  vive long live!
  vivement briskly, vividly
  vivre to live
la **vogue** vogue, fashion; **être en —** to be popular
la **voie** way
la **voile** sail
  voir to see; **faire —** to show; **se —** to be seen; **mais voyons!** come now!
la **voirie** dump
  voisin(e) neighboring, next; *m, f* neighbor
la **voiture** car, coach; **— de pompier** fire engine; **— de bébé** baby carriage
la **voix** voice, sound; **à haute —** out loud
le **vol** theft, flight
le **volant** steering wheel
le **volcan** volcano
  voler to rob, steal; fly, soar
le **volet** shutter
le, la **volontaire** volunteer
la **volonté** will; **—s** whims
  volontiers willingly
la **volupté** voluptuousness
  voluptueux (voluptueuse) voluptuous
  vomir to vomit
  vouer to pledge
le **vouloir** will
  vouloir to want; **— dire** to mean; **en — à** to bear a grudge against, to have it in for
  voulu(e) intended, deliberate
  voûté(e) bent
  vouvoyer to address as *vous*
  voyager to travel
le **voyageur (la voyageuse)** traveler, passenger
la **voyelle** vowel

vrai(e) true; **dire —** to speak the truth; **être dans le —** to be right; **à — dire** as a matter of fact
vraiment really
la **vraisemblance** verisimilitude, probability
la **vue** sight, view
vulgaire vulgar, common; *m* common people
la **vulgarisation** popularization

W

le **wagon** coach (of a train)
les **waters** *m* toilet

Y

les **yeux** eyes, *pl* of **œil**